Ratgeber

Auslands-adoption

Herbert Riedle
Barbara Gillig-Riedle

TiVan-Verlag

Inhaltsverzeichnis

Einleitung zur dritten Auflage

Zur Erstauflage schrieb die Berliner Zeitung: ´Eine große Stärke dieses Ratgebers besteht darin, diese Schwierigkeiten zu benennen, ohne sie als unüberwindbare Hürden darzustellen. Und das alles geschieht sehr anschaulich und nachvollziehbar.`

Dies und die überaus positive Aufnahme des Buches haben uns motiviert, den ´Ratgeber Auslandsadoption` weiter zu verbessern, zu erweitern und nun nach vollständiger Überarbeitung in dritter Auflage herauszubringen.

Um dem Bedürfnis nach tagesaktuellen Informationen gerecht zu werden, bieten wir weiterhin zusätzliche Informationen auf unserer Homepagewww.adoptionsinfo.de an.

Die erfreulichen Reaktionen auf dieses Angebot und die zahlreichen Anfragen haben uns gezeigt, dass ein Bedürfnis nach einer möglichst vollständigen Darstellung der weltweiten Adoptionsmöglichkeiten besteht. Wir haben deshalb weitere Länder (z.B. Pakistan und Serbien) in unseren Länderteil aufgenommen und die Beschreibung der Adoptionsmöglichkeiten in den einzelnen Ländern deutlich erweitert. All diese soll dem Leser dabei helfen, einen realistischen Überblick über die Adoptionsmöglichkeiten im Ausland zu erhalten.

In den Jahren seit dem Escheinen der Erstauflage haben sich vielfältige Kontakte zu Adoptionsbewerbern, Adoptiveltern, Adoptierten und Behörden ergeben. Ihre Hinweise und Ratschläge haben uns bei der Bearbeitung des Buches unschätzbare Dienste geleistet.
Konstruktive Kritik, Hinweise und Verbesserungsvorschläge waren uns stets willkommen und sind auch in Zukunft ausdrücklich erwünscht.

Unser herzlichster Dank gilt unseren über alles geliebten Kindern. Ohne sie wäre nicht nur dieses Buch, sondern auch unser Leben nicht mehr vorstellbar.

„Nicht Fleisch und Blut,
das Herz macht uns zu Vätern und Söhnen."
F. Schiller

Einleitung

Wer sich für das Thema Auslandsadoption interessiert, stößt in der Regel auf eine eher negative Berichterstattung.

Berichte über Probleme des Adoptivkindes und seiner neuen Eltern sind meist angereichert mit Anmerkungen von Adoptionsexperten, die beklagen, dass die Welt früher besser war und dass es im Gegensatz zu heute in der guten alten Zeit noch darum ging, Kinder zu retten. Heutzutage handele es sich meist um selbstsüchtige und hedonistische Paare, die nur die Beseitigung ihrer eigenen Kinderlosigkeit im Blick hätten und zu diesem Zweck hemmungslos die Länder der Dritten Welt nach kleinen Kindern durchsuchten.

Wie meist im Leben wird eine solche Schwarz-Weiß-Sicht der Dinge dem Thema nicht gerecht. Sicherlich gibt es auch unter Adoptiveltern viele, bei denen es besser gewesen wäre, sie hätten die Finger von dem Thema Adoption gelassen. Nicht jeder ist dazu berufen, Kinder zu erziehen. Das gilt für Adoptiveltern – und für alle anderen auch.

Eine Auslandsadoption löst weder auf Dauer die Probleme der Dritten Welt, noch bietet sie eine hundertprozentige Gewähr dafür, dass sich das adoptierte Kind in seiner neuen Heimat wohl fühlen wird. Dies ist eine ebenso banale wie richtige und oft gehörte Feststellung.

Viele Untersuchungen haben jedoch mittlerweile gezeigt, dass die Adoption eines ausländischen Kindes gute Chancen hat, diesem ein zufriedenes und glückliches Leben zu verschaffen.

Sicherlich ist eine Adoption immer eine Hilfe im Einzelfall. Sie ist eine Hilfe für das Kind, das sonst ohne Eltern aufwachsen müsste und es ist auch eine Hilfe für die Adoptiveltern, die sonst ohne Kinder leben müssten.

Das vorliegende Buch soll ein Ratgeber für all diejenigen sein, die sich mit dem Gedanken beschäftigen, ein Kind aus dem Ausland zu adoptieren. Es soll aber auch jenen zur Information dienen, die bereits eine Adoption durchgeführt haben oder als Mitarbeiter von Adoptionsvermittlungsstellen mit dem Thema befasst sind.

Den Autoren ist bewusst, dass es das Beste für das Kind ist, wenn es in seinem Heimatland in einer Familie aufwachsen kann, die ihm Liebe und Geborgenheit schenkt. Für zahllose Kinder gibt es diese Möglichkeit jedoch nicht.

Im günstigsten Fall verschafft die Adoption einem Kind ein glückliches Leben und eine Chance, die es in seinem Herkunftsland nicht gehabt hätte. Das ist es, was eine Auslandsadoption leisten kann. Nicht mehr – aber auch nicht weniger.

Vorüberlegungen

Kann man es verantworten, ein Kind aus seiner Kultur herauszureißen?

„Kultur beginnt, wo Chaos und Unsicherheit enden. Neugier und Erfindungsgeist werden frei, wenn die Angst besiegt ist, und der Mensch schreitet aus natürlichem Antrieb dem Verständnis und der Verschönerung des Lebens entgegen."
William James Durant

„Letztes Ziel der Kultur ist die geistige und sittliche Vollendung des Einzelnen."
Albert Schweizer

Lebt ein Kind, das in einem Kinderheim in Haiti vor sich hinvegetiert oder das sein Leben auf einer Müllhalde in Bogota fristen muss, in einer Kultur? Legt man der Überlegung die Definitionen von William Durant und Albert Schweizer zugrunde, so kann die Antwort nur 'Nein' lauten. Ein Kind in einem haitianischen Kinderheim lebt in einem Land, in dem Chaos und Unsicherheit an der Tagesordnung sind. Dort werden weder Neugier noch Erfindungsgeist frei und kein Heimkind schreitet der 'Verschönerung seines Lebens' entgegen. Und das Ziel des Lebens auf einer Müllhalde ist nicht die geistige und sittliche Vollendung, sondern das tägliche Überleben.

Kultur gibt es überall

Dennoch greift diese Erklärung vermutlich zu kurz. Auf einer Müllhalde in Bogota gibt es zwar keine Kultur im europäischen Verständnis, aber dafür eine andere - die Kultur der kolumbianischen Müllmenschen. Zu dieser Kultur gehören wie zu allen anderen Kulturen die Sprache, die Geschichte, die Wirtschaft, die Religion und die Ethik. Kultur ist eben nicht nur Hochkultur, Theater, Oper und die schönen Künste, sondern 'umfasst alle Tätigkeiten, die dem einzelnen Menschen erlauben, sich zur Welt, zur Gesellschaft und zum eigenen Erbe in ein Verhältnis zu setzen'.[1] Da auch Slumkinder in Bogota und Heimkinder in Haiti diese Tätigkeiten erlernen, leben sie durchaus in einer Kultur.
Dabei sind auch ganz kleine Kinder schon ein Stück weit an ihr kulturelles Umfeld angepasst. So reagieren Kinder bereits im Mutterleib auf sprachliche Reize. Über Messungen der Herzfrequenz lässt sich nachweisen, dass ungeborene Kinder einzelne sprachliche Reize aufnehmen und unterscheiden können und so bereits vorgeburtlich ein Spracherwerb stattfindet. Bietet man etwa Kindern unmittelbar nach der Geburt neben der Muttersprache noch eine weitere rhythmisch verschiedene Sprache, so zeigen sie mit ihrem Verhalten eine deutliche Bevorzugung der Muttersprache. Dies zeigt deutlich, dass der Erwerb kultureller Fähigkeiten bereits vorgeburtlich erfolgt.
Wer ein Kind aus dem Ausland adoptiert, nimmt es aus seinem kulturellen Umfeld heraus und zerreißt dabei kulturelle Bindungen des Kindes. Das ist eine traurige und unabwendbare Folge jeder Auslandsadoption. Die Frage ist nur: Kann man das verantworten? Grundsätzlich stehen bei Auslandsadoptionen zwei Rechte des Kindes im Widerstreit. Zum einen das Recht des Kindes, in seinem vertrauten kulturellen Umfeld zu verbleiben. Zum anderen das Recht des Kindes 'zur vollen und harmonischen Entfaltung seiner

Persönlichkeit in einer Familie und umgeben von Glück, Liebe und Verständnis' aufzuwachsen.[2]
Wenn es keine Möglichkeit gibt, dass das Kind in seinem Herkunftsland in einer Familie aufwachsen kann, so ist zu fragen, welches Recht schwerer wiegt. Das Recht dort zu bleiben, wo man geboren wurde, oder das Recht auf ein Aufwachsen in einer Familie, auch wenn diese in einem ganz anderen Land lebt? Die Abwägung ist in jedem Einzelfall neu zu treffen. Es gibt hier keine pauschalen Antworten.

Es ist jedoch zu berücksichtigen, dass Kinder, die von klein auf in Heimen aufwachsen, in ihren Entwicklungschancen in der Regel deutlich eingeschränkt sind. In vielen Fällen bleiben sie im Vergleich zu anderen Kindern ihrer Altersgruppe in ihrer motorischen, sozialen und sprachlichen Entwicklung deutlich zurück. Es ist nicht immer einfach, sich in einer neuen Kultur einzuleben und dort auf Dauer ein glückliches und zufriedenes Leben zu führen. Es ist aber oft noch viel schwieriger, ohne die Geborgenheit einer Familie aufzuwachsen.

Kann man sich einfach ein Kind holen?

„Die Kinder, die im südlichen Afrika derzeit in Waisenhäusern leben, zählt man nicht mehr in Tausenden, sondern in Millionen. Bei dem immer wieder unterbreiteten Vorschlag, diese Kinder sollten lieber in Großfamilien integriert statt ihrer Wurzeln entrissen werden, handelt es sich um das Gerede weit entfernter Besserwisser: Denn in dem vom HI-Virus verwüsteten Subkontinent gibt es diese Großfamilienidylle längst nicht mehr. Ich kenne viele Paare aus Europa, die gerne ein afrikanisches Kind adoptieren würden. Nur wenigen gelingt es: Bürokratische Hürden lassen den Kilimandscharo als Steinhaufen erscheinen."
Johannes Dieterich, Afrika - Korrespondent der Frankfurter Rundschau

Die Vorstellung vieler Adoptionsinteressierter, es müsse angesichts von Millionen von Straßenkindern und übervollen Heimen in der Dritten Welt doch möglich sein, einfach ins Ausland zu fliegen, um von dort ein Kind mit nach Deutschland zu bringen, entspricht nicht der Realität. Ohne das Beachten zahlreicher Vorschriften und Formalitäten kann heute kein Kind mehr adoptiert werden.
Es ist auch ein großer Irrglaube, in Ländern der Dritten Welt gehe es generell bei der Beachtung von Vorschriften ziemlich lax zu. Viele Länder haben Beamte, die sich ausgesprochen streng an vorgegebene Regeln halten. Die Interpretation von Vorschriften und die Ausübung von Ermessen sind oft völlig unbekannt. Dies führt dazu, dass sich ausländische Beamte oft stur an Behördenvorschriften halten, ohne deren Sinn zu hinterfragen.

Eine gute Vorbereitung ist sehr wichtig

Es ist deshalb sehr davon abzuraten, ohne ausreichende Vorbereitung zur Adoption eines Kindes ins Ausland zu reisen. Sicherlich gehört zu jeder Adoption eine große Risikobereitschaft. Wenn dies jedoch dazu führt, dass Bewerber ohne Vorbereitung ins Ausland reisen, um dort ein Kind zu adoptieren, kann dieser Wagemut schnell zu dramatischen

Situationen führen. Manchen gelingt es zwar, die Adoption im Ausland durchzuführen. Sie stellen jedoch nachträglich fest, dass es keine Möglichkeit gibt, mit dem Kind nach Deutschland einzureisen, weil die Ausländerbehörden die erforderliche Zustimmung zur Einreise verweigern. Andere kommen mit den Rechtsvorschriften des anderen Lands in Konflikt oder überschätzen ihre erzieherischen Möglichkeiten und müssen dann später feststellen, dass das Kind erheblich mehr von ihnen abverlangt, als sie sich das im Vorfeld vorgestellt hatten.
Es ist deshalb unverzichtbar, sich so gründlich wie möglich auf die geplante Adoption vorzubereiten.
Auch der, der sich für geeignet hält, ein Kind aus dem Ausland zu adoptieren, sollte die Sache nicht überstürzen. Eine gründliche Vorbereitung kann viele Probleme vermeiden und führt manchmal schneller zum Ziel als überhasteter Aktionismus.

Ist es besser, wenn man sich das Kind selbst aussuchen kann?

In manchen Ländern ist es möglich und üblich, dass sich die Eltern ihr Kind im Kinderheim selbst aussuchen können oder zumindest aus mehreren Vorschlägen ein Kind auswählen dürfen. Viele Adoptiveltern glauben, die Risiken einer Adoption dadurch mindern zu können, indem sie aus mehreren Vorschlägen das 'beste' Kind aussuchen.

Abgesehen davon, dass es für die Kinder, die nicht das Glück hatten, ausgesucht zu werden, eine herbe Enttäuschung und grobe Zurückweisung ist, stellt sich aber auch die Frage, ob ein solches Verfahren im Interesse der Adoptiveltern ist.
Ein leibliches Kind kann man sich auch nicht aussuchen.
Entwickelt sich ein adoptiertes Kind später nicht so, wie man sich das vorgestellt hat, ist man zumindest nicht mit dem Selbstzweifel belastet, vielleicht das falsche Kind ausgewählt zu haben.
Die meisten Adoptiveltern, die kein Kind auswählen durften, berichten, es sei ein Wunder, dass sie ausgerechnet das Kind bekommen haben, das am besten zu ihnen passt. Offensichtlich ist es so, dass die ganz überwiegende Anzahl derer, die ihr Kind nicht selbst aussuchen konnten, überaus zufrieden mit ihrem Kind ist. Es gibt keinerlei Anhaltspunkte dafür, dass die Zufriedenheit dann höher ist, wenn sich die Adoptiveltern das Kind selbst aussuchen konnten.
Auch aus Sicht des Kindes kann es Probleme mit der Tatsache geben, von den Adoptiveltern 'auserwählt' worden zu sein. Ausgewählt worden zu sein ist mitunter auch eine Last für das Kind und es kann sich die Frage stellen, ob es den anfänglichen Erwartungen gerecht wird.

Es ist besser nicht 'auserwählt' zu sein

Es ist deshalb wohl besser, wenn man sich das Kind nicht selbst aussuchen kann.

Warum wollen Sie ein Kind adoptieren?

Warum wollen Menschen Kinder?
In einem Beitrag für die Zeitung 'Die Zeit'[3] schrieb Ulrich Greiner:
„Warum? Ist es Wahnsinn, hat es Methode? Was spricht dafür, Kinder zu haben? Es beginnt mit schlaflosen Nächten, weil das Kind im Bett schreit, es endet mit schlaflosen, weil das Kind nicht im Bett liegt. Warum Kinder? Darum. Jedes einzelne Kind erübrigt die Frage. Dass Dumme ist nur, dass heute ein jeder für sich die Frage vorher beantworten muss. Hinterher fragt er nicht mehr, denn das Glück der Kinder und das Glück, Kinder zu haben, ist evident, man kann es schlecht erklären, es ist gebunden an den Augenblick, an die Plötzlichkeit der Empfindung. Man kann nur davon erzählen."

Bei Adoptionsbewerbern ist die Sache noch etwas komplizierter. Sie müssen die Frage 'Kind - ja oder nein?' nicht nur sich selbst beantworten, sondern auch gegenüber der Stelle, die über ihre Adoptionseignung befindet.
Schon zu Beginn des Gespräches mit der Fachkraft der Adoptionsvermittlungsstelle werden die Bewerber deshalb gefragt werden: 'Warum wollen Sie ein Kind adoptieren?'
In der Regel antworten die Bewerber: 'Weil wir keine Kinder bekommen können'.
Nach Untersuchungen sind 15 – 20% aller Paare ungewollt kinderlos. Vor allem für diese Paare stellt sich die Frage, ob die Adoption eines Kindes aus dem Ausland eine Möglichkeit ist, eine Familie zu gründen.
Es hat sich gezeigt, dass es für die zukünftige Familie nicht vorteilhaft ist, wenn die eigene Kinderlosigkeit die einzige Motivation für eine Adoption ist. Jedes Kind hat eigene Bedürfnisse, die befriedigt werden müssen. Es kann nicht der Sinn der Adoption sein, das Paar über seine Kinderlosigkeit hinwegzutrösten oder der Notnagel für eine Beziehung zu sein, die wegen der ausbleibenden leiblichen Kinder in eine Krise geraten ist und nun über eine Adoption gerettet werden soll.

Kinderlosigkeit darf nicht die einzige Motivation sein

Auf der anderen Seite ist es aber auch nicht günstig, wenn der Wunsch, ein Kind aus seinem angeblich jämmerlichen und armseligen Dasein zu retten, die einzige Motivation für die Adoption ist. Rettungsphantasien haben bei einer Adoption nichts zu suchen. Die Erziehung eines Kindes ist keine leichte Angelegenheit und oftmals gibt es Situationen, die den Eltern alles abverlangen. In solchen Momenten ist es wichtig, dass das Kind als eigenständige Person wahrgenommen wird und nicht als Objekt der guten Tat.
Was immer auch die Motivation für die Adoption sein mag: Von allen Experten wird einhellig bejaht, dass es unverzichtbar ist, dass das Paar seine Kinderlosigkeit verarbeitet, bevor ein Kind adoptiert wird.
Von manchen Adoptionsvermittlungsstellen werden deshalb keine Bewerber angenommen, die noch versuchen, über eine künstliche Befruchtung ein Kind zu bekommen.

Wer ist für eine Auslandsadoption geeignet?

Wer sich für eine Auslandsadoption eignet, ist schwer zu bestimmen. Letztlich hat jeder Sozialarbeiter, der als Mitarbeiter eines Jugendamtes oder einer sonstigen Adoptionsvermittlungsstelle die Eignung überprüfen soll, seine eigenen Vorstellungen davon, wer geeignet ist und wer nicht. Wie bei allen anderen Fällen von Elternschaft kann niemand im Vorfeld genau sagen, wer ein Kind kompetent und liebevoll erziehen kann und wer nicht. Sicherlich gibt es einige objektive Kriterien wie ein ausreichendes Einkommen oder einen stabilen Lebenswandel, die erfüllt sein sollten. Dennoch bietet auch dies keine Gewähr dafür, dass das Kind ausgerechnet in dieser Familie zu einem glücklichen und zufriedenen Menschen heranwächst.

Sammeln Sie Informationen

Die meisten Adoptionsbewerber erziehen noch keine Kinder. Sie wissen deshalb meist selbst nicht, ob es ihnen später gelingen wird, für ihre Kinder kompetente Eltern zu sein, ihnen Zuneigung und emotionale Wärme zu schenken und sie mit klaren und verständlichen Regeln und angemessenen Anregungen gut zu erziehen.

Möglicherweise schafft der Kontakt mit einer Familie, die bereits Kinder adoptiert hat, Klarheit über die bevorstehenden Anforderungen. Auch das Lesen der einschlägigen Literatur kann wichtige Anregungen liefern.

Am wichtigsten ist jedoch die innere Überzeugung, ein fremdes Kind als eigenes annehmen zu können und es mit all seinen Vor- und Nachteilen zu akzeptieren. Das oft langwierige und umständliche Bewerbungsverfahren bestärkt manche Eltern in dem Irrglauben, es würden ganz besondere Begabungen und Talente von ihnen verlangt und sie müssten nach der Adoption Supermütter oder Superväter sein. In erster Linie wird jedoch von den Adoptiveltern das erwartet, was auch von allen anderen Eltern erwartet wird.

Für welches Kind sind wir geeignet?

Nicht jeder Bewerber ist für jedes Kind gleich gut geeignet.

Manche haben Schwierigkeiten, ein älteres Kind zu akzeptieren, für einige kommen nur Kinder aus bestimmten Ländern in Frage und andere legen sich auf ein bestimmtes Geschlecht fest. Andere wiederum wollen ausdrücklich ein schon etwas älteres Kind, machen aber keine Einschränkungen hinsichtlich des Landes, aus dem das Kind kommen soll.

Um sich selbst Klarheit darüber zu verschaffen, ist es ratsam, sich sowohl als Paar Gedanken zu machen als auch in Gesprächen mit Freunden und Verwandten die Frage zu besprechen.

Das Alter des Kindes

Die meisten Adoptionsbewerber wünschen sich ein kleines Kind. Sie hoffen, weniger Probleme mit dem Kind zu haben als mit einem größeren und viele wollen auch auf die Erfahrung nicht verzichten, ein kleines Baby aufzuziehen.

In der Tat verläuft die Integration eines Kindes in der Regel umso leichter, je früher es in die Adoptivfamilie kommt. Dies lässt sich jedoch nicht verallgemeinern.

Viele Kinder, die erst mit ein paar Jahren adoptiert werden, haben die erste Zeit ihres Lebens in einer relativ stabilen Umgebung verbracht, haben ausreichend Zuwendung und Liebe erfahren und sind erst später durch den Tod ihrer Eltern oder durch sonstige dramatische Einschnitte in die Situation gekommen, die letztlich zur Adoption führte. Oft gelingt ihre Integration genauso gut wie die Integration eines kleineren Kindes.

Auf der anderen Seite gibt es kleine, sehr junge Kinder, die in ihren ersten Lebensmonaten so viel Ablehnung, Vernachlässigung und Entbehrungen kennen gelernt haben, dass ein großer Schaden entstanden ist.
Nach einer britischen Untersuchung[4] gelang Kindern, die die ersten Monate und Jahre bei einer stabilen Bezugsperson leben konnten, sogar leichter die Integration in die neue Familie als Kindern, die als Babys adoptiert worden waren.
Nicht immer also ist die Adoption eines Kleinkindes problemloser.

Das Geschlecht des Kindes

In den meisten Fällen wünschen sich die Adoptivbewerber ein Mädchen. Dahinter steht oftmals der Gedanke, ein ausländisches Mädchen sei in der Erziehung weniger problematisch und habe es später bei der Partnersuche leichter als ein ausländischer Junge. Ob es auf diese Weise gelingt, das Risiko einer Adoption zu minimieren, ist fraglich. Auch bei leiblichen Kindern kann man sich das Geschlecht nicht aussuchen und vermutlich ist es auch hier das Beste, auf das Schicksal zu vertrauen.

Die Hautfarbe des Kindes

Für manche Adoptivbewerber kommt nur die Adoption eines Kindes aus einem bestimmten Land in Betracht, da sie wegen Urlaubsreisen, Freundschaften oder beruflicher Kontakte eine besondere Beziehung zu eben diesem Land aufgebaut haben. Wer etwa schon viele Male beruflich in Peru war und dort Land und Leute kennen und lieben gelernt hat, wird sich die Adoption eines peruanischen Kindes gut vorstellen können.

Farbige Adoptivkinder entwickeln sich nicht schlechter als weiße

Adoptivbewerber, die über keine solche Erfahrungen verfügen, neigen oft dazu, sich ein weißes Kind zu wünschen. Sie versprechen sich dadurch, nicht auf den ersten Blick als Adoptivfamilie erkannt zu werden und hoffen, dass das Kind es später leichter haben wird als ein farbiges Kind.
Ob sich das Kind später aber gut entwickeln kann, hängt von vielerlei Kriterien ab. So zeigte eine Untersuchung koreanischer Adoptivkinder, die durch eine Adoption in die USA oder nach Europa gekommen waren, dass sie sich besser in die neue Kultur eingelebt hatten als andere farbige Adoptivkinder und sogar besser als weiße Adoptivkinder.[5]
Mitunter entwickeln sich also farbige Adoptivkinder sogar besser als weiße.

Wie lange dauert es bis zur Adoption?

Die Frage lässt sich nicht pauschal beantworten. Zum einen dauern die Eignungsüberprüfungen bei den Adoptionsvermittlungsstellen unterschiedlich lange, zum anderen hängt dies auch davon ab, wie viele Kinder in dem betreffenden Land zur Adoption freigegeben werden. Grundsätzlich ist davon auszugehen, dass bereits die Eignungsüberprüfung zwischen 6 und 12 Monate in Anspruch nimmt Die Zeitspanne, bis das Kind adoptiert werden kann, reicht deshalb von ´wenigen Monaten bis zu mehreren Jahren`.[6]
Entscheidend für das zügige Durchlaufen des Verfahrens ist auch die Bereitschaft der Bewerber, sich intensiv vorzubereiten und notwendige Unterlagen ohne Zeitverzögerung zusammenzustellen.

➤ **Beispiel:**

Die Krügers sind beide 41 Jahre alt. Sie wissen, dass es in Deutschland keine gesetzliche Altersgrenze gibt, ab der eine Adoption nicht mehr erfolgen kann. Es ist ihnen jedoch klar, dass es mit zunehmendem Alter immer schwieriger wird, eine Vermittlungsstelle von der Eignung zu überzeugen. Ein weiteres mehrjähriges Warten können sie sich deshalb nicht mehr erlauben. Für sie kommt deshalb nur die Adoption aus einem Land in Betracht, in dem in absehbarer Zeit mit der Vermittlung eines Kindes gerechnet werden kann.

Können alleinstehende Personen ein Kind adoptieren?

Auch Singles können adoptieren

Nach deutschem Recht können auch alleinstehende Personen ein Kind annehmen. Im Bürgerlichen Gesetzbuch heißt es dazu: 'Wer nicht verheiratet ist, kann ein Kind nur allein annehmen. Ein Ehepaar kann ein Kind nur zusammen annehmen.'[7] Das Gesetz regelt also ausdrücklich, dass ein Kind von einer alleinstehenden Person adoptiert werden kann. Wer allerdings verheiratet ist (auch getrenntlebend), kann ein Kind nur zusammen mit seinem Ehepartner adoptieren.
Wer glaubt, die Adoption durch Singles sei eine Erscheinung der modernen Zeit, irrt. Bereits die französische Revolution von 1789 führte dazu, dass die Adoption ausdrücklich nicht nur Paaren, sondern auch Einzelpersonen erlaubt wurde. Wenn alle Menschen gleich sind vor dem Gesetz, so war die Überlegung, dann darf der Gesetzgeber Einzelpersonen auch bei diesem Thema nicht benachteiligen.
Da bei der Adoption immer auch die Vorschriften des Landes zu beachten sind, aus dem das Kind kommt, ist für das Herkunftsland des Kindes zu prüfen, ob dort die Adoption durch Alleinstehende erlaubt ist.
Es ist auch vorab zu klären, welche Adoptionsvermittlungsstellen zur Zusammenarbeit mit einem unverheirateten Bewerber bereit sind.

Können schwule / lesbische Paare ein Kind adoptieren?

Bei schwulen und lesbischen Paaren kann grundsätzlich nur einer der Partner ein Kind adoptieren. Die gemeinsame Adoption durch das Paar ist auch dann nicht zulässig, wenn es sich um eine eingetragene Lebenspartnerschaft handelt. Das Paar muss deshalb klären, wer von beiden das Kind adoptieren soll.

➤ **Beispiel:**

Petra und Brigitte sind seit vielen Jahren ein glückliches Paar. Da beide ein großes Herz für Kinder haben, möchten sie gerne einen Jungen oder ein Mädchen aus dem Ausland adoptieren.

Eine gemeinsame Adoption ist rechtlich nicht möglich. Das Kind kann nur entweder von Petra oder von Brigitte adoptiert werden, nicht aber von beiden zusammen.
Das gilt auch dann, wenn Petra und Brigitte in einer eingetragenen Lebenspartnerschaft leben.

➤ **Beispiel:**

Nach langen Jahren des Wartens hat Petra ein Kind aus dem Ausland adoptiert. Als sie einige Jahre nach der Adoption schwer erkrankt, möchte sie, dass ihre Lebenspartnerin Brigitte das Kind als Stiefkind adoptiert, damit es für den Fall ihres Todes abgesichert ist.

Adoption und Lebenspartnerschaftsgesetz

Nach dem Lebenspartnerschaftsgesetz ist es zwar möglich, das Kind des Lebenspartners zu adoptieren und damit die gemeinsame Sorge für das Kind zu bekommen. Diese Möglichkeit besteht aber ausschließlich für leibliche Kinder. Hätte also Petra ein leibliches Kind, so könnte Brigitte das Kind adoptieren und es auf diese Weise absichern. Bei adoptierten Kindern ist dies nicht möglich.

Das neue europäische Adoptionsabkommen aus dem Jahr 2009, nach dem auch homosexuellen Paaren das volle Adoptionsrecht (und nicht nur das Recht auf Stiefkindadoption) eingeräumt wird, wurde bislang von Deutschland nicht ratifiziert.
Homosexuelle, die sich für eine Adoption interessieren, stellen deshalb in der Regel schnell fest, dass ihre Pläne auf große Schwierigkeiten stoßen.
Und das, obwohl der Europäische Gerichtshof für Menschenrechte im Jahr 2008 die Diskriminierung homosexueller Bewerber verbot und einer 45 Jahre alten französischen Grundschullehrerin Recht gab, die vergebens versucht hatte, ein Kind zu adoptieren.[8]
Die Lehrerin hatte einen Adoptionsantrag gestellt und sich dabei offen zu ihrer Homosexualität bekannt. Sie gab außerdem an, in einer stabilen Beziehung zu ihrer Freundin, einer Psychologin, zu leben. Die französischen Behörden wiesen den Antrag der Frau jedoch mit dem Argument ab, das Kind würde keine 'väterliche Bezugsperson' haben. Dagegen zog die Frau bis zum höchsten französischen Verwaltungsgericht, welches die Klage mit dem Argument zurückwies, eine Adoption sei nicht im Interesse des Kindes, das adoptiert werden sollte. Der Gerichtshof für Menschenrechte entschied jedoch, dass der Hinweis der französischen Behörden auf das Fehlen einer 'väterlichen Bezugsperson' willkürlich gewesen sei und die Entscheidung gegen das Diskriminierungsverbot verstoße. Frankreich wurde zur Zahlung von 10.000 Euro Schmerzensgeld an die Lehrerin verurteilt.
Unstrittig dürfte sein, dass die Elternschaft Homosexueller besonderen Belastungen ausgesetzt ist. Die Ursachen hierfür liegen in den Vorbehalten, denen Homosexuelle noch immer ausgesetzt sind. Schwulen Vätern wird Promiskuität, lesbischen Müttern ein Hass auf Männer unterstellt. Mitunter wird sogar entgegen aller wissenschaftlicher Erkenntnisse unterstellt, die Erziehung durch homosexuelle Eltern führe dazu, dass die Kinder selbst zur Homosexualität verführt werden.
Dabei wurde in wissenschaftlichen Untersuchungen nachgewiesen, dass es für die Entwicklung des Kindes keinen Unterschied macht, welche sexuelle Orientierung die

Eltern haben. Nach Feststellung der Amerikanischen Akademie der Kinderärzte zeigt eine wachsende Zahl von Untersuchungen, dass es 'Kindern, die mit einem oder zwei schwulen oder lesbischen Elternteilen aufwachsen, in emotionaler, kognitiver, sozialer und sexueller Hinsicht genauso gut geht wie Kindern, deren Eltern heterosexuell sind'.[9]

Studien: Homosexuelle können genauso gut Kinder erziehen wie Heterosexuelle

Eine Auswertung von 21 Studien, die Kinder von homosexuellen Eltern mit Kindern aus 'normalen' Familien verglichen, ergab, dass homosexuelle Paare genauso gut Kinder erziehen können wie heterosexuelle.[10] In keiner der Studien waren Nachteile für die Entwicklung der Kinder beschrieben worden. Auch eine Studie der Universität Bamberg aus dem Jahr 2009 zeigte, dass Kinder, die bei schwulen oder lesbischen Paaren aufwachsen, ihre Persönlichkeit ungestört entwickeln können und sich in ihren Leistungen nicht von ihren Mitschülern unterschieden. Die Studie kommt zu dem Schluss: 'Sie wachsen dort genauso gut auf wie bei heterosexuellen Eltern.'[11]

Der Leiter des bayerischen Instituts für Frühpädagogik und Familienforschung, Professor Wassilios Fthenakis, fasst die internationalen Forschungsergebnisse so zusammen: 'Die gleichgeschlechtlichen Partnerschaften sind flexibler, partnerschaftlicher, demokratischer. Wenn etwas im Interesse des Kindes steht, dann nicht heterosexuelle oder homosexuelle Eltern, sondern liebende Eltern.'[12]

Sollen wir ins Fernsehen gehen?

Malawi ist eines der ärmsten Länder der Welt. Jedes Jahr sterben mehr als 100.000 Kinder, die meisten von ihnen sind keine fünf Jahre alt. 700.00 Kinder haben durch die Aids Epidemie einen oder beide Elternteile verloren. Doch von all diesen Kindern hört, sieht und liest man so gut wie nichts. Es gibt keine Reportagen darüber, keine Fernsehberichte und so gut wie keine Bilder.

Ganz anders ist es, wenn ein Star wie Madonna nach Malawi fliegt, um dort zwei Waisenkinder zu adoptieren. Dann macht sich ein ganzer Konvoi von Kameraleuten und Reportern auf, einmal ein paar Tage lang über zwei Einzelschicksale zu berichten. Da wird dann interviewt, gesendet, fotografiert und berichtet, als entscheide sich an so einem Vorgang das Schicksal der Welt.

Nun hat dieses Interesse der Medien sicherlich damit zu tun, dass Stars und deren Kinder immer für eine gute Auflage und Einschaltquote gut sind. Abgesehen davon lassen sich aber auch mit Berichten über Adoptionen gute Geschäfte machen.
Und so kommt es, dass jede Woche auf irgendeinem Sender über eine Adoption berichtet wird und man manchmal glauben könnte, die Menschheit bestehe nur noch aus Adoptierten, Adoptiveltern und Adoptivbewerbern.
Für Adoptionsbewerber und Adoptiveltern, die schon immer einmal ins Fernsehen oder in die Zeitung kommen wollten, ist das eine feine Sache. Denn irgendwo ist immer ein Reporter, der einen Bericht über eine Adoption machen will. Da lässt sich dann reinpa-

cken, was Lesern und Zuschauern gefällt: Starke Bilder und jede Menge Gefühle. Und so sieht man in manchen Reportagen so viel Hoffnung, Enttäuschung, Bangen, Warten, Tränen und Glück, dass jeder Rosamunde-Pilcher-Regisseur neidisch werden könnte.

➤ **Beispiel:**

Klaus und Karin stehen kurz davor, nach Afrika zu fliegen, um dort ihren Sohn abzuholen. Da lesen sie im Internet, dass ein Fernsehsender eine Serie über Paare plant, die in nächster Zeit ein Kind adoptieren wollen.
„Die Redaktion der xy möchte zukünftige Eltern auf diesem schwierigen Weg begleiten und mit ihnen erleben, was es bedeutet, Eltern zu werden. Ebenso würde die Redaktion gerne Familien begleiten, die schon (eigene, adoptierte oder Pflege-) Kinder haben und ein weiteres Kind adoptieren möchten. Jede Familie ist individuell, sammelt unterschiedliche Erfahrungen auf dem Weg zur Adoption und jede hat andere Erlebnisse. Der Weg zur Adoption kann viele Facetten haben und die Redaktion würde sich sehr freuen, wenn sie Sie dabei begleiten dürfen. Es wird versprochen, dabei sensibel, zurückhaltend, dokumentarisch und authentisch an der Seite der Familien zu sein. Und vielleicht nehmen Sie die Chance an, diesen unvergesslichen Moment für Sie, vor allem aber für Ihr Kind, im Bild festzuhalten."[13]
Das hört sich für Klaus und Karin sehr gut an und so überlegen sie sich, auf das freundliche Angebot einzugehen.

Wer solche Anzeigen liest, sollte zunächst einmal beachten, dass es einem Reporter nicht wie beschrieben darum geht, 'Eltern auf einem schwierigen Weg zu begleiten'. Er will vielmehr einen Bericht anfertigen, für den er dann gutes Geld kassieren kann.
Was aber spricht dafür, ihm dabei zu helfen? Die Antwort fällt hier sehr leicht: Nichts. Wirklich gar nichts.
Wer einen unvergesslichen Moment im Bild festhalten will, kann eine Kamera mitnehmen. Er muss nicht auch noch einen Kameramann mit dazu einpacken.

Jeder hat Anspruch auf Achtung seines Privatlebens

Selbst wenn sensibel und zurückhaltend berichtet wird, so wird doch das Schicksal eines Kindes ohne dessen Einwilligung an die Öffentlichkeit gezerrt. Die Europäische Menschenrechtskonvention bestimmt: 'Jedermann hat Anspruch auf Achtung seines Privat- und Familienlebens'. Und das Grundrecht auf informationelle Selbstbestimmung verlangt, dass jeder Einzelne selbst über die Preisgabe und Verwendung seiner personenbezogenen Daten bestimmen darf. Ein Kind, das in Afrika in einem Kinderheim sitzt, kann darüber aber gar nicht bestimmen. Denn es hat nicht einmal ansatzweise eine Vorstellung davon, welche Konsequenzen es hat, wenn sein Schicksal von den Medien ausgeschlachtet wird.
Es gibt Adoptiveltern, die haben keine Scheu, die ganze Lebensgeschichte ihres Kindes vor einem Millionenpublikum auszubreiten. Und sie merken dabei nicht, wie die Rechte ihres Kindes dabei mit Füßen getreten werden.
Wer im Ausland adoptiert, kann nur darauf hoffen, dass es gelingt, zu dem Kind eine gute Bindung aufzubauen. Bislang hat noch niemand behauptet, dass es für den Aufbau guter Bindungen besonders förderlich ist, wenn ein Kamerateam danebensteht. Es ist

auch schwer vorstellbar, dass es dem Entstehen von Vertrauen dient, wenn Adoptiveltern alle Welt an den Zuständen in der Familie teilhaben lassen.
Manchmal sind Adoptiveltern der Meinung, solche Fernsehberichte trügen dazu bei, Adoptionen normaler und gesellschaftlich akzeptierter zu machen. Aber es ist nun wirklich nicht die Aufgabe eines Adoptivkindes, Adoptionen gesellschaftsfähiger zu machen.
Wer einem Rechtsanwalt, einer Psychologin oder einem Priester etwas anvertraut, weiß, dass diese zur Verschwiegenheit verpflichtet sind. Wenn sie diese Verpflichtung nicht beachten, werden sie nach § 203 StGB mit einer Geldstrafe oder mit Freiheitsstrafe bis zu einem Jahr bestraft.
Für Adoptiveltern gilt diese Vorschrift nicht, obwohl doch jeder Vater und jede Mutter gleichzeitig Rechtsanwalt, Psychologe und Priester seines Kindes ist.

Wie schlecht es bei Adoptivkindern ankommt, wenn man alle Welt an ihrem Leben teilhaben lässt, musste auch Hollywood-Star Nicole Kidman erfahren. „Ich darf nicht mehr über meine Tochter reden. Sie hat angefangen alles zu lesen was ich sage und hat angeordnet, dass ich nichts mehr über sie sagen darf", sagte die Schauspielerin über ihre 11-jährige Adoptivtochter Isabella. „Neulich war ich bei der Letterman-Show und ich habe irgendwas über sie gesagt und sie forderte daraufhin: ´Mama, mach das nie wieder`", sagte Kidman. Isabella wolle ihre Privatsphäre wahren.[14]

Auch die zugelassenen Vermittlungsstellen für Auslandsadoptionen schätzen es nicht, wenn Adoptionsbewerber und Adoptiveltern persönliche Dinge an die Öffentlichkeit tragen. In einzelnen Fällen ist es hier sogar schon zum Abbruch laufender Vermittlungsverfahren gekommen. Die Arbeitsgemeinschaft der freien Träger in der Auslandsvermittlung hat deshalb eine gemeinsame Erklärung zu diesem Thema veröffentlicht:

> Gemeinsame Erklärung der Arbeitsgemeinschaft der freien Träger in der Auslandsvermittlung. Auch Adoptivkinder haben Anrecht auf Schutz ihrer Privatsphäre.
>
> Leider stößt man im Internet, aber auch in anderen Medien, immer häufiger auf Berichte von Adoptiveltern, die detailliert über die Geschichte ihres Kindes Auskunft geben, und dabei nicht zögern, auch Probleme, Auffälligkeiten, ja schwere Störungen des Kindes der Öffentlichkeit preiszugeben. Das verstößt massiv gegen das Recht des Kindes auf Schutz seiner Privatsphäre. Adoptivkinder, die eine schwierige Vorgeschichte haben und oft erst nach Irrwegen einen erträglichen Lebensweg finden, haben ein ganz besonderes Anrecht auf Schutz ihrer Persönlichkeit. Es wird sie zutiefst kränken und verstören, wenn sie voraussetzen müssen, dass 'die halbe Welt' über ihre Schwierigkeiten informiert ist oder sie sogar von fremden Personen auf ihre Probleme angesprochen werden.
>
> Wir dürfen Sie, sehr geehrte Adoptiveltern, darum herzlich bitten, keine entsprechenden Daten ihres Kindes ins Internet zu stellen oder über andere Medien zu verbreiten. Wie es um ihr Kind steht, geht nur Sie und das Kind etwas an.

Schutz auf Privatssphäre

Überblick über das Verfahren

Die Adoption eines Kindes aus dem Ausland ist auf den ersten Blick eine sehr komplizierte Angelegenheit. Viele Stellen sind damit befasst, es müssen zahlreiche Unterlagen besorgt werden und schwer verständliche Regelungen im In- und Ausland schrecken zahlreiche Interessierte davon ab, sich näher mit dem Gedanken an eine Adoption zu beschäftigen. Vorhandene Unsicherheiten werden noch dadurch gesteigert, dass in den Medien oft und gerne über Kinderhandel und ähnliche kriminelle Praktiken berichtet wird, zufriedene Adoptivfamilien aber weit weniger Sensationscharakter haben und in der Berichterstattung deshalb kaum eine Rolle spielen.
Im Grunde ist es aber nicht besonders schwierig, den Ablauf des Adoptionsverfahrens zu verstehen. Jeder, der sich für das Thema interessiert, sollte Folgendes wissen:

- An der Adoption sind zwei Länder beteiligt, deshalb sind auch die Vorschriften von zwei Ländern zu beachten.
- Am Beginn des Verfahrens wenden sich die Bewerber an eine Vermittlungsstelle.
- Es wird unterschieden in Länder, die die Haager Adoptionskonvention unterzeichnet haben und Länder, die dies nicht getan haben.
- In manchen Ländern kann man die Adoption auf eigene Faust betreiben, in anderen darf nur über eine anerkannte Vermittlungsstelle adoptiert werden.

Zwei Länder, zwei Verfahren

Die Gesetze im Heimatstaat des Kindes und die Gesetze im Staat der Adoptiveltern müssen beachtet werden

Bei jeder Auslandsadoption müssen sowohl die gesetzlichen Bestimmungen im Heimatstaat des Kindes als auch die Bestimmungen im Staat der Eltern erfüllt werden.
Im Ausland gibt es die unterschiedlichsten Adoptionsformen.
Während in manchen Ländern die Adoptivkinder völlig aus ihrer bisherigen Familie herausgelöst werden und alle rechtlichen Verbindungen zu ihren leiblichen Eltern verlieren, beschränken sich andere Länder darauf, das Kind nur in einzelnen Punkten einem leiblichen Kind der Annehmenden gleichzustellen (etwa elterliche Sorge, Unterhalt, Erbrecht). Man spricht hier von einer sogenannten 'schwachen' Adoption, wie sie beispielsweise in Äthiopien und Ecuador ausgesprochen wird.
Auch das Zustandekommen einer Adoption kann im Ausland sehr unterschiedlich sein. Während in manchen Staaten das Annahmeverhältnis durch einen Vertrag zwischen Annehmendem und Kind zustande kommt (Vertragsadoption), geschieht in den weit überwiegenden Fällen die Adoption durch Hoheitsakt eines Gerichts oder einer Behörde (Dekretadoption).
In den meisten islamischen Staaten ist die Adoption unzulässig. Die Aufnahme eines Kindes ist dort nur nach den Grundlagen der sogenannten Kafala möglich. Hierbei werden keine verwandtschaftlichen Beziehungen zu dem Kind begründet. Die neuen Eltern des Kindes erhalten lediglich die Verpflichtung, dem betreffenden Kind Schutz, Erziehung und Unterhalt im selben Umfang wie bei einem leiblichen Kind zu gewähren.

Gelingt es den Eltern, eine Adoption im Ausland durchzuführen, so folgt daraus noch nicht automatisch, dass die Eltern zusammen mit ihrem Kind auch nach Deutschland einreisen dürfen. Vor der Einreise muss erst ein Visum für das Kind beantragt werden. Stellt die deutsche Auslandsvertretung bei der Bearbeitung des Antrages fest, dass gegen grundlegende Verfahrensvorschriften oder wesentliche Grundsätze des deutschen Rechts verstoßen wurde, wird sie die Visumserteilung verweigern.
Woher aber weiß die deutsche Botschaft im Ausland, dass die Voraussetzungen für eine deutsche Adoption nicht vorliegen? Schließlich ist sie vielleicht tausende von Kilometern vom Wohnort der Eltern entfernt und kann kaum selbst eine Überprüfung vornehmen. Woher also weiß die Botschaft, die mitten in Afrika Visumsanträge für 2 Kinder zu bearbeiten hat, dass die Adoptiveltern in einer 1 - Zimmer - Wohnung von der Sozialhilfe leben und ein Alkoholproblem haben?
Da sie selbst keine eigenen Ermittlungen anstellen kann, wird sie sich an die zuständige Ausländerbehörde am Wohnort der Eltern wenden. Diese nimmt dann Kontakt zum Jugendamt auf. Hier kann sich herausstellen, dass sich das Paar bislang noch gar nicht an das Jugendamt oder eine sonstige Adoptionsvermittlungsstelle gewandt hatte oder von diesen abgelehnt worden war.

➤ **Beispiel:**

Das Ehepaar Lehmann entscheidet sich nach einem Fernsehbericht über hungernde Kinder in Angola spontan dazu, Hilfe zu leisten und 2 Kinder aus einem Heim in der Hauptstadt Luanda zu adoptieren. Kurzentschlossen fliegen sie wenige Tage später nach Afrika, wo es ihnen tatsächlich mit Hilfe eines Rechtsanwaltes gelingt, 2 kleine Mädchen zu adoptieren. Voller Freude beantragen sie bei der zuständigen deutschen Auslandsvertretung Visa für die Kinder zur Einreise nach Deutschland. Die Lehmanns stellen entsetzt fest, dass das Adoptionsverfahren in Angola zwar beendet ist, dass sie aber die von der Deutschen Botschaft verlangte Vorabzustimmung der Ausländerbehörde zum jetzigen Zeitpunkt nicht vorlegen können, da sie bislang noch keinerlei Kontakt zur Ausländerbehörde ihres Heimatortes aufgenommen hatten.
Da sich die Deutsche Botschaft weigert, unter diesen Voraussetzungen Visa auszustellen, müssen sie die Kinder in Angola zurücklassen und allein nach Deutschland zurückfliegen.

Um solche Entwicklungen zu vermeiden, ist deshalb immer gründlich darauf zu achten, dass alle Vorschriften beachtet werden.

Dies ist in Deutschland zu beachten:

- Wer adoptieren will, muss unbeschränkt geschäftsfähig und mindestens 25 Jahre alt sein. Bei gemeinschaftlicher Adoption durch ein Ehepaar muss einer der Ehegatten das Mindestalter von 25 haben, der andere mindestens 21 Jahre alt sein. Ein gesetzlich festgelegtes Höchstalter gibt es nicht. Verheiratete können nur zusammen mit dem Ehegatten gemeinschaftlich adoptieren.
- Die Adoption muss dem Kindeswohl dienen und es muss zu erwarten sein, dass zwischen dem Annehmenden und dem Kind ein Eltern-Kind-Verhältnis entsteht.

Adoption muß dem Kindeswohl dienen

- Für die Adoption ist die Einwilligung der leiblichen Eltern des Kindes erforderlich. Das gilt dann nicht, wenn sie zur Abgabe der Erklärung dauernd außerstande oder ihr Aufenthalt dauernd unbekannt ist.

Dies ist im Ausland zu beachten:

- Adoptionen im Ausland haben oftmals andere Voraussetzungen und Rechtsfolgen als solche nach deutschem Recht.

In vielen Staaten ist die Adoption verboten

- In vielen Staaten ist die Adoption generell verboten. So ist in zahlreichen Staaten mit islamischer Rechtsordnung die Adoption unbekannt. Mitunter ist es dort zwar möglich, ein Kind zur Pflege aufzunehmen. Dieses Pflegekind behält aber seinen ursprünglichen Namen und übernimmt nicht den Familiennamen der Pflegeeltern, sodass seine Herkunft immer bekannt bleibt. Außerdem hat es z.B. in Erbangelegenheiten nicht die gleichen Rechte wie ein leibliches Kind.[15]
- In manchen Staaten können nur solche Ausländer adoptieren, die ihren ständigen Lebensmittelpunkt im Land des Kindes haben oder die der gleichen Glaubensrichtung wie das Kind angehören.
- In zahlreichen Ländern gibt es nur eine Adoption, die die rechtlichen Beziehungen des Kindes zu seinen leiblichen Eltern nicht völlig auflöst. Man spricht hier von einer sog. 'schwachen Adoption'.
- Die jeweiligen Adoptionsbestimmungen im Herkunftsland des Kindes sind zu beachten.

Beginn des Verfahrens: Der Kontakt zur Vermittlungsstelle

Das Adoptionsverfahren beginnt mit der Kontaktaufnahme zu einer Adoptionsvermittlungsstelle. Es gibt hier:

- die staatlich anerkannten Vermittlungsstellen freier Träger und
- die Adoptionsvermittlungsstellen der Jugendämter.

Die Vermittlungsstellen der freien Träger haben sich alle auf die Vermittlung von Kindern aus bestimmten Ländern spezialisiert. Keine dieser Vermittlungsstellen ist für alle Länder zuständig.

Es ist schwierig, eine Adoption im Ausland ohne Kontakt zu einer Vermittlungsstelle durchzuführen. Dies liegt daran, dass so gut wie alle Länder einen Adoptionseignungsbericht verlangen, der in den meisten Fällen vom Jugendamt, manchmal aber auch von einer freien Adoptionsvermittlungsstelle angefertigt wird. Darüber hinaus können sich auch bei der Anerkennung der ausländischen Adoption in Deutschland Probleme ergeben, wenn die Eignung der Bewerber nicht von einer hierfür zuständigen Stelle festgestellt worden ist.

Das Jugendamt

In der Regel findet der erste Behördenkontakt statt, indem die Bewerber bei der Adoptionsvermittlungsstelle des Jugendamtes anrufen. Manche kleinere Jugendämter haben

keine eigenen Adoptionsvermittlungsstellen eingerichtet. Die Bewerber erfahren dann von ihrem Jugendamt, an wen sie sich wenden müssen.
Dem ersten Anruf beim Jugendamt sollten die Bewerber nicht allzu viel Bedeutung beimessen. Hier geht es noch um nichts.
Es ist aber sehr sinnvoll, sich bereits im Vorfeld Klarheit darüber zu verschaffen, aus welchem Land das Kind sein soll, wie alt es sein darf, ob und welche Krankheiten es haben darf etc.
Da zur Eignungsüberprüfung immer auch die Teilnahme an einem Vorbereitungsseminar gehört, erfahren die Bewerber von ihrem Jugendamt, wann das nächste Seminar stattfindet und wie sie sich anmelden können.

➤ Beispiel:

Die Ehe der Schusters ist zu ihrem großen Unglück kinderlos geblieben. Sie entschließen sich deshalb, ein Kind aus der ehemaligen Sowjetunion zu adoptieren. Als Erstes rufen sie beim Jugendamt ihrer Heimatstadt an. Dort wird ihnen mitgeteilt, dass das Jugendamt selbst keine Adoptionsvermittlungsstelle unterhält. Sie erhalten allerdings die Adresse des Jugendamtes in der Nachbarstadt, das bei Adoptionsvermittlungen für sie zuständig ist. In einem Telefonat mit dem zuständigen Sachbearbeiter erfahren sie, dass das Jugendamt regelmäßig alle drei Monte ein Vorbereitungsseminar für Adoptionsbewerber veranstaltet. Da der nächste Termin bereits ausgebucht ist, erhalten sie einen Anmeldebogen für das übernächste Treffen, für das sie sich umgehend anmelden. Nicht immer verläuft der erste Kontakt so unproblematisch wie bei den Schusters.

➤ Beispiel:

Franziska Wagner und ihr Mann Klaus wollen ein Kind adoptieren. Als sie bei ihrem Jugendamt in Musterstadt anrufen, werden sie an das Landesjugendamt verwiesen. Von dort erhalten sie die Mitteilung, es sei nach wie vor Musterstadt zuständig. Etwas verunsichert rufen sie also wieder am Jugendamt an, wo man ihnen mitteilt, eine Überprüfung ihrer Adoptionseignung zum jetzigen Zeitpunkt mache keinen Sinn, da sie ja momentan noch keine Adoption in Aussicht hätten und der Adoptionseignungsbericht bis zum eigentlichen Beginn der Adoption dann schon wieder veraltet sei.

Nur die Harten kommen in den Garten

Bereits in diesem Stadium machen manche Adoptionsbewerber die Erfahrung, dass eine Auslandsadoption mitunter kein Spaziergang ist. Bewerber sollten in solchen Fällen darauf drängen, dass ihnen baldmöglichst ein Gesprächstermin genannt wird, in dem Fragen der Auslandsadoption besprochen werden und sie weitere Informationen erhalten. Der Adoptionseignungsbericht muss auch nicht sofort angefertigt werden. In der Tat ist es sinnvoll, den Bericht erst dann zu verfassen, wenn sich eine konkrete Möglichkeit auf eine Adoption ergibt. Bereits jetzt können aber die erforderlichen Gespräche geführt werden und es kann auch der Hausbesuch durch die Mitarbeiter des Jugendamtes erfolgen, sodass später dann nur noch überprüft werden muss, ob die Feststellungen noch aktuell sind.

Bei allem Klagen über die Schwierigkeiten einer Auslandsadoption, über verwirrende Informationen, über Hürden und Probleme ... sollte jedoch eines nicht vergessen werden – eine Adoption ist nicht einfach, das Leben mit Kindern ist es jedoch auch nicht.
Wer bereits verzagt und verzweifelt, weil er am Telefon unfreundlich beraten worden ist, sollte sich überlegen, ob er sich tatsächlich für geeignet hält, die möglicherweise auf ihn zukommenden Schwierigkeiten mit der notwendigen Ausdauer, Zähigkeit und Gelassenheit anzupacken.
Wer wirklich davon übererzeugt ist, dass die Auslandsadoption das Richtige für ihn ist, wird sicher einen Weg finden, mit einer verwirrenden Information am Telefon zurechtzukommen.

Freie Adoptionsvermittlungsstellen

Bewerber können sich auch direkt mit einer anerkannten freien Vermittlungsstelle in Verbindung setzen

Der Beginn des Verfahrens mit der Einschaltung des Jugendamtes ist die Regel – das ist aber nicht zwingend. Die Adoption kann auch damit beginnen, dass sich die Bewerber direkt mit einer anerkannten freien Adoptionsvermittlungsstelle in Verbindung setzen.
Dies kann dann sinnvoll sein, wenn die Bewerber ein Kind aus einem bestimmten Land adoptieren wollen und in diesem Land die Adoptionsvermittlungsstelle eines freien Trägers tätig ist.

➤ **Beispiel:**

Das Ehepaar Müller will ein Kind aus Russland adoptieren. Ein anderes Land kommt für die Müllers nicht in Betracht, da sie lange Jahre selbst in Russland gelebt haben und eine starke Verbindung zu diesem Land aufgebaut haben.
Bei ihren ersten Recherchen stellen sie nun fest, dass es mehrere Adoptionsvermittlungsstellen freier Träger gibt, die die Zulassung für die Adoptionsvermittlung russischer Kinder haben.
Die Müllers setzen sich deshalb mit diesen Stellen in Verbindung.

Vertragsstaaten und Nicht- Vertragsstaaten

Sehr wichtig für den Bereich der Auslandsadoptionen ist die Haager Adoptionskonvention von 1993.
Die Haager Adoptionskonvention wird auch 'Haager Übereinkommen' oder 'Übereinkommen über den Schutz von Kindern und die Zusammenarbeit auf dem Gebiet der internationalen Adoption' genannt. Für Adoptionsbewerber ist es wichtig zu wissen, welche Staaten Vertragsstaaten des Übereinkommens sind bzw. welche ihm später beigetreten sind.
In diesen Staaten gelten besondere Regelungen, die von den Bewerbern eingehalten werden müssen.

➤ **Beispiel:**

Das Ehepaar Witt aus Berlin möchte ein Kind aus Burkina Faso adoptieren.
Burkina Faso hat das Haager Übereinkommen ratifiziert. Für die Adoption eines Kindes durch die Witts sind deshalb die Vorschriften des Übereinkommens und das AdÜbAG zu beachten.

➤ Beispiel:

Das Ehepaar Maier aus Bonn möchte ein Kind aus Äthiopien adoptieren. Äthiopien ist weder Vertragsstaat noch Beitrittsstaat. Für die Adoption finden die Vorschriften des Haager Übereinkommens und des deutschen Adoptionsübereinkommens - Ausführungsgesetzes (AdÜbAG) deshalb keine unmittelbare Anwendung.

In welchen Staaten gilt das Haager Übereinkommen?

Unterschieden wird in Staaten, die das Übereinkommen ratifiziert haben (Vertragsstaaten) und solche, die ihm später nach Art. 44 des Übereinkommens beigetreten sind. Sowohl in Vertragsstaaten als auch in Beitrittsstaaten gilt das Übereinkommen.

Staaten, die das Übereinkommen ratifiziert haben:

Vertragsstaaten des Übereinkommens

	Inkrafttreten		Inkrafttreten
Albanien	1. Januar 2001	**Mexiko**	1. Mai 1995
Australien	1. Dezember 1998	**Niederlande**	1. Oktober 1998
Belgien	1. September 2005	**Norwegen**	1. Januar 1998
Bolivien	1. April 2004	**Österreich**	1. September 1999
Brasilien	1. Juli 1999	**Panama**	1. Januar 2000
Bulgarien	1. September 2002	**Peru**	1. Januar 1996
Burkina Faso	1. Mai 1996	**Philippinen**	1. November 1996
Chile	1. November 1999	**Polen**	1. Oktober 1995
China	1. Januar 2006	**Portugal**	1. Juli 2004
Costa Rica	1. Februar 1996	**Rumänien**	1. Mai 1995
Dänemark	1. November 1997	**Schweden**	1. September 1997
Deutschland	1. März 2002	**Schweiz**	1. Januar 2003
Ecuador	1. Januar 1996	**Slowakei**	1. Oktober 2001
El Salvador	1. März 1999	**Slowenien**	1. Mai 2002
Finnland	1. Juli 1997	**Spanien**	1. November 1995
Frankreich	1. Oktober 1998	**Sri Lanka**	1. Mai 1995
Großbritannien	1. Juni 2003	**Thailand**	1. August 2004
Indien	1. Oktober 2003	**Tschechien**	1. Juni 2000
Israel	1. Juni 1999	**Türkei**	1. September 2004
Italien	1. Mai 2000	**Ungarn**	1. August 2005
Kanada	1. April 1997	**Uruguay**	1. April 2004
Kolumbien	1. November 1998	**Venezuela**	1. Mai 1997

Lettland	1. Oktober 2002	**Vereinigte Staaten von Amerika**	1. April 2008
Luxemburg	1. November 2002	**Weißrussland**	1. November 2003
Madagaskar	1. September 2004	**Zypern**	1. Juni 1995

Staaten, die dem Abkommen beigetreten sind:

Inkrafttreten		Inkrafttreten	
Andorra	1. Mai 1997	**Liechtenstein**	1. September 2009
Armenien	1. Februar 2008	**Litauen**	1. August 1998
Aserbaidschan	1. Oktober 2004	**Mali**	1. Dezember 2006
Belize	1. August 2006	**Malta**	1. Februar 2005
Burundi	1. Februar 1999	**Mauritius**	1. Januar 1999
Dom. Republik	1. Juli 2007	**Mazedonien**	1. August 2009
Estland	1. Juni 2002	**Moldawien**	1. August 1998
Georgien	1. August 1999	**Monaco**	1. Oktober 1999
Guatemala	1. März 2003	**Mongolei**	1. August 2000
Guinea	1. Februar 2004	**Neuseeland**	1. Januar 1999
Island	1. Mai 2000	**Paraguay**	1. September 1998
Kambodscha	15. Dezember 2007	**San Marino**	1. Februar 2005
Kenia	1. September 2007	**Seychellen**	1. Februar 2009
Kuba	1. Februar 2008	**Südafrika**	1. April 2004

Daneben gibt es noch Staaten, die das Abkommen lediglich gezeichnet haben. In diesen Staaten ist das Abkommen nicht anzuwenden.

Irland	19. Juni 1996
Russische Föderation	7. September 2000

In allen sonstigen Staaten ist das Abkommen ebenfalls nicht anzuwenden. Wird etwa ein Kind aus Nepal adoptiert, so fällt die Adoption nicht unter die Bestimmungen des Übereinkommens.

Ziele des Haager Übereinkommens

Das Ziel des Haager Übereinkommens ist es

- sicherzustellen, dass eine Auslandsadoption nur dann in Betracht kommt,

wenn für das Kind weder ein Leben in seiner Heimatfamilie, noch ein Leben in einer anderen Familie seines Heimatstaates möglich ist,
- sicherzustellen, dass Auslandsadoptionen nur zum Wohl des Kindes unter Wahrung seiner Grundrechte stattfinden,
- Kinderhandel zu unterbinden,
- die Zusammenarbeit zwischen den Vertragsstaaten auf dem Gebiet der Auslandsadoption zu verbessern,
- die gegenseitige Anerkennung von Adoptionsentscheidungen sicherzustellen.

Die Staaten, in denen das Abkommen Anwendung findet, gehen davon aus, dass jedes Kind zur vollen Entfaltung seiner Persönlichkeit in einer Familie aufwachsen sollte und eine Auslandsadoption den Vorteil bieten kann, einem Kind, für das in seiner Heimat keine geeignete Familie gefunden werden kann, eine Familie zu geben.

Haager Übereinkommen: Jedes Kind sollte in einer Familie auswachsen

Wörtlich heißt es:

'In der Erkenntnis, dass das Kind zur vollen und harmonischen Entfaltung seiner Persönlichkeit in einer Familie und umgeben von Glück, Liebe und Verständnis aufwachsen sollte,
- *unter Hinweis darauf, dass jeder Staat vorrangig angemessene Maßnahmen treffen sollte, um es dem Kind zu ermöglichen, in seiner Herkunftsfamilie zu bleiben,*
- *in der Erkenntnis, dass die internationale Adoption den Vorteil bieten kann, einem Kind, für das in seinem Heimatstaat keine geeignete Familie gefunden werden kann, eine dauerhafte Familie zu geben,*
- *überzeugt von der Notwendigkeit, Maßnahmen zu treffen, um sicherzustellen, dass internationale Adoptionen zum Wohl des Kindes und unter Wahrung seiner Grundrechte stattfinden, und die Entführung und den Verkauf von Kindern sowie den Handel mit Kindern zu verhindern,*
- *in dem Wunsch, zu diesem Zweck gemeinsame Bestimmungen festzulegen, die von den Grundsätzen ausgehen, die in internationalen Übereinkünften anerkannt sind, ...`*

Anwendungsbereich

Das Übereinkommen regelt nur die Adoption von Kindern, nicht aber die von Erwachsenen. Es ist auch dann anzuwenden, wenn es sich um eine Verwandten- oder Stiefkindadoption handelt. Für diese Fälle gibt es keine Sondervorschriften.
Das Übereinkommen ist dann anzuwenden, 'wenn ein Kind mit gewöhnlichem Aufenthalt in einem Vertragsstaat („Heimatstaat") in einen anderen Vertragsstaat („Aufnahmestaat") gebracht worden ist, wird oder werden soll, entweder nach seiner Adoption im Heimatstaat durch Ehegatten oder eine Person mit gewöhnlichem Aufenthalt im Aufnahmestaat oder im Hinblick auf eine solche Adoption im Aufnahme- oder Heimatstaat`.

Das Abkommen regelt den Fall, dass ein Kind wegen einer Adoption seinen gewöhnlichen Aufenthalt von einem Vertragsstaat in einen anderen Vertragsstaat verlegt. Nur in diesem Fall findet das Übereinkommen Anwendung. Diese scheinbar einfache und eindeutige Regelung kann in der Praxis zu einigen Unklarheiten führen.

Anwendungsbereich des Übereinkommens

➤ Beispiel:

Das Ehepaar Witt, das ein Kind aus Burkina Faso adoptieren will, fällt unstrittig unter die Vorschriften des Haager Übereinkommens. Der einzige Grund, weshalb das Kind nach Deutschland kommt, ist die Adoption.

➤ Beispiel:

Das Ehepaar Jürgens lernt bei einer Auslandsreise in Burkina Faso einen Jungen in einem Waisenheim kennen, der an einer Verkrüppelung des Beines leidet. Da Herr Jürgens über gute Kontakte zu einer Universitätsklinik verfügt, wird ein Transport des Jungen nach Deutschland zur Operation des betroffenen Beines organisiert.
Die Behandlung erstreckt sich über viele Monate. Während dieser Zeit wohnt der Junge bei der Familie Jürgens und wächst ihnen sehr ans Herz. Sie beschließen deshalb, ihn zu adoptieren.
In diesem Fall wurde das Kind also aus einem ganz anderen Grund als zur Adoption nach Deutschland gebracht. Erst nachträglich haben sich die Pflegeeltern in Deutschland zur Adoption entschlossen. Da der Wortlaut des Übereinkommens diese Fälle nicht erfasst, ist davon auszugehen, dass die Haager Adoptionskonvention hier keine Anwendung findet.

Rechtlich problematisch sind auch Fälle, in denen die Adoption des Kindes nur einer von mehreren bedeutsamen Gründen war. Unklar ist hier, ob das Abkommen auch in diesem Fall Anwendung findet oder ob dies nur dann gilt, wenn die spätere Adoption des Kindes die einzige Motivation war, das Kind in den Aufnahmestaat zu bringen. Handelt es sich um die Adoption eines ausländischen Kindes, das seinen gewöhnlichen Aufenthalt in Deutschland hat oder leben das Kind oder die Annehmenden in einem Nicht-Vertragsstaat, sind die Vorschriften des Haager Übereinkommens nicht anzuwenden.

➤ Beispiel:

Der Sohn der Familie Müller hat einen Schulfreund, der mit seinen Eltern vor einigen Jahren aus Burkina Faso nach Deutschland gekommen ist und hier lebt. Als die Eltern des Freundes sterben, wollen ihn die Müllers adoptieren.
In diesem Fall ist das Haager Übereinkommen nicht anzuwenden, da der Junge zwar Staatsangehöriger eines Vertragsstaates ist, aber seinen gewöhnlichen Aufenthalt in Deutschland hat.

Zentrale Behörden

Ein Kernstück des Haager Übereinkommens bildet die Verpflichtung der Vertragsstaaten, zentrale Behörden zu bestimmen, die zum Schutz der Kinder zusammenarbeiten und die Zusammenarbeit aller zuständigen Stellen fördern sollen.
Die zentralen Behörden sollen Erfahrungen austauschen, Auskünfte über das autonome Adoptionsrecht ihrer Staaten erteilen und gegen Kinderhandel vorgehen.
Bei jedem Adoptionsfall wirken die zentralen Behörden in der Heimat und im Aufnah-

mestaat zusammen. Die zentrale Behörde im Heimatstaat klärt, ob die Adoption dem Kind eine geeignete Lebensperspektive bieten könnte und holt die erforderlichen Zustimmungen ein. Die zentrale Behörde im Aufnahmestaat prüft die Eignung der Adoptionsbewerber und stellt sicher, dass das Kind in den Aufnahmestaat einreisen und sich dort aufhalten kann. Beide zentrale Behörden entscheiden gemeinsam, ob die Aufnahme eines bestimmten Kindes durch bestimmte Adoptionsbewerber dem Wohl des Kindes dient.
Zentrale Behörden in Deutschland sind die Bundeszentralstelle für Auslandsadoption und die zentralen Adoptionsstellen der Landesjugendämter.

Adoption auf eigene Faust oder Adoption über eine Vermittlungsstelle

In manchen Ländern ist es grundsätzlich möglich, die Adoption auf eigene Faust zu betreiben. In anderen Ländern muss für die Adoption eine vom Ausland zugelassene Adoptionsvermittlungsstelle eingeschaltet werden.

Länder im Geltungsbereich des Haager Übereinkommens erlauben keine Adoption ohne Beteiligung einer Adoptionsvermittlungsstelle

Dies gilt grundsätzlich für alle Länder, die die Haager Konvention unterzeichnet haben. In diesen Ländern ist es nicht zulässig, ohne die Beteiligung einer Adoptionsvermittlungsstelle zu adoptieren. Die Tatsache, dass es nicht zulässig ist, heißt jedoch nicht, dass es in jedem Fall unmöglich ist. Denn der Beitritt eines Landes zum Haager Übereinkommen bedeutet noch nicht zwingend, dass sich deshalb auch alle Behörden und Gerichte des Landes an die Vorschriften des Übereinkommens halten.

So haben beispielsweise noch nicht alle türkischen Gerichte verinnerlicht, dass ihr Land im Jahr 2004 dem Übereinkommen beigetreten ist und deshalb auch die Adoption türkischer Kinder an in Deutschland lebende Türken nach den Vorschriften des Haager Übereinkommens durchzuführen sind. Deshalb haben deutsche Gerichte jedes Jahr in zahlreichen Fällen über die Anerkennungsfähigkeit von türkischen Adoptionen zu entscheiden, die von den dortigen Gerichten ausgesprochen wurden, ohne dass eine Vermittlungsstelle beteiligt war.

Solche Privatadoptionen sind immer dann höchst problematisch, wenn die Adoption undurchsichtig ist oder Anwälte und sogenannte Facilitatoren die schnelle Lösung gegen Geldzahlung versprechen. Adoptivkinder wollen später über den Ablauf und die Gründe für die Adoption so viel wie möglich erfahren. Wenn die Adoptiveltern aber über die Hintergründe der Adoption nichts sagen können, da sie selbst nichts darüber wissen oder weil sie in illegale Handlungen verstrickt worden sind, kann dies später zu großen Problemen zwischen Eltern und Kindern führen.

Adoption über eine Vermittlungsstelle

Entschließen sich die Bewerber, die Adoption mit einer Vermittlungsstelle durchzuführen, so müssen sie sich an eine Stelle wenden, die hierfür die staatliche Zulassung besitzt. Zugelassen sind

- die zentralen Adoptionsvermittlungsstellen der Landesjugendämter,
- anerkannte Auslandsadoptionsstellen in freier Trägerschaft,
- das örtliche Jugendamt, wenn ihm vom zuständigen Landesjugendamt die Adoptionsvermittlung gestattet worden ist.

Die zentralen Adoptionsvermittlungsstellen der Landesjugendämter

Landesjugendämter

Hamburg, Schleswig-Holstein, Niedersachsen und Bremen: Gemeinsame Zentrale Adoptionsstelle (GZA) Zentrale Behörde für Auslandsadoption Südring 32, 22303 Hamburg Tel: 042863 - 50 06 Fax: 042863 - 5188	**Nordrhein-Westfalen:** Landschaftsverband Westfalen-Lippe Landesjugendamt, Zentrale Adoptionsstelle Warendorfer Straße 27, 48145 Münster Tel: 0251 - 591 - 6585 Fax: 0251 - 591 - 6898 sowie Landschaftsverband Rheinland Landesjugendamt, Zentrale Adoptionsstelle, Herrmann-Pünder-Str. 1, 50663 Köln Tel: 0221 - 809 - 0 Fax: 0221 - 809 - 6252
Rheinland-Pfalz und Hessen: Gemeinsame Zentrale Adoptionsstelle Landesjugendamt Referat 33 Rheinallee 97 - 101 55118 Mainz Tel: 06131 - 967 - 0 Fax: 06131 - 967 - 320	**Berlin und Brandenburg:** Zentrale Adoptionsstelle Berlin-Brandenburg Zentrale Adoptionsstelle der Länder Berlin und Brandenburg im Landesjugendamt des Landes Brandenburg Hans-Wittwer-Straße 6, 16321 Bernau Tel: 03338 - 701801 Fax: 003338 - 701863
Saarland: Zentrale Adoptionsstelle Hohenzollernstraße 60 66117 Saarbrücken Tel: 0681 - 501 - 2083 Fax: 0681 - 501 - 3416	**Baden-Württemberg:** Kommunalverband für Jugend und Soziales Zentrale Adoptionsstelle Lindenspürstraße 39 70176 Stuttgart Tel: 0711 - 63 75 - 0 Fax: 0177 - 6375 - 449
Bayern: Bayerisches Landesjugendamt Zentrale Adoptionsstelle Winzererstr. 9 80797 München Tel: 089 - 1261-04 Fax: 089 - 1261-2280	**Sachsen:** Landesjugendamt Zentrale Adoptionsstelle Brückenstraße 10 09111 Chemnitz Tel: 0371 - 457 - 1584 Fax: 0371 - 457 - 1511

Thüringen: Landesjugendamt Werner - Seelenbinder Straße 6 99096 Erfurt Tel: 0361 - 3798 - 375 Fax: 0361 - 3798 - 830	**Mecklenburg-Vorpommern:** Zentrale Adoptionsstelle Neustrelitzer Str. 120, Block D, 17033 Neubrandenburg Tel: 0395 - 380 - 3320 Fax: 0395 - 380 - 3302
Sachsen-Anhalt: Landesjugendamt, Zentrale Adoptionsstelle Ernst - Kamieth Straße 2 06112 Halle Tel: 0345 - 514 - 0 Fax: 0345 - 514 - 1719	

Verpflichtung der Landesjugendämter zur Adoptionsvermittlung

➤ Beispiel:

Das Ehepaar Zentner will über die zentrale Adoptionsstelle ihres Landesjugendamts ein Kind in Pakistan adoptieren. Das Landesjugendamt lehnt jedoch ab. In Pakistan sei die Adoption verboten, außerdem gäbe es dort keine Fachstelle, die zur Zusammenarbeit in Adoptionsfragen bereit wäre. Nach den entsprechenden 'Empfehlungen zur Adoptionsvermittlung' komme eine Vermittlung deshalb nicht in Betracht.

Verpflichtung der Landesjugendämter

Die von der Bundesarbeitsgemeinschaft der Landesjugendämter erarbeiteten 'Empfehlungen zur Adoptionsvermittlung' besagen:

Die zentralen Adoptionsstellen der Landesjugendämter sind zur internationalen Adoptionsvermittlung kraft Gesetzes berechtigt. Bei Vertragsstaaten besteht für die zentralen Adoptionsstellen eine Verpflichtung zum Tätigwerden im Einzelfall, soweit keine andere Auslandsvermittlungsstelle und kein Jugendamt die entsprechende Aufgabe wahrnimmt (§ 2 Abs. 2 Satz 3 AdÜbAG).
Bei Nichtvertragsstaaten steht in analoger Anwendung des HAÜ die Übernahme der Vermittlung im pflichtgemäßen Ermessen der zentralen Adoptionsstelle.

Insofern ist von Bedeutung,
- ob eine Fachstelle im Herkunftsland des Kindes existiert,
- ob diese zu einer Kooperation bereit ist,
- ob die gesetzlichen Bestimmungen des betreffenden Staates die Adoption zulassen,
- ob sichergestellt ist, dass die Adoptionsbedürftigkeit des Kindes im Heimatland überprüft wird,
- ob das Subsidiaritätsprinzip beachtet wird,
- ob das Matching den Fachstellen vorbehalten bleibt und
- ob der Kindervorschlag der Fachstelle im Aufnahmeland zur Prüfung übersandt wird, bevor er den Bewerbern unterbreitet wird. (Nr. 11.3.1. der Empfehlungen)

Folgt man den Empfehlungen, ist eine Adoptionsvermittlung durch die Landesjugendämter unter anderem dann ausgeschlossen, wenn in den betreffenden Ländern Adoptionen nicht erlaubt sind oder keine Fachstellen existieren, die zur Kooperation bei der Adoptionsvermittlung bereit wären. Die Landesjugendämter haben deshalb beschlossen, dass für sie die Übernahme von Adoptionsvermittlungen in islamischen Staaten grundsätzlich ausscheidet.[16]

Allerdings sind die Empfehlungen zur Adoptionsvermittlung weder Gesetz noch Verwaltungsvorschrift.

Es kann sich deshalb trotz der Empfehlungen eine Verpflichtung zur Adoptionsvermittlung ergeben.

➤ **Beispiel:**

Herr und Frau Gruber wollen ein Kind adoptieren. Sie überlegen sich deshalb, ob sie sich mit ihrem Adoptionswunsch an die Vermittlungsstelle eines freien Trägers oder an ihr Landesjugendamt wenden sollen. Letztlich entscheiden sie sich für das Landesjugendamt, da sie sich hier geringere Kosten versprechen. Umso größer ist jedoch ihre Überraschung, als das Landesjugendamt mit Verweis auf die 'Empfehlungen zur Adoptionsvermittlung' eine Vermittlung ablehnt und an sie an einen der Adoptionsvereine verweist. Es sei den Grubers zuzumuten, sich zunächst an die freien Vermittlungsstellen zu wenden.

VG Düsseldorf: Landesjugendamt ist zur Adoptionsvermittlung verpflichtet

Die Empfehlungen besagen zwar, dass für die zentralen Adoptionsstellen der Landesjugendämter eine Verpflichtung zum Tätigwerden nur besteht, soweit keine andere Auslandsvermittlungsstelle und kein Jugendamt die entsprechende Aufgabe wahrnimmt. Das Verwaltungsgericht Düsseldorf hat in einer Entscheidung vom 7.05.2007 ein Landesjugendamt dennoch zur Adoptionsvermittlung verpflichtet. Denn nach Meinung des Gerichts sind die Adoptionsvermittlungsstellen der Landsjugendämter auch dann zur Adoptionsvermittlung verpflichtet, wenn eine anerkannte Auslandsadoptionsstelle für das betreffende Land zugelassen ist.

Der Entscheidung lag der Fall zugrunde, dass ein Ehepaar zunächst die Auslandsadoptionsstelle eines Vereins aufgesucht hatte, um ein Kind aus Bulgarien zu adoptieren.

Bald kam es jedoch zum Streit. Das Ehepaar war unzufrieden und beklagte sich darüber, dass es nur äußerst schleppend über den Gang des Verfahrens in Kenntnis gesetzt wurde. Und der Verein warf dem Paar vor, es würde sich nicht an das vereinbarte Verfahren halten und selbst Mittelsmänner in Bulgarien beauftragen. Daher weigerte er sich, weiter für das Paar tätig zu werden.

Nun wandte sich das Ehepaar an sein Landesjugendamt und beantragte dort eine Adoptionsvermittlung.

Dazu war das Amt jedoch nicht bereit, denn es sei dem Ehepaar zuzumuten, sich an einen der anderen Adoptionsvereine zu wenden.

Gegen diese Entscheidung zog das Ehepaar vor das Veraltungsgericht Düsseldorf und hatte Erfolg. Das Gericht entschied, dass die Adoptionsvermittlung Aufgabe des Jugendamtes und des Landesjugendamtes sei. Das Gesetz bestimme, dass die Landesjugendämter als die zentralen Adoptionsstellen die Aufgaben nach dem Haager Übereinkommen wahrnehmen, soweit die Aufgaben nicht der Bundeszentralstelle zugewiesen sind oder von Jugendämtern, anerkannten Auslandsvermittlungsstellen oder sonstigen zuständigen Stellen wahrgenommen werden.[17]

Nach Auffassung des Gerichts sei das jedoch nicht so zu verstehen, dass die Landesjugendämter nur dann für die internationale Adoptionsvermittlung zuständig seien, wenn allgemein keine andere Stelle diese Aufgabe wahrnehmen könne. Es sei vielmehr so, dass verschiedene Stellen die Aufgaben wahrnehmen können, ohne dass vom Gesetz eine bestimmte Rangfolge festgelegt würde.

Das folge auch daraus, dass Adoptionsbewerber ihre Bewerbung entweder an die zentrale Adoptionsvermittlungsstelle oder an das zuständige Jugendamt oder an eine der anerkannten Auslandsvermittlungsstellen richten können. Auch hier sei der Gesetzgeber offensichtlich davon ausgegangen, dass die adoptionswilligen Ehepaare wählen können, an welche der gleichberechtigt nebeneinander stehenden Stellen sie sich wenden wollen.[18]

Nach Meinung des Gerichts ist es unerheblich, ob eine andere Adoptionsvermittlungsstelle tätig werden könne oder nicht. Denn die vom Landesjugendamt aufgeführten Adoptionsvermittlungsstellen scheiden nach Meinung des Gerichts schon deshalb aus, weil sie vom Wohnort der Kläger zu weit entfernt sind, um das Verfahren ordnungsgemäß durchführen zu können. *'Dabei kann dahinstehen, ob den Klägern jeweils eine Fahrzeit von mehreren Stunden zumutbar ist, um die vom Beklagten genannten Adoptionsvermittlungsstellen aufsuchen zu können. Entscheidend ist, dass die Adoption über die eigentliche Aufnahme hinaus von der Vermittlungsstelle noch über einen längeren Zeitraum beobachtet und begleitet werden soll. Die Nachbetreuung ist sinnvollerweise nur möglich, wenn die Auslandsvermittlungsstelle ihren Standort in zumutbarer Entfernung vom Wohnort der Familie hat, weil zumindest Kindern weite Fahrstrecken nur zum Zweck der Beratung und Beobachtung nicht zuzumuten sind.'* ... *'Schließlich können die Kläger auch nicht darauf verwiesen werden, ein Adoptivkind aus einem anderen Land anzunehmen und sich zu diesem Zweck an eine andere Adoptionsvermittlungsstelle zu wenden. Dies wäre mit dem Sinn und Zweck des Gesetzes auch in der vom Beklagten gewählten Auslegung nicht zu vereinbaren. Denn auch dann käme es darauf an, dass für das von den Adoptionsbewerbern gewählte Land eine anerkannte Adoptionsvermittlungsstelle existiert und tatsächlich tätig werden kann. Ansonsten hätte der Gesetzgeber die Landesjugendämter in § 2a Abs. 3 AdVermiG nicht an erster Stelle genannt, sondern eine Auffangzuständigkeit nur für den Fall normiert, dass kein Jugendamt und kein Dritter für die Vermittlung einer Auslandsadoption in Betracht kommt. Das ist aber offensichtlich nicht der Fall.'*[19]

Anerkannte Auslandsadoptionsstellen in freier Trägerschaft

Freie Vermitt-lunsstellen

AdA
Der Verein AdA e.V. hat zwei anerkannte Vermittlungsstellen.

Zuständig für die Orte, deren Postleitzahlen mit 0,4,7,8, 9 beginnen, ist das Büro:
AdA München
Asesoría de Adopciones - Adoptionsberatung e.V.
Kapuzinerstr. 25, 80337 München
Tel: 089 - 26 94 97 61
Fax: 089 - 26 94 97 59
E-Mail: muenchen@ada-adoption.de

Zuständig für die Orte, deren Postleitzahlen mit 1, 2, 3, 5, 6 beginnen, ist das Büro:
AdA Eschborn
Asesoría de Adopciones - Adoptionsberatung e.V.
Berliner Str. 31-35, 65760 Eschborn
Tel: 06196 - 776930
Fax: 06196 - 776931
E-Mail: eschborn@ada-adoption.de
Internet: www.ada-adoption.de

Vermittelt aus:
Chile | Kolumbien | Tschechien
Vietnam | Brasilien

Children and Parents e. V.
Alt-Haarener-Str. 147, 52080 Aachen
Tel: 0241 - 1691439
Fax: 0241 - 9609202
E-Mail: cap-msc@onlinehome.de
Internet: www.children-and-parents.de

Vermittelt aus:
Bulgarien | Rumänien (Vermittlungsstopp) |Ukraine |

Eltern für Kinder
Fritschestraße 60, 10627 Berlin
Tel: 030 - 46507571
Fax: 030 - 4614520
E-Mail: efk-berlin@t-online.de
Internet: www.efk-adoption.de

Vermittelt aus:
Haiti | Peru | Thailand
Sri Lanka | Mongolei

Eltern für Afrika
Fröhlichstr. 10 1/2, 86150 Augsburg
Tel: 0821 - 519966
Fax: 0821 - 157494
Email: info@elternfuerafrika.de
Internet: www.elternfuerafrika.de

Vermittelt aus:
Äthiopien| Mali | Kenia

Global Adoption Germany
Markt 14, 65375 Ostrich Winkel
Tel: 202 - 747 33 61
Fax: 202 - 747 33 74
E-Mail: info@auslandsadoption.de
Internet: www.auslandsadoption.de

Vermittelt aus:
Russland | Ukraine | Bulgarien | Ungarn

HELP a child
Hauptstr. 46, 56220 Kaltenengers
Postanschrift:
Postfach 200813, 56008 Koblenz
Tel: 02630-956659
Fax: 02630-956632
E-Mail: info@helpachild.de
Internet: www.helpachild.de

Vermittelt aus:
Haiti | Burkina Faso | Kenia | Mali | Nepal

Evangelischer Verein für Adoptions- und Pflegekindervermittlung Rheinland
Einbrungerstr. 66, 40489 Düsseldorf
Tel: 0211 - 4087950
Fax: 0211 - 40879526
E-Mail: evap@ekir.de
Internet: www.ekir.de/adoption

Vermittelt aus:
Äthiopien | Südafrika | Kenia

familie international frankfurt (fif)
Monisstr. 4, 60320 Frankfurt am Main
Tel: 069 - 95 63 64 31
Fax: 069 - 95 63 64 33
E-Mail: kontakt@fif-ev.de
Internet: www. fif-ev.de

Vermittelt aus:
Hongkong, Philippinen, Slowakei, Slowenien, Südafrika, Thailand, Tschechien, Türkei, Bosnien und Herzegowina, Indonesien, Kasachstan, Kroatien, Mazedonien, Serbien und Montenegro, Philippinen.

(Die Vermittlungsstelle ist spezialisiert auf Stiefkind und Verwandtenadoptionen. Fremdadoptionen werden dann vermittelt, wenn von Seiten der Bewerber eine besondere Beziehung zum Herkunftsland des Kindes besteht, z.B. durch die Staatsangehörigkeit oder familiäre Beziehungen.)

Parents Child Bridge
Erstinformation / Auslandskontakte
Bonhoefferstr. 17, 69123 Heidelberg
Fachdienst:
Friedrich-Ebert-Anlage 9, 69117 Heidelberg
Tel: 06221- 83 942 0
Fax: 06221- 83 31 38
E-Mail: info@ekb-pcb.de
Internet: www. ekb-pcb.de

Vermittelt aus:
Bulgarien | Nepal | Polen | Russland
Thailand | Tschechien | Taiwan | Lettland

Sozialdienst katholischer Frauen
Referat Kinder- und Jugendhilfe
- Auslandsadoption -
Agnes-Neuhaus-Str. 5, 44135 Dortmund
Tel: 0231 - 557026 - 0
Fax: 0231 - 557026 - 60
E-Mail: info@skf-zentrale.de
Internet: www.skf-zentrale.de

Vermittelt aus:
Bolivien | Costa Rica | Litauen

Zentrum für Adoptionen
Sophienstr. 12, 76530 Baden-Baden
Tel: 07221 - 949206
Fax: 07221 - 949208
E-Mail: zentadopt@zentadopt.de
Internet: www.zentadopt.de

Vermittelt aus:
Russland | Kasachstan

Zukunft für Kinder
Benzstr. 6,
68794 Oberhausen-Rheinhausen
Tel: 07254 - 77680
Fax: 07254 - 776815
E-Mail: info@zukuntfuerkinder.de
Internet: www.zukuntfuerkinder.de

Vermittelt aus:
Bulgarien | Russland
Ukraine | Kasachstan

Das örtliche Jugendamt

Zur internationalen Adoptionsvermittlung sind auch Jugendämter berechtigt, wenn sie eine Adoptionsvermittlungsstelle eingerichtet haben und die zentrale Adoptionsstelle des Landesjugendamtes ihnen die Tätigkeit im Verhältnis zu einem oder mehreren bestimmten Staaten allgemein oder im Einzelfall gestattet hat.

Ablauf der Adoption eines Kindes aus einem Vertragsstaat des Haager Übereinkommens

Das Haager Übereinkommen und das Adoptionsübereinkommens – Ausführungsgesetz (AdÜbAG) regeln den Ablauf der Adoption eines Kindes aus einem Vertragsstaat.

Übersicht:

In Ländern des Haager Übereinkommens darf man sich nicht direkt an die Behörden im Ausland wenden

1. Die Adoptionsbewerber wenden sich an eine zugelassene Adoptionsvermittlungsstelle.
2. Die Bewerber werden auf ihre Eignung überprüft.
3. Wenn die Eignung bejaht wird, werden die übersetzten Bewerbungsunterlagen ins Ausland weitergeleitet.
4. Die zuständige Behörde im Ausland verfasst nun einen Bericht über das Kind und leitet ihn nach Deutschland weiter.
5. Die Adoptionsvermittlungsstelle prüft, ob das vorgeschlagene Kind zu den Bewerbern passt. Falls dies bejaht wird, werden die Bewerber aufgefordert, gegenüber dem Jugendamt zu erklären, dass sie den Vorschlag annehmen.
6. Das Adoptionsverfahren wird im Ausland durchgeführt und das Kind wird nach Vorliegen der Zustimmung der Ausländerbehörde nach Deutschland gebracht.

1. Schritt

Zunächst wenden sich die Adoptionsbewerber an eine zugelassene Adoptionsvermittlungsstelle im Staat ihres gewöhnlichen Aufenthaltes, um sich dort beraten zu lassen.

Zugelassene Adoptionsvermittlungsstellen:

- Die zentralen Adoptionsstellen der Landesjugendämter
- Die Adoptionsvermittlungsstellen der Jugendämter, soweit ihnen die internationale Adoptionsvermittlung gestattet ist
- Anerkannte Auslandsvermittlungsstellen freier Träger. Diese Träger dürfen nur in solchen Ländern tätig werden, für die sie eine Zulassung haben.

Die Bewerber sollen bei der Bewerbung angeben, aus welchem Staat sie ein Kind annehmen möchten und versichern, dass sie sich nicht bei einer weiteren Stelle um die Vermittlung eines Kindes aus dem Ausland beworben haben. Es ist unzulässig, wenn sich die Adoptionsbewerber direkt in einem Vertragsstaat bewerben.

➤ **Beispiel:**

Das Ehepaar Metzger möchte in Chile adoptieren. Die Adoptionsvorschriften in Deutschland hält Herr Metzger für eine 'einzige Schikane'. Es falle ihm gar nicht ein, sich an Regeln zu halten, die es nur deshalb gebe, um ihm das Leben zu erschweren. Obwohl das Haager Übereinkommen auch in Chile anwendbar ist, versucht er, entgegen der Vorschriften die Adoption direkt in Chile zu beantragen. Was er im Ausland mache, gehe in Deutschland 'schließlich keinen was an'.
Das Haager Übereinkommen schreibt jedoch vor, dass sich die Bewerber zuerst im Staat ihres gewöhnlichen Aufenthaltes bewerben müssen. Ein Verstoß führt dazu, dass die Adoption bei der Anerkennung in Deutschland auf große Probleme stößt.

2. Schritt

Adoptionsbewerber haben einen Anspruch auf Überprüfung

Die Adoptionsbewerber werden von der Adoptionsvermittlungsstelle des örtlichen Jugendamtes oder von der Adoptionsvermittlungsstelle eines freien Trägers auf ihre Eignung hin überprüft. Auf die Überprüfung der Eignung haben die Adoptionsbewerber einen Rechtsanspruch.
Die Eignungsüberprüfung wird entweder vom örtlichen Jugendamt oder von der Auslandsvermittlungsstelle durchgeführt.
Hält die Adoptionsvermittlungsstelle die allgemeine Eignung der Adoptionsbewerber für gegeben, so verfasst sie über das Ergebnis der Prüfung einen Bericht.[20]
In dem Bericht stellt die Adoptionsvermittlungsstelle fest, ob und für welche Kinder die Bewerber geeignet sind.
Der Bericht enthält Angaben zur Person der Adoptionsbewerber, ihre persönlichen und familiären Umstände, ihren Gesundheitsstatus, ihr soziales Umfeld und ihre Beweggründe für die Adoption. Aus dem Bericht muss deutlich werden, dass sich die Bewerber eingehend mit der Thematik der Adoption eines fremdländischen Kindes auseinandergesetzt haben. Außerdem enthält der Bericht Aussagen über die Eigenschaften und besonderen Bedürfnisse der Kinder, die für die Bewerber geeignet wären.

3. Schritt

Ist die Adoptionsvermittlungsstelle überzeugt, dass die Bewerber geeignet sind, leitet sie die übersetzten Bewerbungsunterlagen der zentralen Adoptionsbehörde im Heimatstaat des Kindes zu. Hierzu müssen die Bewerber ihre Einwilligung erteilen.
Auf welche Weise die Übermittlung der Unterlagen geschehen kann, ist im Gesetz nicht definiert. Nach Auffassung der Landesjugendämter darf jedoch eine Aushändigung des Sozialberichts an die Adoptionsbewerber, deren Rechtsanwälte, Übersetzer oder andere Privatpersonen oder Stellen nicht erfolgen.[21] Auch Gerichte im Herkunftsland seien nicht als Vermittlungsfachstelle anzusehen, es sei denn, das Recht des jeweiligen Landes sehe dies ausdrücklich vor.

4. Schritt

Hat sich die zentrale Behörde im Heimatstaat des Kindes davon überzeugt, dass das Kind adoptiert werden kann, so verfasst sie einen Bericht, der Angaben über die Person des Kindes, über sein soziales Umfeld, seine familiäre Entwicklung, seine Krankheitsgeschichte einschließlich derjenigen seiner Familie sowie über seine besonderen Bedürfnisse enthält. Diese Anforderungen an den Bericht sind in Artikel 16 des Haager Übereinkommens festgelegt. In der Praxis ist allerdings festzustellen, dass nicht alle Berichte diesen Anforderungen genügen.

Die zuständigen Behörden müssen feststellen, dass die Adoption dem Wohl des Kindes dient

Nach dem Haager Übereinkommen müssen die zuständigen Behörden im Heimatstaat des Kindes weiterhin festgestellt haben, dass die Auslandsadoption dem Wohl des Kindes dient und dass alle Zustimmungs- und Mitwirkungsrechte der beteiligten Personen, Institutionen und Behörden gewahrt sind. Insbesondere ist sicherzustellen, dass Zustimmungen nicht durch Zahlungen oder andere Gegenleistungen herbeigeführt worden sind. Die Zustimmung der Mutter darf erst nach der Geburt des Kindes erteilt werden.

5. Schritt

Der Vermittlungsvorschlag der Adoptionsbehörde im Ausland muss von der Adoptionsvermittlungsstelle in Deutschland gebilligt werden. Diese prüft unter anderem, ob die Vermittlung dem Wohl des Kindes dient und ob mit der Begründung eines Annahmeverhältnisses im Inland zu rechnen ist.

Falls die Auslandsvermittlungsstelle den Vermittlungsvorschlag billigt, informiert sie die Bewerber und berät sie. Die Bewerber werden dann aufgefordert, innerhalb einer bestimmten Frist gegenüber dem Jugendamt zu erklären, dass sie bereit sind, das vorgeschlagene Kind anzunehmen. Aufgrund dieser Erklärung sind die Bewerber verpflichtet, öffentliche Mittel zu erstatten, die vom Zeitpunkt der Einreise des Kindes für die Dauer von sechs Jahren für den Lebensunterhalt des Kindes aufgewendet werden. Es werden allerdings solche Mittel nicht erfasst, die aufgewendet wurden, während sich das Kind rechtmäßig in der Obhut der Adoptionsbewerber befand und auch dann aufzuwenden gewesen wären, wenn zu diesem Zeitpunkt ein Annahmeverhältnis zwischen dem Kind und den Adoptionsbewerbern bestanden hätte.

6. Schritt

Nach der Abgabe der Erklärung wird das Adoptionsverfahren im Heimatland des Kindes fortgeführt.

7. Schritt

Die Ausländerbehörde am Wohnort der Adoptionsbewerber erteilt auf Ersuchen der Auslandsvermittlungsstelle die Vorabzustimmung zur Einreise des Kindes.

➤ **Beispiel:**

Den Hubers wird ein 4-jähriger philippinischer Junge zur Adoption vorgeschlagen. Nachdem sie sich die Sache ein paar Tage überlegt haben und noch einmal das Für und Wider abgewogen haben, entscheiden sie sich für die Adoption dieses Jungen. Sie sind überzeugt, dass dies genau das Kind ist, das zu ihnen passt.

Nachdem sie die Annahmeerklärung in der von der Vermittlungsstelle geforderten öffentlich beurkundeten Form abgegeben haben, führt sie der Weg zum Ausländeramt, wo sie einen Antrag auf Vorabzustimmung zur Einreise des Kindes stellen. Jetzt sind in Deutschland alle Schritte erledigt. Es geht nun darum, einen Flug auf die Philippinen zu organisieren, um dort die Adoption durchzuführen.

Ablauf der Adoption eines Kindes aus einem Nicht-Vertragsstaat des Haager Übereinkommens

Wird ein Kind aus einem Land adoptiert, das kein Vertragsstaat des Haager Übereinkommens ist, sind die Bestimmungen des Haager Übereinkommens nicht anzuwenden. Die Adoption richtet sich dann nach den Anforderungen des deutschen Adoptionsvermittlungsgesetzes (AdVermiG).

Übersicht:

1. Die Adoptionsbewerber wenden sich an eine zugelassene Adoptionsvermittlungsstelle.
2. Die Bewerber werden auf ihre Eignung überprüft. Wenn die Eignung bejaht wird, wird der Eignungsbericht an eine von den Adoptionsbewerbern benannte Stelle weitergeleitet.
3. Die Bewerber arbeiten entweder mit einer anerkannten Adoptionsvermittlungsstelle zusammen oder sie stellen ihre Unterlagen zusammen und betreiben damit selbst die Adoption im Ausland.
4. Wenn die Eltern einen Kindervorschlag aus dem Ausland erhalten haben und sie sich zur Adoption entschlossen haben, wird das Verfahren im Ausland durchgeführt.
5. Nach Zustimmung der Ausländerbehörde kann das Kind nach Deutschland einreisen.

1. Schritt

Die Bewerber wenden sich an eine Stelle, die zur internationalen Adoptionsvermittlung befugt ist:[22]

- Die zentralen Adoptionsstellen der Landesjugendämter
- Die Adoptionsvermittlungsstellen der Jugendämter, soweit die zentrale Adoptionsstelle des Landesjugendamtes ihnen diese Tätigkeit im Verhältnis zu einem oder mehreren bestimmten Staaten allgemein oder im Einzelfall gestattet hat
- Anerkannte Adoptionsvermittlungsstellen freier Träger
- Ausländische zugelassene Organisationen, soweit die Bundeszentralstelle ihnen diese Tätigkeit im Einzelfall gestattet hat.

2. Schritt

Die Eignung der Bewerber wird von der Adoptionsvermittlungsstelle geprüft. Nehmen die Adoptionsbewerber die Dienste einer anerkannten Adoptionsvermittlungsstelle ei-

nes freien Trägers in Anspruch, so kann diese das Jugendamt ersuchen, die Ermittlungen bei den Adoptionsbewerbern durchzuführen. Das Jugendamt ermittelt dann, ob die Bewerber generell für eine internationale Adoption geeignet sind.
Hält die Adoptionsvermittlungsstelle die allgemeine Eignung der Adoptionsbewerber für gegeben, verfasst sie über die Eignung einen Eignungsbericht.
Der Eignungsbericht wird an eine von den Adoptionsbewerbern benannte Stelle weitergeleitet. Dies kann entweder eine zur internationalen Adoptionsvermittlung berechtigte Stelle oder eine zuständige Stelle mit Sitz im Heimatstaat des Kindes sein.

3. Schritt

Die Adoptionsbewerber können entweder selbst ihre Unterlagen zusammenstellen und damit im Ausland die Adoption weiterbetreiben oder sie arbeiten mit einer Adoptionsvermittlungsstelle zusammen.

4. Schritt

Nachdem die Adoptiveltern einen Vorschlag im Heimatstaat des Kindes erhalten haben und sie sich zur Adoption des vorgeschlagenen Kindes entschlossen haben, wird das Verfahren vor Ort durchgeführt.

Adoption in Deutschland ohne vorherige Adoption im Ausland

Adoption trotz Adoptionsverbot im Herkunftsland des Kindes

In vielen Staaten sind Adoptionen unbekannt oder sogar, wie etwa in Pakistan und Afghanistan, zwingend verboten. Das bedeutet jedoch nicht, dass es deshalb in jedem Fall unmöglich ist, ein Kind aus diesen Ländern zu adoptieren. Denn selbst wenn die Adoption eines Kindes im Ausland wegen der dortigen Rechtslage nicht durchgeführt werden kann, so ist es oftmals dennoch möglich, die Adoption dann vor deutschen Gerichten durchzuführen.

Art. 6 EGBGB bestimmt hier:

Eine Rechtsnorm eines anderen Staates ist nicht anzuwenden, wenn ihre Anwendung zu einem Ergebnis führt, das mit wesentlichen Grundsätzen des deutschen Rechts offensichtlich unvereinbar ist. Sie ist insbesondere nicht anzuwenden, wenn die Anwendung mit den Grundrechten unvereinbar ist.

So hat das Schleswig - Holsteinische Oberlandesgericht in einem Fall, in dem es um die Adoption eines Kindes aus Pakistan ging, entschieden, dass eine Anwendung pakistanischen Rechts zu einem Ergebnis führen würde, *´das mit wesentlichen Grundsätzen des deutschen Rechts offensichtlich unvereinbar ist. Im vorliegenden Fall würde die Anwendung des pakistanischen Rechts, nach dem eine Adoption ausgeschlossen wäre, zu einem Ergebnis führen, das in einem untragbaren Widerspruch zu den Grundgedanken der deutschen Rechtsordnung und der ihnen zugrunde liegenden Gerechtigkeitsvorstellungen steht. ... Nach alledem war die angefochtene Entscheidung aufzu-*

heben und die Sache an das Amtsgericht zurückzuverweisen. Das Amtsgericht wird dem Beteiligten zunächst die geforderte Bescheinigung auszustellen haben, damit die Einreise des Betroffenen in die Bundesrepublik möglich wird. Sodann wird ein Adoptionsverfahren durchzuführen sein, das sich - weil insoweit kein pakistanisches Recht existiert - nach deutschem Recht richtet.'[23]

Für die Einreise des Kindes nach Deutschland zum Zweck der Adoption regelt das Aufenthaltsgesetz, dass Einreise und Aufenthalt des Kindes in Deutschland bereits dann möglich sind, wenn die Adoption noch nicht ausgesprochen, sondern nur beabsichtigt ist.

Da stellen sich folgende Fragen:

Gilt das auch für den, der nach den üblichen Eignungskriterien für eine Adoption nicht geeignet ist? Wird auch dann ein Visum ausgestellt, wenn vor der Einreise des Kindes noch keiner geprüft hat, ob das Ganze eigentlich zum Wohl des Kindes ist?

➤ Beispiel:

Frau Muster ist seit längerem arbeitslos und Bezieherin von Arbeitslosengeld II. Für die Bewerbung bei einer Adoptionsvermittlungsstelle rechnet sie sich deshalb keine besonders guten Chancen aus. Nach langem Grübeln hat sie jedoch einen raffinierten 3-Punkte-Plan entwickelt, mit dem es ihr gelingen soll, ein Kind aus Marokko bei sich aufzunehmen.

1. *Zuerst will sie sich in Marokko die Kafala für ein Kind übertragen lassen. Da es in Marokko keine Adoptionen gibt, kommt nur eine Kafala in Betracht, die einem deutschen Pflegekinderverhältnis vergleichbar ist.*
2. *Dann will sie für das Kind ein Visum für Deutschland beantragen.*
3. *Und zu guter Letzt soll dann in Deutschland die eigentliche Adoption stattfinden.*

Frau Muster hoffe mit diesem Plan mehrere Fliegen mit einer Klappe zu schlagen. Zum einen will sie eine umständliche Eignungsprüfung in Deutschland vermeiden und zum anderen sollen so auch die Kosten für eine Adoptionsvermittlungstelle und das Adoptionsverfahren im Ausland eingespart werden.

Das Verwaltungsgericht Berlin hat in einem vergleichbaren Fall der Klage auf Erteilung eines Einreisevisums für einen 8-jährigen marokkanischen Jungen stattgegeben.[24] Eine Bezieherin von Arbeitslosengeld II hatte vom Familiengericht Casablanca das Recht der Kafala über einen 8-jährigen marokkanischen Jungen übertragen bekommen und war zu dessen Vormund erklärt worden.

Daraufhin beantragte die Frau bei der deutschen Botschaft in Rabat die Erteilung eines Visums. Zusätzlich beantragte sie beim Vormundschaftsgericht München die Adoption des Jungen. In diesem Verfahren teilte der Richter mit, das Verfahren könne erst erfolgreich fortgesetzt werden, wenn das Kind in Deutschland sei.

Obwohl die Frau der Botschaft eine Erklärung vorlegte, wonach sie im Falle eines Fehlschlagens der Adoption die Kosten für die Rückführung des Kindes tragen werde, lehnte die Botschaft die Erteilung des Visums ab.

Gegen diese Entscheidung zog die Frau erfolgreich vor Gericht. Nach Ansicht des Verwaltungsgerichts Berlin setzt der sich aus Art. 6 GG ergebende Schutz der Familie nicht erst nach Gründung der Familie ein, sondern umfasst auch die Freiheit zur Gründung der Familie. Hierzu gehört auch die Adoption, so dass Art. 6 Abs. 1 GG die Gewährleistung der Möglichkeit umfasse, dem Einzelnen die mit Familienbeziehungen verbundene Lebenshilfe zu verschaffen.

Es sei unmöglich, eine Adoption in Marokko herbeizuführen und ein Adoptionsverfahren in Deutschland könne ohne eine Einreise des Kindes nicht erfolgversprechend fortgeführt werden. In dieser Hinsicht gleiche der Fall jener Konstellation, dass ein deutscher Staatsangehöriger durch Eheschließung mit einem ausländischen Staatsangehörigen eine Familie begründen wolle, die Eheschließung aber im Ausland nicht erfolgen könne. Deshalb sei die Botschaft in diesem Fall verpflichtet, ein Visum auszustellen.

Nur bei positivem Adoptionseignungsbericht erhält das Kind ein Visum

Das Oberverwaltungsgericht Berlin - Brandenburg, das in der nächsten Instanz über die Sache zu entscheiden hatte, sah die Sache jedoch anders.[25] Nach Meinung des Gerichts ist es zulässig, dass eine Behörde nur dann ein Visum für ein Kind ausstellt, wenn zuvor ein positiver Adoptionseignungsbericht vorgelegt wurde. Ein Adoptionsverfahren in Deutschland dauere mindestens ein Jahr. In dieser Zeit habe sich das Kind in seine neue Familie integriert, gehe vielleicht schon zur Schule und habe die neue Sprache erlernt. Beim Scheitern des deutschen Adoptionsverfahrens sei es deshalb kaum mehr möglich, das Kind aus seinem neuen Umfeld zu lösen.

Außerdem erlange das während des Aufenthalts des marokkanischen Jungen gelebte Pflegeverhältnis Grundrechtsschutz und könne ebenfalls einer Abschiebung nach dem Scheitern entgegenstehen. Dem Gericht sei kein Fall bekannt, in dem ein Kind nach einer gescheiterten Adoption in seinen Heimatstaat zurückgekehrt sei.

Zusammengefasst bedeutet dies folgendes:

- Manche Staaten kennen keine Adoption. Es kann in diesen Fällen dennoch möglich sein, das Kind in Deutschland zu adoptieren.
- Die Adoption wird vor dem deutschen Familiengericht beantragt.
- Das Kind muss für die Adoption nach Deutschland einreisen. Hierfür ist ein Visum erforderlich.
- Die Botschaft kann verlangen, dass die zukünftigen Adoptiveltern des Kindes vor der Erteilung des Visums ihre Elterneignung mit einem positiven Adoptionseignungsbericht nachweisen. Sie darf aber nicht verlangen, dass darüber hinaus auch noch ein Vermittlungsvorschlag der zuständigen Behörde des Heimatstaates des Kindes vorliegt. Denn wenn ein Land keine Adoption kennt, dann kann es auch keine Vermittlungsvorschläge machen.[26]
- Das Jugendamt darf die Erstellung des Adoptionseignungsberichts nicht mit dem Argument ablehnen, dass das Land, aus dem das Kind kommt, keine Adoptionen kennt. Denn es ist Sache des Familiengerichts zu prüfen, ob nicht dennoch eine Adoption ausgesprochen wird.[27]
- Das Familiengericht darf die beantragte Adoption nicht allein mit der Begründung ablehnen, dass das Recht des Staates aus dem das Kind kommt, keine Adoption kennt. Denn es muss erst aufklären, ob der Ausschluss der beantragten Adoption im konkreten Fall mit wesentlichen Grundsätzen des deutschen Rechts unvereinbar ist.[28]

Sonderfall: Kind lebt bereits in Deutschland

Wenn das Kind bereits in Deutschland lebt

Lebt das anzunehmende Kind bereits in Deutschland, ist kein internationales Adoptionsvermittlungsverfahren notwendig.[29] Die Adoption kann vom Familiengericht nach deutschem Recht ausgesprochen werden, wenn mindestens einer der Annehmenden Deutscher ist.[30] Wenn das Kindeswohl die Adoption erfordert, kann auf die Berücksichtigung des ausländischen Rechts 'verzichtet werden.[31] Leben die leiblichen Eltern des Kindes noch, ist ihre Einwilligung in die Adoption erforderlich. Die Einwilligungserklärungen müssen notariell beurkundet werden.[32] Nach § 10 Konsulargesetz stehen die von einem Konsularbeamten aufgenommenen Urkunden den von einem inländischen Notar aufgenommenen gleich. Die Einwilligungserklärung der leiblichen Eltern kann deshalb vor dem Konsularbeamten der deutschen Botschaft im Ausland abgegeben werden.

Kriminelle Praktiken

Die Mitwirkung an einer gesetzes- oder sittenwidrigen Vermittlung oder die Beauftragung und Belohnung hierfür wird vom Gesetzgeber nicht geduldet. Nach § 1741 BGB kann das Gericht die Adoption in solchen Fällen ablehnen.
Dennoch setzen sich immer wieder Adoptionsbewerber über eindeutige Verbote hinweg und bringen damit alle anderen Adoptiveltern in Verruf.
Die Unklarheit darüber, was erlaubt und was verboten ist, hat zum einen dazu geführt, dass oftmals alle Adoptiveltern über einen Kamm geschoren werden und pauschal krimineller Praktiken verdächtigt werden. Zum anderen wird häufig auch rechtlich einwandfreies Verhalten als illegal bezeichnet und kriminalisiert.

Kinderhandel

Sich von Kinderhandel zu distanzieren, fällt vielen Beteiligten am Adoptionsprozess schon deshalb leicht, weil jeder darunter etwas anderes versteht.
Das Anbieten von Kindern im Internet, Geldzahlungen, Privatadoptionen ..., all das wird mitunter als Kinderhandel bezeichnet.
Nach Auffassung des Kinderhilfswerks 'terre des hommes' ist Kinderhandel die 'Inbesitznahme von Kindern als Adoptivkinder'.[33] Die Definition ist höchst unglücklich gewählt, da es den Besitz an Menschen und damit auch die Inbesitznahme nicht gibt.
So definiert der einschlägige Kommentar zum Bürgerlichen Gesetzbuch den Besitz als 'die tatsächliche Herrschaft einer Person über eine Sache'.[34] Nur an Sachen kann also ein Besitz bestehen.
Gemeint ist deshalb wohl die Inobhutnahme von Kindern als Adoptivkinder. Wenn jedoch die Inobhutnahme eines Kindes Kinderhandel darstellt, dann sind sämtliche Adoptionen strafbar. Dann hätte sich auch das 'terre des hommes' strafbar gemacht, das im Zeitraum 1967 - 1986 immerhin 2.300 Kinder aus dem Ausland nach Deutschland vermittelt hat.
Die Definition von 'terre des hommes' ist ein Beispiel für die weitverbreitete Hilflosigkeit im Umgang mit dem Begriff Kinderhandel.

Eine eindeutige Definition findet sich im Strafbesetzbuch, nach dessen §236 StGB der Kinderhandel unter Strafe gestellt ist. Nur wenn der Tatbestand des §236 StGB erfüllt ist, liegt Kinderhandel vor. Ein Verhalten, das nicht den Tatbestand der Vorschrift erfüllt, ist unter Umständen moralisch verwerflich, kann aber nicht als Kinderhandel bezeichnet werden. Nach Auffassung der Bundesregierung bietet die Vorschrift einen weitreichenden strafrechtlichen Schutz gegen sämtliche Erscheinungsformen des illegalen Kinderhandels.[35]

§ 236 StGB: Kinderhandel ist verboten

§ 236 StGB:

(1) Wer sein noch nicht achtzehn Jahre altes Kind oder seinen noch nicht achtzehn Jahre alten Mündel oder Pflegling unter grober Vernachlässigung der Fürsorge- oder Erziehungspflicht einem anderen auf Dauer überlässt und dabei gegen Entgelt oder in der Absicht handelt, sich oder einen Dritten zu bereichern, wird mit Freiheitsstrafe bis zu fünf Jahren oder mit Geldstrafe bestraft. Ebenso wird bestraft, wer in den Fällen des Satzes 1 das Kind, den Mündel oder Pflegling auf Dauer bei sich aufnimmt und dafür ein Entgelt gewährt.

(2) Wer unbefugt

1. die Adoption einer Person unter achtzehn Jahren vermittelt oder
2. eine Vermittlungstätigkeit ausübt, die zum Ziel hat, dass ein Dritter eine Person unter achtzehn Jahren auf Dauer bei sich aufnimmt und dabei gegen Entgelt oder in der Absicht handelt, sich oder einen Dritten zu bereichern, wird mit Freiheitsstrafe bis zu drei Jahren oder mit Geldstrafe bestraft. Bewirkt der Täter in den Fällen des Satzes 1, dass die vermittelte Person in das Inland oder in das Ausland verbracht wird, so ist die Strafe Freiheitsstrafe bis zu fünf Jahren oder Geldstrafe.

(3) Der Versuch ist strafbar.

(4) Auf Freiheitsstrafe von sechs Monaten bis zu zehn Jahren ist zu erkennen, wenn der Täter

1. aus Gewinnsucht, gewerbsmäßig oder als Mitglied einer Bande handelt, die sich zur fortgesetzten Begehung eines Kinderhandels verbunden hat, oder
2. das Kind oder die vermittelte Person durch die Tat in die Gefahr einer erheblichen Schädigung der körperlichen oder seelischen Entwicklung bringt.

(5) In den Fällen der Absätze 1 und 3 kann das Gericht bei Beteiligten und in den Fällen der Absätze 2 und 3 bei Teilnehmern, deren Schuld unter Berücksichtigung des körperlichen oder seelischen Wohls des Kindes oder der vermittelten Person gering ist, die Strafe nach seinem Ermessen mildern (§ 49 Abs. 2) oder von Strafe nach den Absätzen 1 bis 3 absehen.

Nach Absatz 1 der Vorschrift muss ein Kind unter grober Vernachlässigung der Fürsorge- oder Erziehungspflicht einem anderen auf Dauer überlassen worden sein. Der Täter muss dabei die Tat gegen Entgelt begehen oder in der Absicht handeln, sich oder einen Dritten zu bereichern. Täter sind sowohl die 'Verkäufer' fremder Kinder als auch die 'Käufer', die das fremde Kind bei sich aufnehmen.

Kennt und billigt der 'Käufer' die Umstände, aus denen sich die Vernachlässigung der Pflichten des 'Verkäufers' ergibt, handelt er vorsätzlich. 'Für die Strafbarkeit der Käuferseite folgen hieraus Probleme: Denn es fallen solche 'Käufer' aus der Strafbarkeit heraus, die in concreto davon ausgehen, dass das Kind 'zu seinem Besten' nicht nur von den Eltern weggegeben, sondern aus diesem Grunde vom 'Käufer' bei sich aufgenommen worden ist. Das ist, insbesondere bei verbotenen Kindsannahmen aus Entwicklungsländern nicht selten der Fall, aber auch im Inland möglich, wenn notleidende Kinder in eine wohlwollende Umgebung weggegeben werden.'[36]

§ 236 Abs. 2 StGB stellt das unbefugte Vermitteln einer Adoption einer Person unter 18 Jahren unter Strafe sowie das unbefugte Ausüben einer Vermittlungstätigkeit, die zum Ziel hat, dass ein Dritter eine Person unter 18 Jahren auf Dauer bei sich aufnimmt. Zur Adoptionsvermittlung sind nur die im Adoptionsvermittlungsgesetz genannten Stellen befugt. Andere Personen oder Organisationen dürfen weder Adoptionen vermitteln, noch eine solche Vermittlungstätigkeit ausüben.

Sowohl bei den Taten nach Absatz 1 als auch bei denen nach Absatz 2 ist der Versuch strafbar.

Kinderhandel wird in schweren Fällen mit einer Freiheitsstrafe bis zu 10 Jahren geahndet.

Ersatzmuttervermittlung

Ersatzmutter-vermittlung

Nach § 13a Adoptionsvermittlungsgesetz ist eine Ersatzmutter 'eine Frau, die aufgrund einer Vereinbarung bereit ist,

- sich einer künstlichen oder natürlichen Befruchtung zu unterziehen oder
- einen nicht von ihr stammenden Embryo auf sich übertragen zu lassen oder sonst auszutragen und das Kind nach der Geburt Dritten zur Annahme als Kind oder zur sonstigen Aufnahme auf Dauer zu überlassen.'

Die Ersatzmuttervermittlung, also das Zusammenführen der sogenannten Bestelleltern und der Frau, die zur Übernahme der Ersatzmutterschaft bereit ist, ist verboten. Wer entgegen dem Verbot eine Ersatzmuttervermittlung betreibt, wird mit Freiheitsstrafe bis zu drei Jahren bestraft. Die Ersatzmutter und die Bestelleltern werden nicht bestraft.[37]

Unbefugte Adoptionsvermittlung

§1 Adoptionsvermittlungsgesetz

Adoptionsvermittlung ist das Zusammenführen von Kindern unter achtzehn Jahren und Personen, die ein Kind annehmen wollen (Adoptionsbewerber), mit dem Ziel der Annahme als Kind. Adoptionsvermittlung ist auch der Nachweis der Gelegenheit, ein Kind anzunehmen oder annehmen zu lassen, und zwar auch dann, wenn das Kind noch nicht geboren ist oder noch nicht gezeugt ist.

Zur Adoptionsvermittlung sind nur die im Adoptionsvermittlungsgesetz näher bezeichneten Stellen befugt. Allen anderen ist die Adoptionsvermittlung untersagt. Das Vermittlungsverbot erfasst auch die Fälle, in denen ein Kind vor seiner Geburt vermittelt wird. Vom Verbot der Vermittlungstätigkeit bestehen nach dem Adoptionsvermittlungsgesetz einige Ausnahmen:

§5 Abs. 2 Adoptionsvermittlungsgesetz

Das Vermittlungsverbot gilt nicht

1. für Personen, die mit dem Adoptionsbewerber oder dem Kind bis zum dritten Grad verwandt oder verschwägert sind;
2. für andere Personen, die im Einzelfall und unentgeltlich die Gelegenheit nachweisen, ein Kind anzunehmen oder annehmen zu lassen, sofern sie eine Adoptionsvermittlungsstelle oder ein Jugendamt hiervon unverzüglich benachrichtigen.

Es ist auch verboten, Vermittlungstätigkeiten auszuüben, die zum Ziel haben, dass ein Dritter ein Kind auf Dauer bei sich aufnimmt, etwa dadurch, dass wahrheitswidrig eine Vaterschaft anerkannt wird.
Mit Freiheitsstrafen bis zu zehn Jahren kann eine unbefugte Adoptionsvermittlung bzw. die Ausübung einer Vermittlungstätigkeit bestraft werden, wenn der Täter die Voraussetzungen des §236 StGB erfüllt.

Fälschung von Unterlagen

In manchen Ländern zeigen sich Beamte bereit, gegen die Zahlung eines Geldbetrages falsche Urkunden auszustellen oder Urkunden zu verfälschen.
Der Gebrauch einer solchen Urkunde ist strafbar nach §267 StGB und kann mit Freiheitsstrafe bestraft werden.

Bedenkliche Praktiken

Der Grundsatz 'was nicht verboten ist, ist erlaubt' findet natürlich auch im Adoptionsverfahren seine Anwendung. Nicht alles, was erlaubt ist, ist aber zugleich unbedenklich. Es gibt zahlreiche Verhaltensweisen, die zwar nicht ausdrücklich verboten sind, von denen der Adoptionsbewerber aber dennoch Abstand nehmen sollte. Eine Adoption ist eine sensible Angelegenheit. Es geht hier nicht um die Beschaffung irgendeines Gutes, sondern um die Aufnahme eines Menschen, der nach der Adoption das Kind seiner Adoptiveltern sein wird. Dieser Mensch wird sich später regelmäßig von der Adoption erzählen lassen, er wird sehr kritisch nachfragen und hinterfragen und manches auch verurteilen. Vermeintlich raffinierte Gesetzesumgehungen werden dem Kind später oft nicht plausibel zu erklären sein und auch bei den Eltern ein schlechtes Gefühl hinterlassen, welches die Eltern - Kind - Beziehung ernsthaft gefährden kann.

Adoption ohne Reise ins Ausland

Nach Möglichkeit sollte man bereits vor der Adoption einmal das Herkunftsland des Kindes bereist haben

Die Reise ins Ausland, um dort die Adoption des Kindes zu betreiben, ist eine meist recht beschwerliche und teure Angelegenheit. Dennoch sollten die Adoptionsbewerber nicht versuchen, sich diesen Mühen zu entziehen. Nur bei einer Reise in das Herkunftsland des Kindes kann man sich einen Überblick über die Verhältnisse verschaffen und sie dem Kind später erklären. Die Adoptionsvermittlungsstellen verlangen deshalb heute zu Recht, dass das Kind abgeholt und gemäß dem Haager Übereinkommen begleitet wird.[38] Es ist auch zu raten, bereits vor der Adoption des Kindes einmal ins Adoptionsland

zu reisen, um sich dort mit den Menschen und deren Lebensbedingungen vertraut zu machen.
Angebote unseriöser Organisationen oder Personen, die anbieten, das Kind nach Deutschland zu bringen, um den Eltern die Strapazen der Reise abzunehmen, sollten deshalb in jedem Fall abgelehnt werden.
Etwas anderes gilt natürlich bei Vermittlungen seriöser Organisationen, wenn es die Verhältnisse vor Ort (Bürgerkriege etc.) nicht zulassen, das Kind persönlich abzuholen.

Adoptionsfreigabe wegen Armut

Viele Kinder, die im Ausland zur Adoption freigegeben werden, kommen aus Heimen. Oft sind die Eltern unbekannt oder haben sich schon seit langem nicht mehr um das Kind gekümmert. In diesen Fällen ist es bei Fehlen inländischer Adoptionsmöglichkeiten meist völlig klar, dass die Adoption des Kindes den einzigen Weg bietet, ihm ein Aufwachsen in einer Familie zu ermöglichen.
Etwas anderes gilt unter Umständen dann, wenn eine Familie oder eine Mutter das Kind zur Adoption freigegeben hat, weil sie aus materiellen Gründen nicht in der Lage war, für das Kind zu sorgen. Armut ist oft ein wesentlicher Faktor bei der Adoptionsfreigabe - das gilt für Inlandsadoptionen wie für Auslandsadoptionen. Sie sollte jedoch nicht der alleinige Faktor sein. Wer vor Ort erkennt, dass die Mutter das Kind liebend gerne selbst erziehen würde, ihr aber 30 EUR pro Monat hierfür fehlen, sollte sich gründlich überlegen, ob er die Adoption tatsächlich weiter betreiben will.

Bei dieser und bei allen sonstigen Konstellationen, bei denen die zukünftigen Adoptiveltern ein ungutes Gefühl beschleicht, sollte man erwägen, die Adoption abzubrechen. Dies gilt auch dann, wenn der Adoptionsprozess schon weit fortgeschritten ist und es dann besonders schwer fällt, einen Rückzieher zu machen. Die Unterlagen wurden in einem langwierigen Prozess zusammengestellt, die Ungewissheit, ob es mit der Adoption überhaupt klappt, wurde überstanden, das Kind wurde vielleicht schon gesehen ... und jetzt sollen die Eltern die Adoption abbrechen?
Wenn das Gefühl überwiegt, dass die Adoption so nicht in Ordnung ist, dass Praktiken angewendet werden, die das Paar nicht billigt und die Voraussetzungen, von denen die Bewerber ausgegangen sind, nicht vorliegen, kommt unter Umständen tatsächlich nur der schmerzhafte Schritt des Abbruchs der Adoption in Betracht. Jede Adoption sollte ein Gefühl hinterlassen, dass sich die Adoptiveltern auch nach Jahren noch sicher sind, die richtige Entscheidung für das Kind getroffen zu haben. Nur ein gutes Gefühl ist eine solide Basis für eine spätere gute Beziehung zum Kind.

Kosten der Adoption

Die Kosten einer Adoption hängen von vielen Faktoren ab

Die Kosten der Adoption hängen von vielen Kriterien ab:
- Welche Adoptionsvermittlungsstelle wird gewählt? Die einzelnen Vermittlungsstellen unterscheiden sich teils deutlich hinsichtlich ihrer Kosten.
- Welche Leistungen der Adoptionsvermittlungsstelle werden in Anspruch

genommen? Wird etwa auch ein Adoptionseignungsbericht erstellt, fallen natürlich zusätzliche Kosten an.
- Aus welchem Land wird adoptiert? Hier spielt unter anderem der jeweilige Umrechnungskurs des Euro eine Rolle.
- Privatadoption oder Adoption über eine anerkannte Vermittlungsstelle? Bei der Privatadoption fallen die Gebühren der Adoptionsvermittlungsstelle nicht an. Dennoch ist oftmals der Unterschied in der Höhe der Gesamtosten weniger deutlich als angenommen. Dies liegt daran, dass in vielen Fällen ein ausländischer Rechtsanwalt für das Verfahren herangezogen und bezahlt werden muss. Auch Gebühren für Übersetzungen, Beglaubigungen und Gerichtsverfahren fallen bei beiden Verfahrensarten an.

Folgende Kosten können im Adoptionsverfahren anfallen:
- Kosten für Bewerberseminare der Adoptionsvermittlungsstelle
- Kosten für Bewerbergespräche mit der Fachkraft der Vermittlungsstelle
- Kosten für die Adoptionsvermittlung
- Kosten für die vorzulegenden Unterlagen
- Kosten für Beglaubigungen, Überbeglaubigungen und Übersetzungen
- Kosten für Behörden im Heimatland des Kindes (Gerichtsgebühren, Passamt etc.)
- Kosten für einen Dolmetscher im Heimatland des Kindes
- Kosten für Flüge, Hotel, Lebenshaltung
- Kosten für Krankenbehandlungen des Kindes

Meist kommt hier schnell ein Betrag von mehr als 10.000 EUR zusammen.
In jedem Fall sollte bei der Adoptionsvermittlungsstelle immer genau nachgefragt werden, welche Kosten zusätzlich zur regulären Vermittlungsgebühr anfallen.
- Sind Übersetzungskosten enthalten?
- Sind sämtliche Kosten für die ausländischen Behörden enthalten?
- Mit welchen zusätzlichen Kosten muss gerechnet werden?

Eine gute Vermittlungsstelle zeichnet sich unter anderem dadurch aus, dass sie Kosten absolut transparent macht und sich bemüht, die Belastungen für die Bewerber gering zu halten. Diese können durchaus erwarten, dass ihnen die Vermittlungsstelle bei der Suche nach günstigen Flügen und Hotels behilflich ist. Darüber hinaus sollte sich jede Vermittlungsstelle bemühen, Übersetzungskosten dadurch gering zu halten, indem mit einzelnen Übersetzern spezielle Tarife abgeschlossen werden.
Soweit von der Vermittlungsstelle im Ausland ein Rechtsanwalt mit der Durchführung des Verfahrens beauftragt wird, sollten sich auch hier die Kosten in Grenzen halten. Leider ist hier manchmal festzustellen, dass Gebühren bezahlt werden, die zwar den üblichen Gebühren in Deutschland, aber keineswegs denen vor Ort im Ausland entsprechen.

Eine Verordnung regelt die Kosten der staatl. Stellen

Nach der Verordnung über die im Adoptionsvermittlungsverfahren zu erstattenden Kosten (AdVermiStAnKoV) fallen folgende Gebühren an, wenn staatliche Adoptionsvermittlungsstellen ein Adoptionsvermittlungsverfahren durchführen:

Durchführung eines internationalen Adoptionsvermittlungsverfahrens einschließlich der Eignungsprüfung nach § 7 Abs. 3 Satz 1 des Adoptionsvermittlungsgesetzes	2000 Euro
Eignungsprüfung nach § 7 Abs. 3 Satz 1 des Adoptionsvermittlungsgesetzes	1200 Euro
Durchführung eines internationalen Adoptionsvermittlungsverfahrens ohne Eignungsprüfung nach § 7 Abs. 3 Satz 1 des Adoptionsvermittlungsgesetzes (das ist der Fall, wenn die Bewerber bereits von einer anderen Stelle auf ihre Eignung als Adoptionsbewerber geprüft wurden)	800 Euro

Die festgesetzten Gebühren betreffen nur staatliche Stellen und nicht die Vermittlungsstellen der freien Träger.
Eine allgemeine Beratung ist kostenfrei. Ebenfalls kostenfrei ist die Nachberichterstattung gem. § 9 Abs. 2 AdVermiG. Gebühren werden erst dann fällig, wenn der staatlichen Vermittlungsstelle ein Antrag auf internationale Adoptionsvermittlung vorliegt.

Zusätzlich erheben staatliche Stellen bei internationalen Adoptionsvermittlungsverfahren folgende Auslagen:

1. Aufwendungen für die Beschaffung von Urkunden,
2. Aufwendungen für Übersetzungen,
3. Vergütung von Sachverständigen.

Die Aufzählung ist abschließend. Darüber hinausgehende Auslagenerstattungen sind deshalb nicht möglich. Die Bundeszentralstelle für Auslandsadoption kann nach der JVKostO Gebühren erheben für:

- die Mitwirkung bei Übermittlungen an die zentrale Behörde des Heimatstaates (10 - 150 EUR). Die Gebühr wird im Adoptionsverfahren nur einmal erhoben.
- die Bestätigung nach § 9 des Adoptionsübereinkommens-Ausführungsgesetzes (40 - 100 EUR)
- die Bescheinigungen nach § 7 Abs. 4 des Adoptionsvermittlungsgesetzes (40 - 100 EUR)

Die freien Adoptionsvermittlungsstellen

Die Adoptionsvermittlungsstellen freier Träger haben sich alle auf bestimmte Länder spezialisiert. Es ist deshalb sinnvoll, bereits im Vorfeld zu überlegen, aus welchem Land das Kind kommen soll.
Viele Adoptionsbewerber haben aufgrund vorangegangener Auslandsreisen Präferenzen oder können sich aus anderen Gründen nur die Adoption eines Kindes aus einem bestimmten Land oder einer bestimmten Region vorstellen. Es macht dann wenig Sinn, sich bei allen Adoptionsvermittlungsstellen zu bewerben. Vielmehr sollte man sich auf die Stellen konzentrieren, die Kinder aus der gewünschten Region vermitteln.

AdA Adoptionsberatung

AdA Adoptionsberatung

Die Anerkennung von AdA (Asesoría de Adopciones) als staatlich anerkannte Adoptionsvermittlungsstelle erfolgte im April 1999.
Der Verein unterhält in Deutschland zwei Vermittlungsstellen mit jeweils eigener Zulassung, die Bewerber - nach Postleitzahlen getrennt - betreuen.

Die Anschrift des Vereins ist:

AdA München
Kapuzinerstr. 25, 80337 München
PLZn : 0, 4, 7, 8, 9
Tel.: 089-26 94 97 61,
Fax:089-26 94 97 59
E-Mail: muenchen@ada-adoption.de
Internet: www.ada-adoption.de

AdA Eschborn
Berlinerstr. 31-35, 65760 Eschborn
PLZn: 1, 2, 3, 5, 6
Tel.: 06196-77 69 30
Fax: 06196-77 69 31
E-Mail: eschborn@ada-adoption.de
Internet: www.ada-adoption.de

Vermittlung in den Ländern:

· Kolumbien
· Brasilien
· Vietnam
· Chile
· Tschechische Republik

AdA sieht seinen Schwerpunkt in der Vermittlung von Adoptionen aus Mittel- und Südamerika und strebt die Zulassung zur Adoptionsvermittlung in Ecuador, Mexiko, El Salvador und Honduras an.

Auswahlkriterien

· Bewerber müssen generell mindestens 25 Jahre alt sein und Paare sollten seit mindestens drei Jahren zusammenleben.
· AdA e.V. nimmt nur Bewerber auf, die für Kinder jeder Hautfarbe und jeden Geschlechts offen sind. Bezüglich des Gesundheitszustandes des Kindes können Bewerber Einschränkungen für sich treffen.
· Folgende Eigenschaften werden besonders hoch eingeschätzt: Offenheit, Geduld, Interesse für das Herkunftsland und die Bereitschaft, die Sprache des Landes zu lernen.

Bewerbungsverfahren

- Nach einer telefonischen Kontaktaufnahme sendet AdA auf Wunsch ein Vorstellungsschreiben zu, in dem die Vermittlungsstelle und die anfallenden Kosten beschrieben werden.
- Mit dem Vorstellungsschreiben wird auch ein Bewerberfragebogen verschickt, der nach Möglichkeit vor dem persönlichen Beratungsgespräch ausgefüllt zurückgeschickt werden soll.
- Es werden keine Erstseminare angeboten, sondern nur persönliche Beratungsgespräche durchgeführt. Diese Gespräche sind unverbindlich und kostenfrei.
- Nach diesen Gesprächen entscheiden sich die Bewerber, ob sie bei AdA eine Adoptionsbewerbung beginnen möchten.
- Bei der Aufnahme von Bewerbern handelt es sich um individuelle Entscheidungen, die in Zusammenarbeit mit dem Jugendamt getroffen werden, so auch hinsichtlich der Aufnahme von alleinstehenden Bewerberinnen oder bei älteren Bewerbern. AdA arbeitet mit den örtlich zuständigen Jugendämtern oder zugelassenen Institutionen wie Sozialdienst Katholischer Frauen und Caritas Verband zusammen, die den Sozialbericht erstellen.
- Für eine Adoption wird ein psychologisches Gutachten benötigt, das von AdA in Auftrag gegeben wird.
- In der Wartezeit, wenn Bewerber bereits im Herkunftsland des Kindes angenommen wurden, werden von AdA Vorbereitungsseminare zur direkten Vorbereitung auf die Auslandsadoption angeboten. Die Kosten für eine Seminarteilnahme sind in der Pauschale für AdA enthalten.

Children and Parents

Children und Parents

Die Vermittlungsstelle gründete sich aus einer Initiative von Adoptiveltern, als der Internationale Sozialdienst seine Vermittlungstätigkeit in Rumänien einstellte. Die Zulassung zur Adoptionsvermittlung erfolgte im Jahr 2001.

Die Anschrift des Vereins ist:

Children and Parents e. V.
Alt-Haarener-Str. 147
52080 Aachen
Tel: 0241 - 1691439
Fax: 0241 - 9609202
E-Mail: cap-msc@onlinehome.de
Internet: www.children-and-parents.de

Vermittlung in den Ländern:

- Bulgarien
- Ukraine
- Rumänien (Vermittlungsstopp)

Auswahlkriterien

- Beide Bewerber müssen den Adoptionsantrag uneingeschränkt unterstützen.
- Beide Bewerber müssen ihren Wohnsitz in Deutschland haben
- Die Bewerber müssen in einer gefestigten Beziehung leben (mind. 3 Jahre; Ausnahmen sind in begründeten Fällen möglich)
- Die Bewerber müssen sowohl geistig als auch körperlich flexibel auf die Anforderungen und Bedürfnisse eines Kindes und insbesondere eines aus dem Ausland adoptierten Kindes eingehen können.

Bewerbungsverfahren

- Children and Parents führt in regelmäßigen Abständen (meist monatlich) Informationsseminare für Bewerber durch. Hierfür wird ein Unkostenbeitrag von 30.00 Euro erhoben.
- Mit dem Seminar verbunden ist ein persönliches Gespräch, indem die Motivation besprochen wird, warum ein Kind (z.B. aus Bulgarien) adoptiert werden soll.
- Nach dem Adoptionsantrag durch die Bewerber erfolgt die eigentliche Adoptionseignungsüberprüfung durch die Fachkräfte des Vereins.
- Die Erstellung des erforderlichen Sozialberichtes kann sowohl durch das Jugendamt als auch durch Children and Parents erfolgen.

Eltern für Afrika

Eltern für Afrika

Der Verein Eltern für Afrika hat die Zulassung am 15.3.2006 erhalten. Die Gründer hatten sich zuvor seit langem im Rahmen des Hilfsprojekts Africachild e.V. in Afrika engagiert.

Die Anschrift des Vereins ist:

Eltern für Afrika
Fröhlichstr. 10 1/2
86150 Augsburg
Tel: 0821 - 519966
Fax: 0821 - 157494
Email: info@elternfuerafrika.de
Internet: www. elternfuerafrika.de

Vermittlung in den Ländern:

- Äthiopien
- Mali
- Kenia

Auswahlkriterien

- Der Altersunterschied zwischen den Adoptiveltern und dem Kind sollte höchstens 40 Jahre betragen (Ausnahmen unterliegen einer sorgfältigen Prüfung).
- Der Wunsch nach einem afrikanischen Kind sollte nicht 'dritte Wahl' sein,

sondern sollte aus einer Entwicklung der Bewerber, aus einem sozialen Reifeprozess heraus entstanden sein, welcher auch die Bereitschaft zur globalgesellschaftlichen Verantwortung erkennen lässt.

- Bewerber, die bisher ungewollt kinderlos geblieben sind und sich aktuell noch in medizinischer Behandlung befinden, können bis zum Abschluss der Behandlung nicht berücksichtigt werden.
- Die Bewerber müssen sich einer ausführlichen Gesundheitsprüfung unterziehen, um lebensverkürzende oder erziehungsbeeinträchtigende Krankheiten auszuschließen.
- Die Bewerber verpflichten sich, regelmäßige Entwicklungsberichte über das angenommene Kind zu verfassen.

Bewerbungsverfahren

- Die Bewerber erhalten nach einem Erstkontakt eine Broschüre zugeschickt, in der nähere Informationen über den Verein enthalten sind.
- Danach findet ein kostenpflichtiges Erstgespräch in Augsburg statt.
- Die Teilnahme am Erstgespräch ist Voraussetzung für die Teilnahme am zweitägigen Vorbereitungsseminar.
- Nach letztendlicher Entscheidung für eine Adoption über die Fachstelle finden mindestens 3 weitere Gespräche, davon ein Hausbesuch, statt. Daraufhin wird ein Sozialbericht verfasst.
- Mit Bewerbern, die schon einen gültigen Sozialbericht haben, wird der Umfang der Gespräche für noch benötigte Informationen individuell geklärt.

Eltern für Kinder

Eltern für Kinder

'Eltern für Kinder' wurde 1987 von ehemaligen Mitgliedern von Terre des Hommes gegründet, nachdem sich diese Organisation aus der internationalen Adoptionsvermittlung zurückgezogen hatte.

Die Anschrift des Vereins ist:

Eltern für Kinder
Fritschestraße 60
10627 Berlin
Tel: 030 - 46507571
Fax: 030 - 4614520
E-Mail: efk-berlin@t-online.de
Internet: www.efk-adoption.de

Vermittlung in den Ländern:

- Haiti
- Mongolei
- Peru
- Thailand
- Sri Lanka

Auswahlkriterien

- Beide Eltern sollen zwischen 25 und 45 Jahren alt und mindestens zwei Jahre verheiratet sein.
- Der Altersabstand zwischen Kind und älterem Partner soll bei der Ankunft des Kindes nicht mehr als 40 Jahre betragen.
- Vermittelt wird nur an verheiratete Bewerber.
- Stabilität im Berufsleben und in den Einkommensverhältnissen der Familie muss gesichert sein.
- Die Wohnsituation muss ausreichend und stabil sein, d.h. vom Zeitpunkt der Ankunft des Kindes an soll kein Umzug zu erwarten sein.
- Bei Ankunft des Kindes muss ein Elternteil bereit sein, für mindestens ein Jahr nicht berufstätig zu sein.
- Das zu vermittelnde Adoptivkind muss das jüngste Kind in der Familie sein. Der Altersabstand zu einem älteren Geschwister soll mindestens zwei Jahre betragen.

Bewerbungsverfahren

- Interessierte Bewerber wenden sich schriftlich an den Verein.
- Sie erhalten eine Informationsbroschüre und die Einladung zu einer regionalen Informationsveranstaltung.
- Nach Antragstellung finden Beratungsgespräche mit erfahrenen Adoptiveltern statt.
- Ein vom Verein benannter Psychologe erstellt ein Gutachten.
- Der Verein fordert vom Jugendamt den Sozialbericht an.
- Ist die Entscheidung des Vereins positiv, wird ein Adoptionsantrag im Ausland eingereicht.

Evangelischer Verein für Adoptions- und Pflegekindervermittlung Rheinland

Evangelischer Verein

Der Evangelische Verein für Adoptions- und Pflegekindervermittlung Rheinland e.V. in Düsseldorf - Wittlaer ist seit 1900 in der Adoptionsvermittlung tätig.

Die Anschrift des Vereins ist:

Evang. Verein für Adoptions- und Pflegekindervermittlung Rheinland
Einbrungerstr. 66
Tel: 0211 - 4087950
Fax: 0211 - 40879526
E-Mail: evap@ekir.de
Internet: www. ekir.de/adoption

Vermittlung in den Ländern:

- Äthiopien
- Kenia
- Südafrika

Auswahlkriterien

- Zwischen dem Kind und dem älteren Annehmenden soll höchstens ein Altersabstand von 40 Jahren bestehen. Die Geschwisterreihenfolge muss eingehalten werden.
- Adoptiv- oder Pflegeeltern müssen ein Kind emotional so annehmen können wie es ist. Nicht Wünsche und die Vorstellung, das Kind entsprechend verändern zu können, sollen die Eltern bestimmen, sondern Offenheit für die mögliche Entwicklung des Kindes.
- Verlangt werden Einfühlungsvermögen, Sensibilität und Verständnis für die besonderen individuellen Bedürfnisse und Verhaltensmuster des Kindes.
- Die Adoptiveltern müssen mit der Tatsache, als Adoptivfamilie eine „besondere" Familie zu sein, leben zu können. Die doppelte Elternschaft, ggf. Behinderung, und die Vorgeschichte des Kindes müssen akzeptiert werden können.
- Es muss die Fähigkeit zu Selbstkritik und Reflexion vorhanden sein. Es ist wichtig, dass sich die Adoptivbewerber auch selbst in Frage stellen können, mit anderen offen über Gefühle und Probleme reden können, Beratung annehmen können und vertrauensvoll mit der Vermittlungsstelle zusammenarbeiten können. Die Bewerber müssen gut in ein soziales Umfeld integriert sein
- Um dem Kind die Integration in seine neue Familie zu erleichtern, ist es förderlich, wenn mindestens ein Elternteil dem Kind in hohem zeitlichem Umfang zur Verfügung steht.

Bewerbungsverfahren

- Bewerber wenden sich zuerst schriftlich an den Verein.
- Die Bewerber werden dann schriftlich zu einer Informationsveranstaltung eingeladen. Am Ende der Informationsveranstaltung werden Anträge und Fragebögen verteilt, die dann mit einem ausführlichen Lebenslauf an die Vermittlungsstelle zurückgeschickt werden sollen.
- Wenn dem Verein die Unterlagen vorliegen, wendet er sich mit der Bitte um einen Adoptionseignungsbericht an den zuständigen örtlichen Adoptionsdienst.
- Wenn ein positiver Adoptionseignungsbericht vorliegt, werden die Bewerber - manchmal nicht sofort – zu persönlichen Gesprächen in den Verein eingeladen.

familie international frankfurt

familie international frankfurt e.V. (fif) wurde im Juni 2004 gegründet. Der Verein ist für die Bereiche Adoption und Suche die deutsche Korrespondentenstelle des International Social Service (ISS) mit Sitz in Genf, der über ein weltweites Netz von Zweigstellen und Vertretungen *fif* verfügt. Im August 2005 erfolgte die Zulassung als anerkannte Auslandsvermittlungsstelle. Es werden schwerpunktmäßig Vermittlungsverfahren bei Stiefkind- und Verwandtenadoptionen durchgeführt. Neben der Tätigkeit im Adoptionsbereich bietet der Verein auch Unterstützung für Adoptierte an, die auf der Suche nach den eigenen Wurzeln sind.

Die Anschrift des Vereins ist:

familie international frankfurt (fif)
Monisstr. 4, 60320 Frankfurt am Main
Tel: 069 - 95 63 64 31
Fax: 069 - 95 63 04 33
E-Mail: kontakt@fif-ev.de
Internet: www.fif-ev.de

Vermittlung in den Ländern:

· Hongkong	· Philippinen	· Slowakei
· Slowenien	· Südafrika	· Thailand
· Tschechien	· Türkei	· Bosnien und Herzegowina
· Indonesien	· Kasachstan	· Kroatien
· Mazedonien	· Philippinen	· Serbien und Montenegro

(Die Vermittlungsstelle ist spezialisiert auf Stiefkind und Verwandtenadoptionen. Fremdadoptionen werden dann vermittelt, wenn von Seiten der Bewerber eine besondere Beziehung zum Herkunftsland des Kindes besteht, z.B. durch die Staatsangehörigkeit oder familiäre Beziehungen.)

Global Adoptions Germany

Global Adoptions

Die Gründung des Vereins geht auf die Initiative des Ehepaares Dünschede zurück, das selbst Eltern zweier russischer Adoptivsöhne und eines leiblichen Sohnes ist und sich in der Unterstützung russischer Heime engagiert. Die staatliche Anerkennung des Vereins als Adoptionsvermittlungsstelle erfolgte im September 2002.

Die Anschrift des Vereins ist:

Global Adoption Germany
Gartenstr. 1 A , 65375 Oestrich Winkel
Verwaltung und Logistik
Bismarkstr. 71, 42115 Wuppertal
Tel: 202 - 747 33 61
Fax: 202 - 747 33 74
E-Mail: info@auslandsadoption.de
Internet: www. auslandsadoption.de

Vermittlung in den Ländern:

- Russland
- Ukraine
- Bulgarien
- Bulgarien

Auswahlkriterien

- Es werden Eltern gesucht mit Einfühlungsvermögen, Vorstellungskraft, Offenheit und Intuition.
- Es werden Eltern gesucht, die dem Kind entgegenkommen und es bedingungslos annehmen.
- Es werden Eltern gesucht, die belastbar, lernfähig und lernbereit sind und ihr Kind wirklich verstehen wollen.
- Es werden Eltern gesucht, die professionelle Hilfe annehmen können.

Bewerbungsverfahren

- Nach einem Erstkontakt erhalten die Bewerber kostenfreies Informationsmaterial zugeschickt.
- Danach besteht die Möglichkeit zu einem kostenlosen individuellen Einzelgespräch zur Information.
- Falls sich die Bewerber für die Vermittlungsstelle entscheiden, besuchen sie anschließend zwei kostenpflichtige Seminare.
- Anschließend erfolgt die Eignungsüberprüfung durch die Fachkräfte des Vereins.

HELP a child

Der Verein erhielt die Anerkennung als Adoptionsvermittlungsstelle am 14.6.2005. Die Gründer hatten sich zuvor lange in der Unterstützung von Kindern in Haiti engagiert.

HELP a child

Die Anschrift des Vereins ist:

HELP a child
Hauptstr. 46
56220 Kaltenengers
Postanschrift:
Postfach 200813
56008 Koblenz
Tel: 02630-956659
Fax: 02630-956632
E-Mail: info@helpachild.de
Internet: www. helpachild.de

Vermittlung in den Ländern:

· Haiti · Burkina Faso · Kenia
· Mali · Nepal

Auswahlkriterien

- Der Altersabstand zwischen Bewerbern und Kind sollte möglichst nicht viel mehr als 40 Jahre betragen. HELP a child e.V. nimmt Bewerber bis zum 49. Lebensjahr an und prüft in diesen Einzelfällen die Eignung zur Annahme von Kindern im Vorschul- bzw. Schulalter.
- Allein stehende Frauen werden akzeptiert.

Bewerbungsverfahren

- Erste Kontaktaufnahme durch E-Mail, Post oder Telefon.
- Einladung zu einem kostenpflichtigen zweitägigen Vorbereitungsseminar (Kosten pro Ehepaar: 300 Euro).
- In der Regel werden die Adoptionseignungsberichte von den örtlichen Jugendämtern angefertigt. Sie können aber auch nach einer Eignungsüberprüfung durch die Fachkräfte des Vereins erstellt werden.

Parents Child Bridge

Parents Child Bridge

Der Verein 'Eltern Kind Brücke' wurde 1997 gegründet und kooperiert seit 2000 mit dem Diakonischen Werk. Es erfolgte der Aufbau eines gemeinsamen Dienstes unter dem Namen 'Diakonisches Werk - Eltern - Kind - Brücke e.V.' Die Anerkennung als Adoptionsvermittlungsstelle erfolgte 2001.

Die Anschrift des Vereins ist:

Parents Child Bridge
Erstinformation / Auslandskontakte
Bonhoefferstr. 17
69123 Heidelberg

Fachdienst:
Friedrich-Ebert-Anlage 9
69117 Heidelberg
Tel: 06221- 33 94 20
Fax: 06221- 83 31 38
E-Mail: info@ekb-pcb.de
Internet: www.ekb-pcb.de

Vermittlung in den Ländern:

- Bulgarien
- Russland
- Taiwan
- Nepal
- Thailand
- Lettland
- Polen
- Tschechien

Auswahlkriterien

- Beide Partner sollten zwischen 25 und 45 Jahren alt sein. Bei älteren bzw. schwer vermittelbaren Kindern sind Ausnahmen möglich. Die Eltern sollten in einem angemessenen Altersabstand zum Kind stehen.
- Eine Stabilität im Berufsleben und in den Einkommens- und Wohnverhältnissen der Familie muss gesichert sein, ebenso die Partnerschaft der Adoptivbewerber.

Bewerbungsverfahren

- Im Vorfeld eines Adoptionsverfahrens werden ausführliche telefonische Informationsgespräche angeboten. Nach Absprache ist bereits hier ein persönliches Kennenlernen und eine Einzelfallberatung möglich
- Es erfolgt eine Einladung zum Erstberatungs-Workshop/-Gespräch. Hier erfolgen weitere Informationen.
- Anschließend erfolgt die Eignungsüberprüfung durch die Fachkräfte des Vereins (2 bis maximal 4 Gespräche). Meist im Anschluss an die Überprüfung folgt ein 'Länderabschlussgespräch' mit den aktuellen Informationen über die in den einzelnen Ländern geforderten Unterlagen.
- In der Wartezeit können sog. 'Warteschleifenseminare' getrennt nach den Kulturkreisen Asien und Osteuropa besucht werden.

Sozialdienst katholischer Frauen

SkF

Der Sozialdienst katholischer Frauen wurde 1899 von Agnes Neuhaus in Dortmund gegründet. Er ist ein Frauen- und Fachverband in der katholischen Kirche, der sich der Hilfe für Kinder, Jugendliche, Frauen und ihre Familien in besonderen Lebenslagen widmet. Der Sozialdienst katholischer Frauen arbeitet als staatlich anerkannte Vermittlungsstelle seit 1992 in der internationalen Adoptionsvermittlung.

Die Anschrift des Vereins ist:

Sozialdienst katholischer Frauen
Referat Kinder- und Jugendhilfe - Auslandsadoption -
Agnes-Neuhaus-Str. 5, 44135 Dortmund
Tel: 0231 - 557026 - 0
Fax: 0231 - 557026 - 60
E-Mail: info@skf-zentrale.de
Internet: www.skf-zentrale.de

Vermittlung in den Ländern:

- Bolivien
- Costa Rica
- Litauen

Auswahlkriterien

- Adoptionsbewerber müssen mindestens fünfundzwanzig Jahre alt sein.
- Das Geburtsdatum des künftigen Adoptivkindes hat nach dem Datum der Eheschließung der Bewerber zu liegen.
- Falls Adoptionsbewerber bereits Eltern sind, so wird die Geschwisterreihenfolge berücksichtigt. Ein Adoptivkind wird als jüngstes Kind in die Familie vermittelt.
- Respekt, Wertschätzung und Einfühlungsvermögen gegenüber sozial benachteiligten Menschen müssen vorhanden sein.
- Erwartet werden Kompetenzen wie Selbstkritik und Reflexion.
- Zukünftige Adoptiveltern müssen zur konstruktiven Kooperation mit der Auslandsvermittlungsstelle bereit sein; auch nach erfolgter Adoptionsvermittlung. In diesem Zusammenhang wird eine schriftliche Vereinbarung getroffen.

Bewerbungsverfahren

- Bewerber nehmen an einer Gruppenveranstaltung teil, in der über internationale Adoptionen, deren Hintergründe und vorliegende Erfahrungen informiert wird. Darüber hinaus wird Wert darauf gelegt, ihnen einen Einblick in die sozioökonomischen, ethno-kulturellen und politisch-rechtlichen Gegebenheiten der Kooperationsländer zu vermitteln, um zu verdeutlichen, welche Kinder vermittelt werden.
- Wenn sich Adoptionsinteressenten nach der Informationsveranstaltung für die Vermittlungsstelle entscheiden, wird Kontakt zum örtlichen Adoptionsdienst im Einzugsbereich der Bewerber aufgenommen (je nach Wunsch der Adoptionsbewerber ist es ein Adoptionsdienst in katholischer oder evangelischer Trägerschaft oder des Jugendamtes), der die Eignung überprüft und einen Adoptionseignungsbericht erstellt.
- Von den Fachkräften der Auslandsvermittlungsstelle wird auf der Grundlage des Sozialberichts und weiterer Beratungsgespräche mit den Adoptionsbewerbern über deren Eignung entschieden. Bei Bedarf werden die Bewerber aufgefordert, weitere Nachweise, z. B. ein psychologisches Gutachten, beizubringen. Den Bewerbern wird eine Entscheidung über ihre Bewerbung mitgeteilt.
- Nach Feststellung der Adoptionseignung wird eine schriftliche Vereinbarung über die künftige Kooperation, insbesondere hinsichtlich der Berichtspflicht (postadoptive Phase) und der zur Verfügung zu stellenden Adoptionsdokumente (z. B. Adoptionsbeschluss, Geburtsurkunden etc.), zwischen der Vermittlungsstelle und den Adoptionsbewerbern getroffen.
- Der Abschluss des Bewerberverfahrens mündet in einem zweitägigen Seminar. Soziale Gruppenarbeit wird als wichtiger Bestandteil in der Qualifizierung

zukünftiger Adoptiveltern gesehen. Es besteht eine Teilnahmepflicht. Bei der Durchführung der Veranstaltung sind auch Adoptiveltern beteiligt, die ihre Erfahrungen einbringen.

Zentrum für Adoptionen

Zentrum für Adoptionen

Zentrum für Adoptionen erhielt am 1. Oktober 2001 die Zulassung als Adoptionsvermittlungsstelle.

Die Anschrift des Vereins ist:

Zentrum für Adoptionen e. V.
Sophienstr. 12
76530 Baden-Baden
Tel: 07221 - 949206
Fax: 07221 - 949208
E-Mail: zentadopt@zentadopt.de
Internet: www. zentadopt.de

Vermittlung in den Ländern:

· Russland
· Kasachstan

Auswahlkriterien

- Bewerber müssen sich erkennbar auf eine Auslandsadoption vorbereitet haben. Sie sollen sich mit dem Land ihres Kindes beschäftigt haben.
- Die ungewollte Kinderlosigkeit sollte keine größeren Probleme mehr bereiten. Der Kinderwunsch sollte sich vollständig auf die geplante Adoption konzentrieren.
- Das Einkommen sollte einem Elternteil ermöglichen sich über einen Zeitraum von etwa 6-12 Monaten ganz der Betreuung des Kindes zu widmen, ohne unter wirtschaftlichen Druck zu geraten. Mehrausgaben für das Kind bei evtl. Wegfall des zweiten Einkommens müssen sicher gedeckt sein.

Bewerbungsverfahren

- Eine Information über die Vermittlungsstelle und die Voraussetzungen einer Adoption erfolgt durch eintägige Einführungsseminare (in Baden-Baden oder Hamburg). Die Kosten für das Tagesseminar betragen 50 Euro (Baden-Baden) und 95 Euro (Hamburg) pro Person.
- Personalbogen, vertragliche Vereinbarung, verschiedene Hinweise und eine Liste der benötigten Unterlagen und Informationen sowie Kostenlisten und Literaturhinweise werden zum Schluss des Seminars übergeben.
- Nach dem Eingang der Bewerbungsunterlagen wird in Einzelgesprächen die Eignung der Bewerber überprüft.

· Der Adoptionseignungsbericht wird vom örtlichen Jugendamt oder von Zentrum für Adoption angefertigt.

Zukunft für Kinder

Zukunft für Kinder

Der Verein 'Zukunft für Kinder' wurde von dem Ehepaar Sorg gegründet, das nach 7 leiblichen Kindern noch 5 weitere Kinder im Ausland adoptiert hat. Die Anerkennung als Adoptionsvermittlungsstelle erfolgte am 1.März 2001.

Die Anschrift des Vereins ist:

Zukunft für Kinder e. V.
Benzstraße 6
68794 Oberhausen-Rheinhausen
Tel: 07254 - 77680
Fax: 07254 - 776815
E-Mail: info@zukunftfuerkinder.de
Internet: www.zukunftfuerkinder.de

Vermittlung in den Ländern:

· Russland
· Bulgarien
· Ukraine
· Kasachstan

Auswahlkriterien

· Die Bewerber müssen mindestens 25 Jahre alt und mindestens 18 Jahre älter als das zu adoptierende Kind sein.
· Der Altersunterschied zwischen Kind und Eltern sollte nicht mehr als 40 Jahre betragen.
· Es können nur Bewerber berücksichtigt werden, die ihren gewöhnlichen Aufenthalt in Deutschland haben.
· Die Bewerber sollten mindestens seit drei Jahren verheiratet sein oder seit mind. 3 Jahren in einem Haushalt zusammen leben (in einigen Partnerländern ist auch die Adoption von allein stehenden Frauen möglich).
· Die Bewerber müssen einen uneingeschränkten positiven Sozialbericht erhalten.
· Die Einkommensverhältnisse der Familie müssen gesichert sein und es muss genügend Wohnraum zur Verfügung stehen.
· Die Bewerber müssen psychisch und physisch in der Lage sein, ein Kind zu betreuen; es dürfen keine ansteckenden oder Leben verkürzenden Krankheiten vorhanden sein.

Bewerbungsverfahren

· Die Bewerber können zuerst an einem kostenlosen Informationsseminar teilnehmen, in dem die genauen Verfahrensabläufe beim Verein und in den einzelnen Ländern geschildert werden.

- Entscheiden sich die Bewerber zu einer Adoption über den Verein, können sie nun die Bewerbungsunterlagen abgeben. Bewerber, sich noch unsicher sind oder weitere Informationen zur besseren Entscheidungsfindung benötigen, können vor Beginn des Adoptionsverfahrens, bzw. vor dem Einreichen der Bewerbungsunterlagen, ein kostenpflichtiges Vorbereitungsseminar besuchen. Der Besuch des Vorbereitungsseminars ist nicht verpflichtend.
- Nach Einreichen der Bewerbungsunterlagen findet ein persönliches länderspezifisches Informationsgespräch mit einer Fachkraft des Vereins statt.
- Anforderung des Adoptionseignungsberichts beim Jugendamt.
- Wird der Sozialbericht von 'Zukunft für Kinder' erstellt, findet nach dem Besuch der Seminare und dem Einreichen der Bewerbungsunterlagen die Eignungsprüfung durch die Fachkräfte des Vereins statt.

Die Eignungsüberprüfung

Wer ein Kind adoptieren möchte, kommt nicht darum herum, dass von einer anerkannten Stelle seine Eignung für eine Adoption überprüft wird. Eine Eignung ist zu bejahen, wenn die Adoption dem Wohl des Kindes dient und zu erwarten ist, dass zwischen Annehmendem und dem Kind eine Eltern-Kind-Beziehung entsteht.[39]
Von großer Bedeutung für die Eignungsüberprüfung sind die von der Bundesarbeitsgemeinschaft der Landesjugendämter erarbeiteten 'Empfehlungen zur Adoptionsvermittlung'. Sie dienen als fachliche Ratschläge und werden von den Gerichten bei Streitigkeiten als Interpretationshilfe für die Vorschriften des Adoptionsvermittlungsgesetzes herangezogen.

Die Empfehlungen zur Adoptionsvermittlung

Die Empfehlungen zur Adoptionsvermittlung

Die Arbeit mit den Adoptionsbewerbern ist als Prozess zu verstehen und zu gestalten. Dieser beginnt mit der umfassenden Vorbereitung der Bewerber und erstreckt sich bis zu einer Begleitung der Adoptivfamilie über den Adoptionsbeschluss hinaus. Bei der Vorbereitung der Bewerber geht es um die Vermittlung von Informationen zum Adoptionsprozess und der besonderen Situation von Adoptivkindern und -familien, um das Kennenlernen der Bewerber durch die Fachkräfte sowie um die Prüfung ihrer Motivation und Eignung. Dabei soll die Selbstevaluation der Bewerber gefördert werden. Der Europäische Gerichtshof für Menschenrechte hat in seiner Entscheidung vom 6.02.2002 darauf hingewiesen, dass der Staat darauf achten müsse, dass stets diejenigen Adoptionswilligen ausgewählt werden, die auf allen Gebieten die günstigsten Voraussetzungen bieten. Neben der Zusammenstellung der formalen Unterlagen sind im Eignungsverfahren daher intensive Gespräche mit den Bewerbern, Hausbesuche und Bewerberseminare erforderlich.

Die Bewerber sind frühzeitig darüber zu informieren, wie sich der Vermittlungsprozess gestalten wird, ob in absehbarer Zeit ein Kind vermittelt werden kann und welche Dokumente erforderlich sind. Mit ihnen ist ein Verständnis dafür zu entwickeln, dass

- *nicht für sie ein Kind, sondern für Kinder Eltern gesucht werden, sich mit zunehmender Wartezeit nicht zwingend die Aussicht auf die Vermittlung eines Kindes erhöht,*
- *für jedes zu vermittelnde Kind eine Vielzahl an Adoptionsbewerbern zur Verfügung steht,*
- *das Verfahren, das aus ihrer Sicht langwierig erscheinen mag, von ihnen viel Geduld und Einfühlungsvermögen verlangt,*
- *die soziale Elternschaft psychologische Besonderheiten aufweist,*
- *die Herkunftsfamilie für die weitere Entwicklung des Kindes bedeutsam bleibt,*
- *auch für leibliche Eltern und deren Familien das weitere Schicksal und Wohlergehen des Kindes von Bedeutung sein wird,*
- *die leiblichen Eltern mit der Auswahl der Adoptionsbewerber einverstanden sein müssen,*
- *die Vermittlungsstelle die Verantwortung für die Auswahl der geeigneten Eltern trägt und die Fachkräfte nach bestem Wissen und Gewissen gemeinsam Entscheidungen treffen.*

Im ersten Gespräch mit der Vermittlungsstelle wird es vor allem um diese Grundsätze gehen. Die Bewerber erfahren also unter anderem, dass nicht ein Kind für sie, sondern für Kinder Eltern gesucht werden, dass es bedeutend mehr Bewerber als zu vermittelnde Kinder gibt und sich Adoptivfamilien in einer psychologischen Sondersituation befinden.

In den folgenden Punkten zeigen die Empfehlungen zur Adoptionsvermittlung, welche formalen Voraussetzungen die Adoptionsbewerber erfüllen müssen.

Altersgrenze

Es gibt keine gesetzlich festgelegte oberer Altersgrenze

'§ 1743 BGB enthält das Mindestalter für eine Adoption. Eine obere Altersgrenze ist dagegen gesetzlich nicht festgelegt. Starre Altersgrenzen sind nur bedingt geeignet, den Erfolg einer Vermittlung sicherzustellen. Das Alter ist aber ein Indikator, der auf andere Merkmale (z.B. Gesundheit, Lebenserfahrung, Belastbarkeit, Flexibilität) verweist. Zu bedenken ist, dass das heranwachsende Kind belastbare Eltern benötigt. Insbesondere in der Phase der Pubertät und der beginnenden Auseinandersetzung mit der eigenen Identität können Eltern im fortgeschrittenen Lebensalter leichter an die Grenzen hinsichtlich ihrer Belastbarkeit gelangen. Dem Wohl des Kindes wird es daher in der Regel nicht dienen, wenn der Altersabstand größer als 40 Jahre ist.
Oberhalb dieser Grenze wird eine Vermittlung daher nur in begründeten Ausnahmefällen in Betracht kommen. Auch die Rechtsprechung unterstreicht, dass ein großer Altersabstand gegen ein Eltern-Kind-Verhältnis spricht.
Der Staat verantwortet gegenüber dem zu vermittelnden Kind, dass Risiken im Rahmen der Vermittlung in eine Adoptivfamilie auch im Hinblick auf ein zu hohes Alter der auszuwählenden Eltern möglichst klein zu halten sind.' (Nr. 6.4.2.2 der Empfehlungen)

Mindestalter

Nimmt ein Ehepaar ein Kind gemeinschaftlich an, muss einer der Ehegatten das 25. Lebensjahr, der weitere Ehegatte das 21. Lebensjahr vollendet haben. Eine Möglichkeit der Befreiung von diesen Altersgrenzen sieht das Gesetz nicht vor.

➤ **Beispiel:**

Herr Maier ist 36 Jahre, seine Frau 20 Jahre alt. Eine Adoption ist erst dann möglich, wenn Frau Maier 1 Jahr älter geworden ist.

Höchstalter

Eine gesetzlich festgelegte obere Altersgrenze gibt es nicht.
Bei den meisten Adoptionsvermittlungsstellen gilt eine obere Grenze des Altersabstandes von 40 Jahren zwischen Kind und Annehmendem. Wer älter als 40 Jahre ist, hat es meist sehr schwer, einen Säugling oder ein Kleinkind zu adoptieren. Manche Vermittlungsstellen sehen diese Grenze bereits bei 35 Jahren.

➤ **Beispiel:**

Herr und Frau Leistner sind jeweils 35 Jahre alt. Von ihrer Adoptionsvermittlungsstelle erfahren sie, dass üblicherweise an Bewerber in diesem Alter keine Kinder mehr vermittelt werden. Sie seien zu alt.

Während in Deutschland Adoptionsbewerber in diesem Alter mitunter bereits Schwierigkeiten bekommen, wird es in vielen Ländern als sehr vorteilhaft gesehen, wenn die Bewerber nicht mehr allzu jung sind.
So beträgt etwa in China und in Burundi, Mitgliedsstaaten des Haager Übereinkommens, das Mindestalter für Adoptionsbewerber 30 Jahre. Jüngere Bewerber werden dort wegen ihres Alters als ungeeignet eingestuft.
Auch nach dem schweizerischen Zivilgesetzbuch ist die Adoption nur dann im Interesse des Kindes, wenn die Adoptiveltern seit mindestens 5 Jahren verheiratet sind 'oder das 35. Altersjahr zurückgelegt haben'.[40]
In der Schweiz gilt also bei kurzer Ehe ein Mindestalter von 35 Jahren. In Deutschland dagegen ist auch bei langer Ehe eine Adoption in diesem Alter schon schwierig. Warum aber soll ein 35- oder 40- jähriger Bewerber nicht mehr geeignet sein, Kleinkinder zu erziehen? Es ist völlig üblich und anerkannt, dass Eltern auch in diesem Alter noch leibliche Kinder bekommen. Für die Erziehung von Adoptivkindern scheinen sie aber nach der Praxis mancher Stellen nicht mehr geeignet.

Einkommensverhältnisse

Das Aufwachsen des Kindes muss ökonomisch abgesichert sein

Die Empfehlungen bestimmen: '*Die wirtschaftliche Gesamtsituation der Familie stellt eine Rahmenbedingung für die kindliche Entwicklung dar. Von den Bewerbern muss der Nachweis erbracht werden, dass ein Aufwachsen des Kindes in ihrer Familie ökonomisch abgesichert ist.*' (Nr.6.4.2.14 der Empfehlungen)

In den Empfehlungen wird nicht genau festgelegt, welches Einkommen der Bewerber nachweisen muss, um den Anforderungen zu genügen. In der Praxis führt dies dazu, dass die einzelnen Adoptionsvermittlungsstellen oft unterschiedliche Festsetzungen treffen. Was die eine Fachkraft für völlig ausreichend hält, kann der anderen deutlich zu wenig sein.

Das Einkommen kann nachgewiesen werden

- bei angestellten Arbeitnehmern durch eine Bescheinigung des Arbeitgebers,
- bei selbstständigen Arbeitnehmern durch Vorlage d. Einkommensteuerbescheides.

Selbständige haben oft die Schwierigkeit, dass trotz hoher Einkünfte in Folge steuerlicher Abschreibungsmöglichkeiten kaum ein Gewinn ausgewiesen wird.

➤ **Beispiel:**

Herr Maier betreibt ein Architekturbüro, das jahrelang ordentliche Gewinne abwarf. Dank seines findigen Steuerberaters hat er es die letzten Jahre verstanden, seinen Gewinn durch zahlreiche Abschreibungsmöglichkeiten gegen Null zu drücken, um damit Steuern zu sparen. Bei den Betriebsausgaben handelt es sich in erster Linie um Investitionen, die den Unternehmenswert beträchtlich steigern.
Für Herrn Maier empfiehlt es sich, von seinem Steuerberater eine Aufstellung anfertigen zu lassen, wie die Gesamtsituation des Unternehmens beschaffen ist. Mit Hilfe dieser Aufstellung wird es ihm vermutlich gelingen, die Fachkraft der Adoptionsvermittlungsstelle davon zu überzeugen, dass trotz eines nicht vorhandenen Gewinns das Aufwachsen des Kindes ökonomisch abgesichert ist.

Oftmals wird Verdienstbescheinigungen eine zu große Bedeutung beigemessen. Wenig beachtet wird, dass in Zeiten großer wirtschaftlicher Umbrüche Einkommensbescheinigungen nur eine Momentaufnahme sein können. Wer heute noch als Arbeitnehmer oder Selbstständiger über ein gutes Einkommen verfügt, kann bereits in wenigen Monaten arbeitslos oder pleite sein.
Zu beachten ist auch, dass die Empfehlungen davon sprechen, dass der Nachweis erbracht werden muss, dass das Aufwachsen des Kindes ökonomisch abgesichert ist. Es kommt deshalb nicht allein auf das Einkommen an, sondern auch auf vorhandenes Vermögen.
Wer bei mäßigen Einkünften über ein großes Vermögen (etwa durch eine Erbschaft) verfügt, ist sicherlich ökonomisch abgesicherter, als ein Bewerber, der ein höheres Einkommen hat, aber kein Vermögen.

Wohnverhältnisse

'Eine kindgerechte Umgebung mit Kontaktmöglichkeiten zu anderen Kindern sollte gegeben sein. Ein ausreichender Wohnraum für die Familie, der für das Kind eine Rückzugsmöglichkeit bietet, sollte zur Verfügung stehen.' (Nr. 6.4.2.11 der Empfehlungen)

Der Sozialarbeiter der Vermittlungsstelle wird sich über die Wohnsituation einen Eindruck verschaffen wollen und deshalb im Laufe des Verfahrens auch einen Hausbesuch bei den Bewerbern machen.

➤ **Beispiel:**

Frau Maier hat mit der Sozialarbeiterin der Vermittlungsstelle einen Termin für einen Hausbesuch vereinbart. Bereits mehrere Nächte vor dem Treffen kann sie vor Aufregung kaum schlafen, da sie sich sicher ist, dass in den hintersten Winkeln nach Schmutz gesucht wird, die Schränke durchsucht werden und eventuell die mehrere Jahre alte Wohnzimmercouch den Anforderungen nicht genügt.
Frau Maier kann hier beruhigt schlafen. Ein Hausbesuch ist keine Sauberkeitsinspektion, sondern eine Prüfung, ob die Wohnung und deren Umgebung geeignet ist, die Bedürfnisse und Notwendigkeiten des Adoptivkindes zu befriedigen.

Geprüft werden unter anderem folgende Punkte:

- Größe der Wohnung
- Hat das Kind ein eigenes Kinderzimmer?
- Ist die Wohnung hell und freundlich?
- Ist ein Garten bzw. Spielplatz vorhanden?
- Sind Kindergärten, Schulen und Ärzte in erreichbarer Nähe?
- Hat das Kind die Möglichkeit zum Kontakt mit anderen Kindern?

Es ist selbstverständlich nicht erforderlich, dass die Bewerber Eigentümer der Wohnung sind, in der sie leben. Auch Mietwohnungen werden akzeptiert.
Welche Wohnungsgröße als ausreichend erachtet wird, hängt in erster Linie vom Sozialarbeiter ab, der den Sozialbericht erstellt.

Berufstätigkeit der Bewerber

Die Empfehlungen führen in Nr. 6.4.2.12 hierzu aus:

'Das Kind braucht die seinem Entwicklungsstand entsprechende und seine Vorgeschichte berücksichtigende elterliche Zuwendung, die einer zeitlichen Abwesenheit der Eltern Grenzen setzt. Insofern muss sichergestellt sein, dass die Erziehung des Kindes nicht überwiegend durch außerhalb der Familie stehende Personen wahrgenommen wird. Dies gilt besonders für das erste Jahr nach Aufnahme des Kindes in die Adoptivfamilie. In dieser Zeit sollte das Kind die ungeteilte Zuwendung einer Bezugsperson erhalten. Dies ist für die Entwicklung tragfähiger Bindungen von erheblicher Bedeutung. Auf die Möglichkeit der Elternzeit ist hinzuweisen. Bewerber, die nicht bereit und in der Lage sind, ihre berufliche Tätigkeit den Bedürfnissen des Kindes anzupassen, um dadurch das Entstehen von Bindungen zu fördern, erfüllen nicht die Voraussetzungen für die Aufnahme eines Adoptivkindes.'

Von Adoptiveltern wird erwartet, dass sie ihr Kind überwiegend selbst erziehen

Die Empfehlungen legen deutlich fest, dass eine Adoptionseignung nur dann gegeben ist, wenn ein Elternteil im ersten Jahr nach Aufnahme des Kindes auf eine Berufstätigkeit verzichtet. Darüber hinaus dürfen die künftigen Adoptiveltern andere Personen zur Mithilfe bei der Erziehung heranziehen. Die überwiegende Erziehungsarbeit muss jedoch von den Eltern selbst wahrgenommen werden.

➤ **Beispiel:**

Die Adoptionsbewerber Müller sind ein sehr erfolgreiches Zahnarztehepaar. Beide haben viel Zeit und Geld in den Aufbau ihrer Praxis gesteckt und wollen auch nach der Adoption weiterhin voll in ihrem Beruf weiterarbeiten. Tagsüber sollen sich 2 Kindermädchen um die Erziehung des Kindes kümmern.
Die Müllers sind für eine Adoption nicht geeignet. Besonders im ersten Jahr nach Aufnahme des Kindes muss das Kind die ungeteilte Zuwendung einer Bezugsperson erhalten. Da dies hier nicht gewährleistet ist, kommt eine Adoption nicht in Betracht.

Die Empfehlungen zur Berufstätigkeit von Bewerbern ist verschiedentlich auf Kritik gestoßen, da damit ´die Berufstätigkeit von Adoptionsbewerberinnen und -bewerbern generell als abträglich für das Kindeswohl gesehen wird`.[41] Es lassen sich jedoch tatsächlich umso leichter Bindungen zum Kind aufbauen, je mehr Zeit für die Kindererziehung zur Verfügung steht. Dies sahen auch die in einer Untersuchung befragten Adoptionsvermittler so. Danach waren 62 % der Meinung, dass ein Ehegatte bei der Adoption eines Kindes seine Erwerbstätigkeit in jedem Fall bis zum Eintritt des Kindes in den Kindergarten aufgeben sollte.[42]

Religionszugehörigkeit

´Nach dem Gesetz über die religiöse Kindererziehung ist die Religionszugehörigkeit des Kindes zu beachten, soweit sie bereits durch die leiblichen Eltern bestimmt wurde. Ist dies noch nicht geschehen, sind gleichwohl die Wünsche der leiblichen Eltern unter Berücksichtigung des Alters des Kindes einzubeziehen. Das Kind muss die Möglichkeit erhalten, sich in seiner Religion zu entfalten.` (Nr. 6.3.3 der Empfehlungen)

Bei Auslandsadoptionen hat dieser Punkt der Empfehlungen nur eine geringe Relevanz, da in aller Regel nichts darüber bekannt ist, ob die leiblichen Eltern eine Religionszugehörigkeit bestimmt haben und welche Wahl sie getroffen haben.

Gesundheit / Behinderung der Bewerber

Ärztliche Atteste

´Es muss gewährleistet sein, dass Bewerber über einen langen Zeitraum hinweg physisch und psychisch in der Lage sind, die erzieherische und pflegerische Versorgung des Kindes sicherzustellen. Sind diese Voraussetzungen gegeben, kommen auch Bewerber mit Behinderungen oder chronischen Erkrankungen in Frage.
Von den Bewerbern muss deshalb verlangt werden, dass sie selbst nach bestem Wissen über sich Auskunft geben, behandelnde Ärztinnen/Ärzte oder Psychologinnen/ Psychologen von der Schweigepflicht entbinden und erforderlichenfalls auch einer amtsärztlichen Untersuchung und/oder einer psychologischen Begutachtung zustimmen. Das gleiche gilt für andere im Haushalt lebende Personen.

Der Umfang einer von der Vermittlungsstelle vorgeschlagenen ärztlichen oder psychologischen Untersuchung muss sich an den Notwendigkeiten des Einzelfalles orientieren.

Die Untersuchung sollte aber insbesondere Auskunft geben über
- *ansteckende Krankheiten,*
- *Krankheiten, die lebensverkürzend wirken oder zu schweren körperlichen Beeinträchtigungen führen können,*
- *schwerwiegende psychische und psychosomatische Beeinträchtigungen und Erkrankungen,*
- *Krankheiten und Behinderungen, durch welche die Erziehungsfähigkeit wesentlich herabgesetzt werden kann,*
- *vorhandene und frühere Suchterkrankungen.*

Die Kosten für die Untersuchungen tragen die Bewerber.'
(Nr. 6.4.2.3. der Empfehlungen)

Bei jeder Adoption müssen die Bewerber im Laufe des Verfahrens eine ärztliche Bescheinigung über ihren Gesundheitszustand vorlegen. Dabei sind Behinderungen kein Ausschlusskriterium, wenn der Bewerber über einen längeren Zeitraum physisch und psychisch in der Lage ist, die erzieherische und pflegerische Versorgung des Kindes sicherzustellen.
Wann dies der Fall ist, ist jeweils eine Einzelfallabwägung.
Dass selbst bei starken Behinderungen Adoptionen gelingen können hat Barbara White in einer Untersuchung von 55 tauben Eltern, die ein taubes Kind adoptiert hatten, nachgewiesen.[43]
Die Studie zeigte, dass die Adoptionen mit Hilfe der Unterstützung von Behörden und Gehörlosenverbänden durchweg erfolgreich waren.

Soziales Umfeld

Nach Nr. 6.4.2.10 der Empfehlungen ist 'zu klären, inwieweit das soziale Umfeld (Freunde, Nachbarn, Verwandte etc.) als Stützsystem in Krisen- und besonderen Belastungssituationen zur Verfügung steht.'

Hier wird geprüft, ob und wie das Umfeld der Bewerber in Notsituationen unterstützend zur Seite steht.
Im Vorfeld lässt sich dies allerdings nur sehr schwer ermitteln. Niemand weiß vorab, ob das adoptierte Kind von seinen Onkeln, Tanten, Nichten, Neffen und Großeltern akzeptiert werden wird und ob sie sich in Schwierigkeiten bei der Erziehung eines Kindes hineinversetzen können. Eine gute Integration ist nur dann zu bewerkstelligen, wenn das Kind von seinem sozialen Umfeld als Kind seiner neuen Eltern akzeptiert und respektiert wird. Probleme bei der Eignungsüberprüfung gibt es deshalb immer dann, wenn die Adoptionspläne auf große Ablehnung im Umfeld der Bewerber stoßen.

Vorstrafen

Auch ein Führungszeugnis gehört zu den geforderten Unterlagen

'Die Bewerber haben der Adoptionsvermittlungsstelle ein Führungszeugnis vorzulegen. Sie sind darauf hinzuweisen, dass z.B. durch das Vormundschaftsgericht eine unbeschränkte Auskunft aus dem Strafregister angefordert werden kann. Eventuelle Vorstrafen sind kein genereller Hinderungsgrund für die Vermittlung eines Kindes, bedingen aber eine besonders gründliche Prüfung. Ausschlusskriterien werden in der Regel Vorstrafen z.B. wegen Straftaten gegen die sexuelle Selbstbestimmung, Körperverletzungs- oder Gewaltdelikten sein.' (Nr. 6.4.2.14 der Empfehlungen)

Jeder Bewerber muss ein polizeiliches Führungszeugnis vorlegen. Dabei stehen selbstverständlich alle Vorstrafen einer Adoption entgegen, die befürchten lassen, dass gegen das Kind Straftaten verübt werden.

Kinder in der Bewerberfamilie

'Bereits in der Bewerberfamilie lebende Kinder sind in die Beurteilung einzubeziehen (vgl. § 1745 BGB). Es wird vom Einzelfall abhängen, welchen Einfluss die künftige Geschwisterkonstellation auf das Familiensystem haben kann. In der Regel wird nur ein Kind zur Adoption in Betracht kommen, welches jünger als das jüngste vorhandene Kind ist. Die Kinder sind so einzubeziehen, dass sie das Hinzukommen eines weiteren Geschwisters und seine Integration mitzutragen vermögen.' (Nr. 6.4.2.9 der Empfehlungen)

Sind bereits Kinder in der Familie, so wird stets darauf geachtet, dass der natürliche Altersabstand gewahrt bleibt.

➤ **Beispiel:**

Das Ehepaar Weber hat bereits 2 Kinder adoptiert. Ihre Tochter Sarah ist 7 Jahre und ihr Sohn Simon 3 Jahre alt. Hier kommt nur die Vermittlung eines Kindes in Betracht, das jünger als 2 Jahre ist. Der natürliche Altersabstand zwischen Simon und seinem jüngeren Geschwisterchen sollte in jedem Fall gewahrt sein.

Partnerschaftliche Stabilität

Nach Nr. 6.4.2.5 der Empfehlungen ist es für ein Kind 'von zentraler Bedeutung, sich innerhalb intakter und dauerhafter Familienbeziehungen entwickeln zu können. Eine stabile und lebendige Partnerschaft fußt auch auf der gemeinsamen Bewältigung von Krisen und anderen Belastungen und ist somit eine Voraussetzung für die Entwicklung tragfähiger Familienbeziehungen. In diesem Sinne ist es wichtig, mit den Bewerbern die Entwicklung ihrer Beziehung sowie ihre Konfliktbewältigungsstrategien zu reflektieren.'

Paare, die angeben, in ihrem Leben gebe es nur Sonnenschein und keine Krisen, stoßen zu Recht auf Skepsis. Krisen gehören zum Leben. Und zu einer belastbaren Partnerschaft gehört, solche Krisen zu bewältigen. Es ist nicht notwendig, sich vor der Fachkraft bis ins Innerste zu offenbaren. Aber die Bewerber sollten durchaus zu erkennen geben, dass sie in ihrem Leben schon Krisenzeiten erlebt haben und dass es ihnen gelungen ist, Krisen zu bewältigen.

Erziehungsleitende Vorstellungen

'Erzieherisches Handeln wird bestimmt durch

- *Zielvorstellungen, in denen sich allgemeine Wertvorstellungen manifestieren, den persönlichen Erziehungsstil (eigene Erziehungserfahrungen), sowie*
- *individuell verfügbare spezifische Erziehungsmethoden. Um mit einer gewissen Wahrscheinlichkeit das künftige Erziehungsverhalten vorhersagen zu können, müssen sich die Fachkräfte ausführlich über die genannten Aspekte mit den Bewerbern auseinandersetzen und dabei auch beratend - etwa im Hinblick auf die besonderen Bedürfnisse von Adoptivkindern - tätig sein.'*

(6.4.2.8 der Empfehlungen)

Von den Fachkräften wird verlangt, dass sie eine Prognose über das zukünftige Erziehungsverhalten der Bewerber abgeben.

Prognose des Erziehungsverhaltens

Ob dies in einer Atmosphäre gelingen kann, die von den meisten Adoptivbewerbern als höchst belastend empfunden wird, ist mehr als fraglich. Die meisten Adoptivbewerber haben noch keine Kinder und wissen vermutlich selbst nicht, wie die Erziehung später einmal aussehen wird. Zum Zeitpunkt der Bewerbung kann auch nicht gesagt werden, welche Anforderungen das Adoptivkind an das Erziehungsverhalten stellen wird.

Üblicherweise wird davon ausgegangen, dass die Bewerber in ihrer eigenen Kindheit Erfahrungen gemacht und Familienregeln erlernt haben, die ihre Vorstellung von Kindererziehung entscheidend prägen. Es wird deshalb meist ausführlich über die Herkunftsfamilien der Bewerber und deren Vorstellungen, Normen und Verhaltensmuster gesprochen.

Für die Fachkraft ist es jedoch ausgesprochen schwierig, aus den Erlebnissen und Berichten der Bewerber Rückschlüsse auf deren eigenes Erziehungsverhalten zu ziehen.

Untersuchungen haben zwar ergeben, dass negative Beziehungserfahrungen in der Herkunftsfamilie die Erziehungskompetenz der Eltern schwächen.[44] Mit anderen Worten: Wer in einer desolaten Familie aufgewachsen ist, eignet sich nach Meinung mancher Autoren nicht besonders gut für die Erziehung von Kindern.

Auf der anderen Seite gibt es aber auch Belege, dafür, dass es bei belasteten Eltern-Kind-Beziehungen in der frühen oder mittleren Kindheit nicht notwendig zu einer Übertragung dieser Beziehungserfahrungen auf die nächste Generation kommen muss.[45]

Offensichtlich können positive Beziehungen zu anderen Personen oder befriedigende Paarbeziehungen dazu führen, dass nicht die gleichen Fehler gemacht werden wie in der Generation zuvor.

Von den Fachkräften wird darüber hinaus erwartet, dass sie die Bewerber über die 'besonderen Bedürfnisse von Adoptivkindern' beraten.

Besondere Bedürfnisse von Adoptivkindern

Was aber sind diese 'besonderen Bedürfnisse'?

Ein Bedürfnis ist 'der Ausdruck dessen, was ein Lebewesen zu seiner Erhaltung und Entfaltung notwendig braucht'.[46]
Was die Bedürfnisse des Kindes sind, das von den Bewerbern letztlich adoptiert wird, ist zum Zeitpunkt des Eignungsgespräches mit der Fachkraft noch nicht absehbar. Hier geht es noch nicht um ein konkretes Kind, sondern um die generelle Eignung der Bewerber. Die besonderen Bedürfnisse des jeweiligen Kindes lassen sich erst dann erkennen, wenn nähere Informationen über seine Vergangenheit und seinen aktuellen Gesundheitszustand vorliegen.
Zum Zeitpunkt der Eignungsprüfung weiß jedoch noch niemand, welches Kind die Bewerber letztlich adoptieren werden, ob es krank ist, wie alt es ist etc.
Die speziellen Bedürfnisse des Kindes sind deshalb zu diesem Zeitpunkt noch völlig unbekannt.
Eine Beratung kann deshalb nur über die besonderen Bedürfnisse erfolgen, von denen angenommen wird, dass alle Adoptivkinder sie haben.

Zur Sprache kommt meist

- das Bedürfnis, den Kindern offen von ihrer Herkunft zu erzählen und diese zu achten,
- das Bedürfnis, mit seiner eigenen Geschichte und seinen Schwierigkeiten, Verletzungen, und medizinischen Problemen angenommen zu werden,
- das Bedürfnis, beide Elternpaare lieben zu dürfen,
- das Bedürfnis, dass auch die leiblichen Eltern gewürdigt werden.

Bis auf die Besonderheit, dass es im Leben von Adoptivkindern 2 Elternpaare gibt, handelt es sich hier um Bedürfnisse, die alle Kinder gleichermaßen haben. 'Bedürfnisse von Adoptivkindern und leiblichen Kindern unterscheiden sich primär nicht'.[47]
Das Adoptivkind ist das Kind seiner Adoptiveltern und es will so behandelt werden, wie ein leibliches Kind behandelt werden würde.

Lebensziele/Lebenszufriedenheit

Nr. 6.4.2.4 der Empfehlungen besagt:
'Vorhandene Lebensziele, Zielverwirklichungen und Wertorientierungen erlauben Rückschlüsse über den bisherigen bzw. geplanten Lebensverlauf. Sie sind wesentliche Grundlagen allgemeiner Lebenszufriedenheit und der Handlungsmotivation der Bewerber.
Es ist dabei von besonderer Bedeutung, welche Funktion die Aufnahme eines Kindes für die Bewerber bzw. deren Familie hat. Der unerfüllte Kinderwunsch nimmt in der Vorgeschichte vieler Bewerberpaare einen großen Raum ein und sollte in den Gesprächen mit den Bewerbern mit besonderer Sorgfalt bearbeitet werden.
Die Motivation der Bewerber zur Adoption eines Kindes ist in mehreren Gesprächen kritisch zu hinterfragen. Zugleich ist damit die Möglichkeit gegeben, der Realität nicht angemessene Vorstellungen und Wünsche von Bewerbern durch Information und Beratung zu korrigieren.
Die Ressourcen der Bewerber, ihre Risikobereitschaft und ihre Grenzen sind auszu-

loten. Beispielsweise ist ggf. zu prüfen, ob die Bewerber bereit und in der Lage sind, die besonderen Anforderungen einer Geschwistervermittlung oder der Vermittlung verhaltensauffälliger, traumatisierter, behinderter und älterer Kinder zu erfüllen. In diesen Fällen bedarf es im Interesse der Kinder Bewerber, die ihnen in psychosozialer, emotionaler sowie pädagogischer Hinsicht gerecht werden können.`

➤ Beispiel:

Max Dreher hat einen Fuhrbetrieb seiner Eltern geerbt. Leider ist die Ehe mit Roswitha Dreher kinderlos geblieben. Das Paar wendet sich an eine Adoptionsvermittlungsstelle. Im Gespräch mit der Fachkraft zeigt sich, dass Max Dreher die Adoption vor allem deshalb betreibt, um den Betrieb später an sein Kind übertragen zu können. Ihm geht es in erster Linie darum, die Unternehmensnachfolge zu sichern.
Eine Vermittlung kommt hier nicht in Betracht, da die Adoption nicht einem Kind, sondern dem Betrieb dienen soll.

Ein Adoptivkind ist kein Ersatz für ein leibliches Kind

Der größte Teil der Adoptionsbewerber kann aus medizinischen Gründen keine leiblichen Kinder bekommen. In der Regel kommt der Gang zur Adoptionsvermittlungsstelle erst dann, wenn alle Bemühungen fruchtlos geblieben sind, ein leibliches Kind zu bekommen. Vielen Bewerbern fällt es schwer zu akzeptieren, dass sie auch mit Hilfe moderner medizinischer Verfahren ihren Kinderwunsch nicht verwirklichen können.
Es ist jedoch unabdingbar für den Erfolg der Adoption, dass das adoptierte Kind bedingungslos angenommen wird.

Für unfreiwillig kinderlose Paare ist es deshalb wichtig, dass sie vor der Adoption Abschied von dem Gedanken an ein leibliches Kind genommen haben. Das aufzunehmende Kind ist kein Ersatz für das leibliche Kind.

Persönlichkeit

Persönlichkeit der Adoptionsbewerber

´Die Fachkräfte sollen sich einen Einblick in die Persönlichkeitsstruktur der Bewerber verschaffen und dies unter besonderer Berücksichtigung des individuellen Selbstkonzeptes (Einstellungen, Wahrnehmungen zur eigenen Person, eigenes Verhalten) tun. Zu prüfende Eignungskriterien sind dabei insbesondere:

- *der Umgang mit ihrer ungewollten Kinderlosigkeit,*
- *der Umgang mit dem Verlust eines Kindes,*
- *die Fähigkeit, sich kognitiv flexibel auf die sich wandelnden Bedürfnislagen eines sich entwickelnden Kindes einzustellen (Rigidität/Flexibilität),*
- *Belastbarkeit/Frustrationstoleranz,*
- *Problemlösungsstrategien und Selbstkonzepte,*
- *die Fähigkeit, sich in den Anderen (hier vor allem das Kind) hineinzuversetzen (Feinfühligkeit/Empathie),*
- *Toleranz,*
- *emotionale Ausdrucksfähigkeit/Offenheit,*
- *Akzeptanz der Herkunftseltern,*

· Bereitschaft zur Aufklärung des Kindes über seine Abstammung und zum kontinuierlich offenen Umgang mit der Vorgeschichte des Kindes.` (6.4.2.1 der Empfehlungen)

Für die Sozialarbeiter der Vermittlungsstelle ist es ausgesprochen schwierig, diese Punke abzuklären. Wie soll in 2 - 3 Gesprächen herausgefunden werden, ob der Bewerber flexibel auf die sich wandelnden Bedürfnislagen eines sich entwickelnden Kindes reagieren kann? Wie kann geklärt werden, über welche Problemlösungsstrategien der Bewerber verfügt? Objektive Kriterien, anhand derer die Überprüfung erfolgen könnte, gibt es nicht. Da die Eignung ausschließlich in Gesprächen überprüft wird, haben es hier automatisch Bewerber sehr schwer, die über wenig sprachliche Ausdrucksfähigkeit verfügen.

➤ **Beispiel:**

Heinz Maurer und seine Frau Regina kommen zum Eignungsgespräch in die Adoptionsvermittlungsstelle. Heinz hat die Hauptschule besuchte, dann eine Tischlerlehre gemacht hat und ist jetzt nach Angaben des Paares sehr glücklich mit seiner Frau verheiratet.
Als er zu seinem Leben befragt wird, gibt er an, er sei rundum zufrieden, größere Probleme in seiner Kindheit habe es eigentlich nicht gegeben, mit seiner Kinderlosigkeit habe er keine Probleme und Kinder könne er gut erziehen. Er wolle ein Kind adoptieren, weil er finde, dass er gut mit Kindern klar komme.
Eine solche Aussage wird bei vielen Fachkräften auf Skepsis stoßen.
Hat sich der Bewerber etwa nicht mit seinen Problemen auseinandergesetzt? Deutet die Aussage, er könne Kinder gut erziehen, darauf hin, dass dem Bewerber die Probleme, die eine Auslandsadoption mit sich bringt, gar nicht bewusst sind? Verdrängt der Bewerber die Probleme seiner Kinderlosigkeit?

Dem Bewerber muss bewusst sein, dass die Entscheidung über seine Adoptionseignung eine höchst subjektive Einschätzung des Sozialarbeiters ist.
Die Einstellungen von Adoptionsvermittlern haben sich dabei im Laufe der Zeit sehr gewandelt.
Wenn ein Bewerber heute angäbe, er bezweifle, dass es adoptionsspezifische Probleme bei Kindern gäbe, würde er wohl überall abgelehnt werden. Als Napp-Peters 1978 in einer Studie Adoptionsvermittler befragte, ob es ihrer Meinung nach adoptionsspezifische Probleme bei Kindern gäbe, wurde die Frage nur von 20% der befragten Personen bejaht.[48] Mit Meinungen, die heute leicht zum Scheitern der Adoptionsbemühungen führen können, wäre der Bewerber vor 30 Jahren auf großes Verständnis gestoßen.

Kinder mit besonderen Bedürfnissen

'Die Adoption eines verhaltensauffälligen, traumatisierten, behinderten oder älteren Kindes setzt eine ausführliche Information und Vorbereitung, eine kontinuierlich angelegte Beratung und die aktive Unterstützung der künftigen Adoptiveltern auch über den Ausspruch der Adoption hinaus voraus.` (6.3.7 der Empfehlungen).

Die meisten Bewerber wünschen sich ein gesundes, nicht behindertes Kleinkind. Die häufig gehörte Behauptung, dies zeige, dass Adoptionsbewerber primär an ihren eigenen Interessen interessiert sind, ist schwer verständlich. Jedes Paar, das ein leibliches Kind bekommt, hofft, dass sein Kind gesund zur Welt kommt. Der Wunsch, ein gesundes Kind in der Familie zu haben, besteht wohl bei allen Eltern, unabhängig davon, ob es sich um leibliche Kinder oder Adoptivkinder handelt.
Viele Bewerber geben an, auch zur Aufnahme eines älteren Kindes oder eines Kindes mit Behinderungen bereit zu sein. Oft soll auf diese Weise - gegen die eigene Überzeugung - gegenüber dem Sozialarbeiter der Beweis erbracht werden, dass man es wirklich ernst mit der Adoption meint.

Für die Fachkraft besteht in diesen Fällen die Schwierigkeit, herauszufinden, ob die Bewerber tatsächlich bereit sind, ein Kind aufzunehmen, von dem zu erwarten ist, dass die Erziehung einige Probleme aufwirft.
Bei der Adoption eines älteren Kind beinhaltet ihre Elternaufgabe nicht nur *'Geborgenheit zu bieten und Vorbild zu sein, sondern mit der schwierigen und fehlenden gemeinsamen Vorgeschichte des Kindes fertig zu werden. Die Rolle dieser Adoptiveltern ist es, primär Entwicklungshelfer dieser Kinder zu sein und weniger erzieherisch prägend auf die Kinder zu wirken`.*[49]

Alleinstehende Bewerber

'Die Annahme eines Kindes durch eine alleinstehende Person bedarf der besonders eingehenden Kindeswohlprüfung. Eine Annahme kann sich vor allem anbieten bei

- *bereits länger währender, für das Kind bedeutsamer Beziehung, die einem Eltern-Kind-Verhältnis entspricht,*
- *Aufnahme eines verwandten Kindes,*
- *Kindern, für die auf Grund persönlicher Vorerfahrungen die Vermittlung zu einem Bewerberpaar nicht förderlich ist,*
- *Aufnahme eines Kindes, das von den leiblichen Eltern nur zur Adoption durch diese alleinstehende Person freigegeben wird, soweit dies keinen Rechtsmissbrauch darstellt.*
- *Bei Berufstätigkeit muss sichergestellt sein, dass die Bewerberin bzw. der Bewerber die Hauptbezugsperson ist und das Kind in stabilen sozialen Verhältnissen aufwachsen kann.*
- *Auf die Möglichkeit des Bezugs familienpolitischer Leistungen (z.B. Elterngeld) ist hinzuweisen.`*
  6.4.2.6 der Empfehlungen)

Grundsätzlich ist die Adoption durch eine nichtverheiratete Person rechtlich möglich.[50] Nichtverheiratete Bewerber haben es in der Regel sehr schwer, eine Adoptionsvermittlungsstelle davon zu überzeugen, dass sie zur Adoption geeignet sind. Hält sich der zuständige Sozialarbeiter an die Empfehlungen zur Adoptionsvermittlung, kommt eine Auslandsadoption vor allem in Betracht, wenn

- bereits ein Eltern - Kind Verhältnis besteht. Dies ist z.B. dann denkbar, wenn der Adoptionsbewerber bereits längere Zeit im Ausland mit dem Kind in einem Haushalt zusammengelebt hat,
- ein verwandtes Kind aufgenommen werden soll,
- eine Adoption in eine 'Vollfamilie' dem Kindeswohl nicht förderlich ist.

Es ist festzustellen, dass zunehmend mehr Adoptionsvermittler bereit sind, auch an nichtverheiratete Personen zu vermitteln. 1969 hatten in einer Untersuchung noch alle befragten Adoptionsvermittler die Vermittlung an Alleinstehende abgelehnt.[51]

Was bedeutet die Ablehnung der Eignung?

Wie geht man als Bewerber mit der Mitteilung der Vermittlungsstelle um, die Überprüfung habe ergeben, dass eine Eignung zur Adoption eines Kindes nicht bestehe?

In jedem Fall ist dies ein günstiger Zeitpunkt für folgende Überlegungen:

- Halte ich mich selbst wirklich für geeignet, ein Kind zu adoptieren?
- Habe ich das Gefühl, dass ich eigentlich ganz anders bin, als mich die Fachkraft der Adoptionsvermittlungsstelle einschätzt?
- Beruht die Ablehnung auf Gründen, die ich ändern kann? So kann man an einer fehlenden finanziellen Basis leichter etwas ändern als an einer Ablehnung wegen Krankheit des Bewerbers.
- Beziehen sich die Ablehnungsgründe eher darauf, dass ich nicht zu dieser Adoptionsvermittlungsstelle passe, oder werde ich generell für ungeeignet befunden?

Bewerber sollten sich darüber im Klaren sein, dass die Ablehnung ein subjektives Urteil der Fachkraft ist und das Ergebnis der Eignungsüberprüfung ganz wesentlich von den Einstellungen des zuständigen Adoptionsvermittlers abhängt. Auch wenn sich die meisten Sozialarbeiter darum bemühen, menschliche Wahrnehmungen wie Sympathie oder Antipathie möglichst auszuschalten, so ist es doch unrealistisch anzunehmen, dass jede persönliche Empfindung außen vor gelassen wird. Eine Ablehnung kann deshalb auch durchaus darauf beruhen, dass die Chemie zwischen Bewerber und Sozialarbeiter einfach nicht stimmt.

Die notwendigen Unterlagen

Der Beschaffung von Unterlagen kommt im Adoptionsverfahren eine überragende Bedeutung zu. Ein Adoptionsbewerber kann überaus geeignet sein – wenn er es nicht schafft, die geforderten Unterlagen beizubringen, wird die Adoption scheitern. Gerade ausländische Stellen achten mitunter peinlichst auf die Einhaltung von Vorschriften.

Da kann es den Bewerbern schon passieren, dass plötzlich mitten im Verfahren neue Dokumente besorgt werden müssen und währenddessen die bereits mühsam zusammengestellte Dokumentensammlung veraltet und ihre Gültigkeit verliert.

Der Fragebogen

Von vielen Adoptionsvermittlungsstellen wird an die Adoptionsbewerber nach dem ersten telefonischen Kontakt oder später im Laufe des Verfahrens ein Fragebogen verteilt, der dann ausgefüllt und zurückgeschickt werden muss.

Häufig findet man solche Fragen:

- Versuchen Sie zu beschreiben, warum Sie ein Kind adoptieren wollen.
- Haben Sie bereits Kontakt oder Erfahrungen mit ausländischen Kindern oder Familien?
- Welche intensiveren Beziehungen zu anderen Ländern (außer Urlaubsreisen) haben Sie bereits?
- Aus welchem Kulturraum könnten sie sich die Aufnahme eines Kindes vorstellen und warum?
- Gibt es Länder oder Kulturräume, aus denen Sie kein Kind aufnehmen würden?
- Können Sie sich die Aufnahme eines farbigen Kindes vorstellen?
- Können Sie sich vorstellen ein Kind aufzunehmen, dass sich – auch später – äußerlich von anderen Kindern unterscheidet?
- Welche Gründe haben Sie bewogen, sich für die Aufnahme eines ausländischen Kindes zu bewerben?
- Welche Erwartungen und Hoffnungen verbinden Sie mit der Adoption eines ausländischen Kindes?
- Welche Unterschiede sehen Sie zwischen der Adoption eines inländischen und eines ausländischen Kindes?
- Wie werden vermutlich Ihre Eltern, Verwandten, Freunde und Nachbarn reagieren, wenn Sie ein fremdländisch aussehendes Kind aufgenommen haben?
- Welche Vorbehalte können Fremde einem Kind aufgrund seiner Herkunft entgegenbringen?
- Welche Vorbehalte gegenüber anderen Menschen, die Ihnen fremd sind, haben Sie bei sich selbst schon beobachtet?
- Wie, glauben Sie, kommen Sie damit zurecht, wenn Ihr Kind als ´Kanake` oder ´Schlitzauge` beschimpft wird?
- Wie kommen Sie damit zurecht, wenn Sie als ´Negerhure` oder ´gehörnter Ehemann` beschimpft werden?
- Wie können Sie das Selbstbewusstsein des Kindes stärken, damit es sich gegen Anfeindungen wehren kann?
- Wie stehen Sie dazu, dass das angenommene Kind sein Leben lang eine besondere Beziehung zu seinem Herkunftsland haben wird?
- Viele Kinder sind durch die Erfahrung von Krieg, Angst und Hunger in ihrem

Heimatland geprägt. Können Sie sich vorstellen, ein solches Kind aufzunehmen?
- Welche Schwierigkeiten erwarten Sie?
- Was wird sich in ihrem Leben durch die Adoption verändern?
- Wo sehen Sie Ihre Möglichkeiten und Grenzen?
- Welche Wünsche haben Sie bezüglich des aufzunehmenden Kindes?
- Welche Auffälligkeiten in der Herkunftsfamilie des Kindes würden Sie ängstigen (z.B. Drogenabhängigkeit, Prostitution, Alkoholabhängigkeit, Krankheiten) ?
- Können Sie sich vorstellen, nach Abschluss der Adoption den leiblichen Eltern Briefe, Photos oder Ähnliches zukommen zu lassen?
- Können Sie sich vorstellen, die leiblichen Eltern persönlich kennen zu lernen?
- Was bedeutet es für Sie, wenn das Kind später seine leiblichen Eltern kennenlernen will?
- Welche Erfahrungen haben Sie bereits mit Auslandsadoptionen?
- Sind Sie dazu bereit und in der Lage, zur Adoption des Kindes in dessen Heimatland zu reisen?
- Es kommt bei Adoptionen aus dem Ausland häufig vor, dass keine ausreichenden Informationen zur Vorgeschichte des Kindes vorliegen. Dies bedeutet, dass bei späteren Erkrankungen unter Umständen keine genügenden Prognosen getroffen werden können. Ist eine Adoption für Sie dennoch vorstellbar?

Für die Fragen steht genügend Zeit zur Verfügung. Die Adoptionsbewerber können zu Hause in aller Ruhe überlegen, wie sie zu den einzelnen Punkten Stellung nehmen. Dabei ist es wichtig, seine eigenen Möglichkeiten realistisch einzuschätzen.
Vielfach fürchten die Bewerber, dass sie bei der Äußerung von Ängsten und Bedenken als ungeeignet erscheinen. Wer bei einer so risikoreichen Angelegenheit wie der Adoption eines fremden Kindes keine Ängste hat, macht sich allerdings schnell unglaubwürdig.

Der Lebensbericht

Von den meisten Adoptionsvermittlungsstellen wird verlangt, dass jeder Bewerber (bei Paaren also beide) einen Lebensbericht abgibt.

Darunter versteht man eine Art Lebenslauf, der folgende Punkte enthalten sollte:
- Eigene Herkunft ('Ich wurde am .... in .... als Kind des .... und der ..... geboren)
- Anzahl der Geschwister
- Beruf der Eltern
- Kindheit und Jugend
- Schulische Laufbahn
- Verhältnis zu Eltern und Geschwistern
- Berufsweg

- Partnerschaft
  (Frühere Partnerschaften, wo wurde der jetzige Partner kennen gelernt, seit wann besteht die Partnerschaft, wann wurde geheiratet, wie ist das Verhältnis zum Partner)
- Warum ist die Partnerschaft kinderlos?
- Wie ist dies gemeinsam verarbeitet worden?
- Warum haben sich die Bewerber für eine Adoption entschieden?
- Welche Vorstellungen haben die Bewerber von Adoption und Erziehung?
- Zukunftsprognosen

Das wichtigste am Lebensbericht ist es, dass der Leser sieht, dass sich hier jemand mit seinem Leben auseinandersetzt. Es sollte also durchaus zu erkennen sein, dass der Bewerber sich Gedanken über sein Leben macht und dass er auch schwierige Zeiten durchgemacht hat.

Der Adoptionseignungsbericht

Das wichtigste Dokument im Adoptionsverfahren ist der Adoptionseignungsbericht. Unabhängig davon, in welchem Land oder in welchem Verfahren ein Kind adoptiert werden soll – ohne Adoptionseignungsbericht geht es nicht.

Wer darf einen Adoptionseignungsbericht ausstellen?
Grundsätzlich ist nach § 7 Adoptionsvermittlungsgesetz hierfür die örtliche Adoptionsvermittlungsstelle zuständig.

Das örtliche Jugendamt
'Auf Antrag prüft die örtliche Adoptionsvermittlungsstelle die allgemeine Eignung der Adoptionsbewerber mit gewöhnlichem Aufenthalt in ihrem Bereich zur Annahme eines Kindes mit gewöhnlichem Aufenthalt im Ausland. Hält die Adoptionsvermittlungsstelle die allgemeine Eignung der Adoptionsbewerber für gegeben, so verfasst sie über das Ergebnis ihrer Prüfung einen Bericht, in dem sie sich über die rechtliche Befähigung und die Eignung der Adoptionsbewerber zur Übernahme der mit einer internationalen Adoption verbundenen Verantwortung sowie über die Eigenschaften der Kinder äußert, für die zu sorgen diese geeignet wären.
Der Bericht enthält die zu der Beurteilung nach Satz 2 erforderlichen Angaben über die Person der Adoptionsbewerber, ihre persönlichen und familiären Umstände, ihren Gesundheitsstatus, ihr soziales Umfeld und ihre Beweggründe für die Adoption. Den Adoptionsbewerbern obliegt es, die für die Prüfung und den Bericht benötigten Angaben zu machen und geeignete Nachweise zu erbringen. Absatz 1 Satz 4 gilt entsprechend. Der Bericht wird einer von den Adoptionsbewerbern benannten Empfangsstelle zugeleitet; Empfangsstelle kann nur sein:
1. eine der in § 2 a Abs. 3 und § 15 Abs. 2 genannten Stellen oder
2. eine zuständige Stelle mit Sitz im Heimatstaat.'

Der Bewerber wird also mit seinem Jugendamt Kontakt aufnehmen, und dort anfragen, welche Adoptionsvermittlungsstelle für seinen Ort zuständig ist.
Jeder Adoptionsbewerber hat einen Anspruch darauf, dass seine Eignung vom Jugendamt überprüft wird.

➤ **Beispiel:**

Familie Kloppberger beantragt beim Stadtjugendamt München einen Adoptionseignungsbericht für die Adoption eines Kindes aus Marokko. Das Stadtjugendamt weigert sich jedoch mit der Begründung, in Marokko gebe es keine Adoptionen.

Jeder hat Anspruch auf einen Adoptionseignungsbericht

Die Weigerung des Amtes ist rechtswidrig.[52] Es ist nicht Aufgabe des Jugendamtes, eine Adoption von vorneherein dadurch unmöglich zu machen, dass sie unter Hinweis auf das Recht eines anderen Staates ihre Mitwirkung nach dem Adoptionsvermittlungsgesetz verweigert. Auch wenn das Recht des anderen Staates keine Adoption kennt, so ist doch statt des ausländischen Rechts das deutsche Recht anzuwenden,[53] soweit es zum Wohl des Kindes erforderlich ist. Es ist deshalb durchaus vorstellbar, dass die Adoption dennoch gelingt. Dem darf ein Jugendamt nicht dadurch vorgreifen, dass es den Adoptionseignungsbericht nicht erstellt.
Stellt sich bei der Überprüfung heraus, dass die Bewerber nicht geeignet sind, so steht ihnen dagegen der Rechtsweg offen. Die Erfolgsaussichten einer Klage sind jedoch nicht allzu hoch, denn nach der Rechtsprechung haben die Adoptionsvermittlungsstellen bei der Beurteilung einen erheblichen Ermessensspielraum.[54]

Sinnvoller ist es, sich mit den freien Adoptionsvermittlungsstellen in Verbindung zu setzen. Die Tatsache, dass die Eignung vom Jugendamt verneint wurde, heißt noch nicht, dass auch die anderen Stellen zu dem gleichen Ergebnis kommen. Es kann also durchaus sein, dass das abgelehnte Bewerberpaar zur Adoptionsvermittlungsstelle eines freien Trägers geht, dort die Adoptionseignung erhält und anschließend adoptiert.

Freie Adoptionsvermittlungsstellen

Die meisten Adoptionsvermittlungsstellen der freien Träger erstellen auch selbst Adoptionseignungsberichte. Falls sich der Bewerber hierfür interessiert, empfiehlt sich die telefonische Nachfrage bei der Adoptionsvermittlungsstelle, mit der die Adoption durchgeführt werden soll, ob auch von dort ein Adoptionseignungsbericht erstellt werden kann.

Deutsche mit gewöhnlichem Aufenthalt im Ausland

Es kommt relativ häufig vor, dass Deutsche ihren gewöhnlichen Aufenthalt im Ausland haben und dort eine Adoption durchführen wollen.

➤ Beispiel:

Die Entwicklungshelferin Maria Schneider lebt und arbeitet seit mehreren Jahren in Ghana, wo sie auch ihren gewöhnlichen Aufenthalt hat. Seit 2 Jahren sorgt sie für ein elternloses Mädchen, das ihr so sehr ans Herz gewachsen ist, das sie es nunmehr adoptieren will. Frau Schneider kann nicht zu einem deutschen Jugendamt gehen, da sie ihren gewöhnlichen Aufenthalt nicht in Deutschland hat. Sie kann lediglich eine Bescheinigung von der Bundeszentralstelle beantragen.

§ 7 Abs. 4 regelt hier:
'Auf Antrag bescheinigt die Bundeszentralstelle für Auslandsadoption deutschen Adoptionsbewerbern mit gewöhnlichem Aufenthalt im Ausland, ob diese nach den deutschen Sachvorschriften die rechtliche Befähigung zur Annahme eines Kindes besitzen. Die Bescheinigung erstreckt sich weder auf die Gesundheit der Adoptionsbewerber noch auf deren sonstige Eignung zur Annahme eines Kindes; hierauf ist im Wortlaut der Bescheinigung hinzuweisen. Verweisen die Bestimmungen des Internationalen Privatrechts auf ausländische Sachvorschriften, so ist auch die maßgebende ausländische Rechtsordnung zu bezeichnen.'

Deutsche im Ausland haben es schwer, einen Adoptionseignungsbericht zu erhalten

Der Antrag kann von Ehepartnern nur gemeinsam, sowie von nichtverheirateten Einzelpersonen gestellt werden. Bei Verheirateten ist der Antrag von beiden Ehepartnern zu unterschreiben. Es ist der derzeitige gewöhnliche Aufenthalt (der Ort an dem die Antragsteller ihren Lebensmittelpunkt haben) im Ausland nachzuweisen. Der Nachweis erfolgt durch eine Abmeldebescheinigung des deutschen Wohnsitzes, einen Aufenthaltsnachweis im Ausland o.ä.

Dem Antrag sind beizufügen:

- eine Erklärung über den Familienstand, bei Ehepartnern eine beglaubigte Abschrift der Heiratsurkunde,
- ein Nachweis des gewöhnlichen Aufenthalts im Ausland,
- eine beglaubigte Abschrift des Nachweises der Staatsangehörigkeit, soweit sich dieser nicht aus der Meldeauskunft ergibt (zum Beispiel: beglaubigte Abschrift/Fotokopie des aktuellen Personalausweises oder Reisepasses).

Anschrift der Bundeszentralstelle:

Bundeszentralstelle für Auslandsadoption
Adenauerallee 99 - 103
53113 Bonn
Telefon: 022899410-5414
Fax: 0228/99410-5402
E-Mail: auslandsadoption@bfi.bunde.de

Bescheinigt wird lediglich die rechtliche Befähigung.
Einem Adoptionsbewerber, der von der ausländischen Behörde aufgefordert wird, einen Adoptionseignungsbericht samt Stellungnahme zur Eignung vorzulegen, hilft dies nur wenig. Frau Schneider kann deshalb nur hoffen, dass sich die Behörde in Ghana mit dem vorgelegten Dokument begnügt und keinen umfassenden Adoptionseignungsbericht fordert.

Der richtige Zeitpunkt für die Beantragung des Adoptionseignungsberichtes

In den meisten Ländern darf der Adoptionseignungsbericht nicht älter als 6 Monate sein

Wann genau der richtige Zeitpunkt gekommen ist, den Adoptionseignungsbericht zu beantragen, hängt jeweils vom Einzelfall ab.
Die Adoptionsbewerber sollten dabei nicht aus den Augen verlieren, dass nach den Vorschriften der meisten Länder der Adoptionseignungsbericht nicht älter als 6 Monate sein darf. Es kann deshalb leicht passieren, dass Schwierigkeiten bei der Beschaffung von Unterlagen auftauchen und der Bericht zwar erstellt ist, aber wegen Ablauf der 6-Monatsfrist ungültig wird.

Zweck des Adoptionseignungsberichtes

Die meisten Adoptionsbewerber empfinden das Verfahren, bis der Adoptionseignungsbericht erstellt ist, als Stress und Eingriff in die Privatsphäre. Viele fragen sich, weshalb sie selbst die intimsten Details offen legen müssen, während es auf der anderen Seite genügend Familien am Rand der Gesellschaft gibt, für die sich offensichtlich niemand interessiert.
Diese Klagen helfen jedoch nicht weiter. Der Adoptionseignungsbericht wird verlangt - ob es den Bewerbern gefällt oder nicht.
Wer ein Kind aus dem Ausland adoptieren will, muss sich deshalb notwendigerweise dem Verfahren stellen.

Sinn und Zweck des Adoptionseignungsberichtes ist es
- die Ergebnisse der Eignungsprüfung zusammenzufassen und
- als Grundlage dafür zu dienen, für ein Kind die richtigen Eltern zu finden.

Anspruch auf Adoptionseignungsbericht

Auf die Überprüfung der Eignung haben die Adoptionsbewerber einen Rechtsanspruch. Hält die Adoptionsvermittlungsstelle die allgemeine Eignung der Adoptionsbewerber für gegeben, so verfasst sie über das Ergebnis der Prüfung einen Bericht.[55]
Im Umkehrschluss bedeutet dies, dass die Adoptionsvermittlungsstelle dann keinen Bericht verfassen muss, wenn sie die Eignung der Bewerber für nicht gegeben hält. Es besteht somit kein Anspruch auf einen Adoptionseignungsbericht, sondern lediglich ein Anspruch auf Überprüfung.

➤ **Beispiel:**

Das Ehepaar Schmidt hat große Sorgen mit dem Jugendamt. Nachdem sie mehrere Gespräche mit der zuständigen Fachkraft geführt haben und auch ein Hausbesuch durchgeführt worden war, weigert sich das Jugendamt, einen Adoptionseignungsbericht zu erstellen, da eine Eignung nicht gegeben sei. Die Schmidts sind hier in einer ungünstigen Situation. Wenn sich das Jugendamt auf den Standpunkt stellt, die Bewerber seien für eine Adoption nicht geeignet, bleibt nur der Klageweg, der allerdings selten von Erfolg gekrönt ist.

Von Klagen gegen eine ablehnende Entscheidung ist abzuraten

Die Gerichte vertreten hier meist den Standpunkt, dass es sich beim Begriff der Eignung um einen unbestimmten Rechtsbegriff handele, der nur eingeschränkt der richterlichen Kontrolle unterliege. Zu überprüfen sei nur, ob keine sachfremden Erwägungen eingeflossen sind und die Leistungsadressaten in umfassender Weise beteiligt worden sind.[56] Im Ergebnis bedeutet dies, dass Klagen gegen ein negatives Ergebnis der Eignungsprüfung in der Regel keinen Erfolg haben.

Die Gespräche mit der Fachkraft der Adoptionsvermittlungsstelle

Üblicherweise findet zwischen Adoptionsvermittlungsstelle und Adoptionsbewerbern eine Reihe von Gesprächen statt (meist 2-3), die zwischen einer Stunde und drei Stunden dauern. Mindestens ein Gespräch wird in der Wohnung der Adoptionsbewerber geführt. Beide Partner sollten anwesend sein.

Hier ist Folgendes zu beachten:

- Entspannen Sie sich und bleiben sie locker.
- Machen Sie sich keine Sorgen darüber, ob sie perfekt sind oder nicht.
- Versuchen Sie nicht jemanden darzustellen, der sie nicht sind.
- Natürlich sollte die Wohnung aufgeräumt und sauber sein. Es ist allerdings nicht Zweck des Gespräches, einen perfekt gestalteten Raum zu prämieren, sondern es geht darum, herauszufinden, ob ein Kind sich hier wohlfühlen könnte.
- Seien Sie darauf vorbereitet, persönliche Fragen zum Thema eigene Kindheit, Einkommen, Gesundheit, Kinderlosigkeit und Erziehung zu diskutieren.
- Wenn Ihnen auf eine Frage nicht die passende Antwort einfällt, brauchen Sie nicht in Panik zu geraten. Entscheidend ist der Gesamteindruck und nicht eine einzelne Frage.
- Es wird im Gespräch nicht verlangt, dass der Bewerber Kontoauszüge oder dergleichen vorlegt oder seine Schränke öffnet.
- Es geht darum, ein Gespräch in angenehmer Atmosphäre zu führen, bei dem die Fachkraft den Bewerber näher kennenlernen kann.

Inhalt des Adoptionseignungsberichtes

Der genaue Inhalt des Berichtes hängt davon ab,

- in welchem Land die Adoption durchgeführt werden soll,
- welche Details der zuständige Adoptionsvermittler für erwähnenswert hält.

Grundsätzlich ist davon auszugehen, dass der Bericht entsprechend den Vorgaben des Bayerischen Landesjugendamtes folgende Inhalte hat:

1. Persönliche Daten (Personalien)

- Namen, Vornamen, Geburtsdatum, Geburtsort, Staatsangehörigkeit, Religionszugehörigkeit,
- Datum der Eheschließung, evtl. Namen und Geburtsdaten vorhandener Kinder, Adresse

2. Informationsgrundlage

- 2.1 Schriftliche Belege z.B. Fragebögen, Lebensläufe, Bescheinigungen, fachärztliche oder psychologische Gutachten usw.
- 2.2 Gesprächskontakte, Ort, Zeitpunkt, Dauer und Gesprächsteilnehmer, Dauer und Inhalt von Bewerberseminaren, -kursen usw.

3. Gesprächsinhalte und Beobachtungen

- Kurze biographische Darstellung der Lebensläufe (zuerst getrennt, nach Eheschließung gemeinsam)
- Motivation zur Adoption (individuelle Motive, Kinderlosigkeit)
- Umgang/Verarbeitung der eigenen Kinderlosigkeit (Selbsteinschätzung, Bewältigungsmechanismen)
- Derzeitige Lebenssituation (evtl. gem. Darstellung der Familiensituation, Wohnverhältnisse und wirtschaftliche Verhältnisse)
- Soziale Beziehungen und Partnerschaft (Belastungs- und Entlastungsfaktoren durch das soziale Netzwerk, Reaktionen der Familie, Freunde, Bekannte auf die Absicht der Bewerber, ein fremdes Kind bei sich aufzunehmen, Problemlösungsverhalten, Umgang mit Krisen, Kommunikation, Kontakte und Aktivitäten)
- Lebensplanung und Lebenszufriedenheit (Zufriedenheit über bisherigen Lebensverlauf, weitere Lebensplanung, alternative Lebensplanung)

4. Vorstellungen zum Kind

- Individuelle Vorstellungen der Bewerber über das aufzunehmende Kind
- Vorstellungen über das konkrete Herkunftsland
- Überlegungen zur Bewältigung der spezifischen Anforderungen

5. Erziehungsvorstellungen

- Individuelle Erziehungsziele und deren Begründung
- Vorstellungen über persönlichen Erziehungsstil
- Erziehungswissen
- Vorstellungen über Möglichkeiten und Grenzen erzieherischen Handelns
Erfahrungen im Umgang mit Kindern
- Einstellung zur Annahme von Unterstützungsmöglichkeiten (z.B. Therapien)

6. Weitere Gesprächsinhalte

Insbesondere können Stellungnahmen der Bewerber zu den in den Gesprächen problematisierten Persönlichkeitsaspekten abgebildet werden.

7. Fachliche Würdigung

8. Gesamtbeurteilung und konkrete Stellungnahme zur Adoptionsgeeignetheit
Aus dem Bericht muss deutlich werden, dass sich die Bewerber eingehend mit der Thematik der Adoption eines fremdländischen Kindes auseinandergesetzt haben. Er äußert sich auch über die Eigenschaften und besonderen Bedürfnisse der Kinder, für die zu sorgen die betreffenden Bewerber geeignet wären. Ein mögliches Aufbauschema findet sich im Anhang 1 zu diesen Empfehlungen. Manche Herkunftsstaaten haben eigene Anforderungen an den Aufbau und die Inhalte des Berichts.
(Entnommen aus: Empfehlungen zur Adoptionsvermittlung 2006)

Ärztliches Gutachten

Soweit der Bewerber nicht an wirklich ernsthaften Krankheiten leidet, ist die Erstellung eines ärztlichen Gutachtens eine reine Formalität. Dennoch können auch hier Schwierigkeiten auftreten.

➤ **Beispiel:**

Der Adoptionsbewerber Lohmeier hat starkes Übergewicht. Alle Versuche, sein Gewicht zu reduzieren, sind bislang nicht von Erfolg gekrönt gewesen. Dennoch sieht er keinen Grund, weshalb dies für eine Adoption eine Rolle spielen soll, da er schließlich so gut wie nie krank sei. Da die Adoptionsvermittlungsstelle jedoch Zweifel hat, ob Herr Lohmeier tatsächlich in gesundheitlich guter Verfassung ist, verpflichtet sie ihn, die gutachterliche Stellungnahme eines Amtsarztes vorzulegen.

Manche Länder verlangen von den Bewerbern einen HIV-Test

Man sollte immer genau darauf achten, dass die Untersuchungen durchgeführt werden und die Bescheinigungen erstellt werden, die in dem betreffenden Land verlangt werden. So ist es z.B. in manchen Ländern erforderlich, im ärztlichen Attest zu erwähnen, dass der Bewerber frei von HIV oder Aids ist. Für manche Länder ist eine Blutuntersuchung erforderlich, für andere nicht. Es ist deshalb immer wichtig, rechtzeitig im Vorfeld abzuklären, welche Untersuchungen durchgeführt werden müssen.

Polizeiliches Führungszeugnis

Führungszeugnisse werden vom Bundeszentralregister erteilt. Anträge werden bei der örtlichen Meldebehörde (Bürgerbüro) gestellt. Eine Beantragung über das Internet ist nicht möglich.

Wenn das Führungszeugnis mit einer Überbeglaubigung versehen werden soll, muss dies bei der Beantragung mit angegeben werden. Von manchen Ländern wird zusätzlich eine 'Apostille' verlangt, die vom Bundesverwaltungsamt in Köln zusätzlich nach der Überbeglaubigung auf dem Führungszeugnis angebracht wird. Es ist empfehlenswert, gleich bei der Beantragung anzugeben, dass eine Apostille benötigt wird, damit der Antrag an den Sachbereich 'Internationale Rechtshilfe' beim Bundeszentralregister geschickt werden kann.

Bundesamt für Justiz
Bundeszentralregister
Adenauerallee 99 - 103
53113 Bonn
Tel: 0228 99 410-40

(Bei Fragen zur Beantragung von Führungszeugnissen aus dem Ausland sowie zu Überbeglaubigungen: Tel: 0228-99 410-5668)

Im Ausland lebende Antragsteller können den Antrag direkt beim Bundeszentralregister stellen. Sie müssen ihre Identität nachweisen und können sich bei Antragstellung nicht durch eine bevollmächtigte Person vertreten lassen. Der Antrag muss die vollständigen Personendaten enthalten und muss persönlich unterschrieben sein. Bei Antragstellungen aus dem Ausland müssen die Personendaten und die Unterschrift amtlich bestätigt sein. Die amtliche Bestätigung kann durch eine deutsche diplomatische oder konsularische Vertretung oder durch eine ausländische Behörde oder einen Notar erteilt werden.

Das Führungszeugnis gibt darüber Auskunft, welche Vorstrafen des Antragstellers im Bundeszentralregister geführt werden. Ob und wie lange diese Eintragungen gespeichert und Auskünfte darüber erteilt werden, ergibt sich aus den Vorschriften zum Bundeszentralregistergesetz.
Wird das Führungszeugnis zur Vorlage bei einer Behörde beantragt, wird es direkt dorthin übersandt.[57] Die Behörde hat auf Verlangen Einsicht in das Führungszeugnis zu gewähren. Wenn das Führungszeugnis jedoch Einträge enthält, kann der Bewerber verlangen, dass es zunächst an ein von ihm benanntes Amtsgericht (das dem Wohnort des Bewerbers nächstgelegene Amtsgericht) zur Einsichtnahme durch ihn übersandt werden soll. Er kann dann dort einsehen, welche Einträge vorhanden sind und darüber entscheiden, ob das Führungszeugnis an die Behörde weitergeleitet oder vom Amtsgericht vernichtet werden soll.

Abschrift aus dem Familienbuch

Das Familienbuch ist etwas anderes als das Stammbuch der Familie

Das Familienbuch ist eine Karteikarte, auf welcher Angaben zum Ehepaar, seiner Eheschließung, seiner Eltern, der Staatsangehörigkeit, den gemeinsamen Kindern und seiner Namensführung vermerkt sind. Es ist nicht zu verwechseln mit dem Stammbuch der Familie.
Eine beglaubigte Abschrift aus dem Familienbuch wird beim Standesamt beantragt und kostet 8 EUR für die erste Anfertigung und für gleichzeitig bestellte weitere Ausfertigungen 4 EUR.

Einkommensnachweis

Problematisch ist hier, dass manche Länder eine notarielle beglaubigte Lohn- oder Gehaltsbescheinigung verlangen. Es stellt sich dabei oft die Frage, wer den Arbeitgeber vertritt. Der Vorstandsvorsitzende von Siemens wird wenig Bedürfnis verspüren, zum Notar zu fahren, um dort eine Erklärung für jemanden abzugeben, den er vermutlich noch nie gesehen hat. Auch der Personalchef hat in größeren Organisationen hierzu meist weder Lust noch Zeit. Es ist deshalb mitunter recht mühsam, in der Firma einen Vorgesetzten zu finden, der die Erklärung unterzeichnen kann und sich hierzu auch bereit erklärt.

Bei beruflich selbständigen Adoptionsbewerbern besteht die Schwierigkeit, dass wegen steuerlicher Abschreibungsmöglichkeiten der Gewinn oft sehr spärlich ausfällt oder gar nicht vorhanden ist. Hier kann es nützlich sein, eine Bescheinigung des Steuerberaters vorzulegen, aus der hervorgeht, wie sich die Einkommenssituation und die Stabilität des Unternehmens darstellen.

Vorabzustimmung der Ausländerbehörde

Falls für die Einreise des Adoptivkindes nach Deutschland ein Visum erforderlich ist, muss dieses von der zuständigen deutschen Auslandsvertretung ausgestellt werden. Damit das Visum erteilt werden kann, ist nach § 31 Aufenthaltsverordnung die Zustimmung der für den vorgesehenen Aufenthalt zuständigen Ausländerbehörde erforderlich. Das gilt allerdings nur für Ausländer. Deutsche brauchen für die Einreise nach Deutschland kein Visum. Hat das Kind bereits durch die Adoption im Ausland nach § 6 Staatsangehörigkeitsgesetz die deutsche Staatsangehörigkeit erworben, so ist eine Visumserteilung nicht mehr nötig.

Die Reise ins Ausland

Die Reise ins Ausland ist der Moment, auf den die Eltern lange gewartet und den sie sehnlichst herbeigesehnt haben. Sie sind glücklich und angespannt zugleich und können es kaum erwarten, endlich ihr Kind in die Arme nehmen zu dürfen.
Wenn die Adoption über eine der staatlich anerkannten Vermittlungsstellen privater Träger erfolgt, ist die Reisevorbereitung kein großes Problem. Die Anforderung an die Eltern beschränkt sich meist darauf, einen Flug zu organisieren. Die Vermittlungsstelle kümmert sich darum, dass ein geeignetes Hotel gefunden wird und sich die Eltern vor Ort zum richtigen Zeitpunkt bei der richtigen Behörde einfinden.
Bei allen anderen Adoptionen müssen sich die Eltern selbst um diese Dinge kümmern.

Zahlreiche Ratgeber für Reisen ins Ausland geben wertvolle Ratschläge, auf welche Gefahren zu achten ist und was der Reisende unbedingt beachten muss. Wenn das Kind aus einem Land kommt, das wegen seiner unsicheren politischen Lage oder seiner hohen Kriminalitätsrate gefährlich für Touristen ist, kann im Vorfeld der Rat des Auswärtigen Amtes eingeholt werden.

Reisewarnung des Auswärtigen Amtes

Auf der Internetseite:
http://www.auswaertiges-amt.de
finden sich Reisewarnungen für bestimmte Länder.

So erging etwa 2009 eine Reisewarnung für Haiti mit den Worten:
'Vor Reisen nach Haiti wird gewarnt. Haiti ist das ärmste Land der westlichen Hemisphäre und gehört zur Gruppe der am wenigsten entwickelten Länder. Die Sicherheitslage in Haiti bleibt trotz einiger Fortschritte bei der Bekämpfung der Bandenkriminalität schlecht, die Gewaltkriminalität ist insbesondere in der Hauptstadt Port-au-Prince hoch. Bewaffnete Banden schrecken nicht vor Entführungen zur Erpressung eines Lösegeldes zurück. Betroffen ist neben der Hauptstadt auch Cap Haitien. Es wurden auch schon Ausländer in besseren Wohnvierteln wie dem Hauptstadtvorort Pétionville entführt.'

Solche Warnungen sollten nicht auf die leichte Schulter genommen werden. In diesen Fällen ist es nicht möglich, das Heimatland des Kindes näher kennen zu lernen.
In allen anderen Fällen sollte die Reise jedoch dazu genutzt werden, so viel Informationen wie möglich über das Land, seine Menschen und das Umfeld, in dem das Kind bisher gelebt hat, zu erhalten. Der Aufenthalt bietet die einmalige Gelegenheit, sich mit der Mentalität der Menschen vertraut zu machen, das Land etwas kennen zu lernen, die Bedingungen zu sehen, unter denen die Menschen leben müssen etc.
Die Zeit ist deshalb zu kostbar, um in einem teuren Hotel darauf zu warten, dass die Adoptionsformalitäten erfüllt sind.

Während des Adoptionsverfahrens sollte darauf geachtet werden

- rücksichtsvoll und bescheiden aufzutreten. Adoptiveltern, die freundlich und zurückhaltend auftreten, sind gute Botschafter ihres Landes, die die Verantwortlichen vor Ort darin bestärken, dass es eine gute Entscheidung ist, Kinder in die Obhut von Ausländern zu geben. Mitunter geschieht es auch im Ausland, dass Formalitäten länger dauern als ursprünglich geplant und sich die vorgesehenen Planungen dadurch nicht einhalten lassen. Man sollte sich dann in Erinnerung rufen, dass es auch bei deutschen Behörden vorkommt, dass Termine nicht eingehalten werden.
- Soviel Informationen wie möglich über das Kind und seine Lebensgeschichte zu sammeln. Es sollten Gespräche mit möglichst vielen Betreuern, Ärzten und evtl. Verwandten geführt werden. Wenn möglich können kurze Gesprächsnotizen mit einem Photo des Gesprächspartners in einem Adoptionstagebuch zusammengefasst werden. Das Buch dient später als wichtige Erinnerungs-

stütze für zahlreiche Kleinigkeiten, die leicht in Vergessenheit geraten.
- In der Regel hat das Kind keinerlei Besitztümer außer der Bekleidung, die es am Körper trägt. Dieses und ein gemeinsam vor Ort erworbenes Andenken sind später oft ein wertvoller Schatz und müssen deshalb sorgsam aufbewahrt werden.

Impfungen

Dt. Gesellschaft f. Tropenmedizin

Informationen über die einzelnen Impfungen sind auf der Internetseite der Deutschen Gesellschaft für Tropenmedizin und internationale Gesundheit e.V. abrufbar: http://dtg.org/impfungen.htm

Hier finden sich Informationen über die Impfungen gegen:

- Cholera
- Diphtherie
- FSME
- Gelbfieber
- Hepatitis A
- Hepatitis B
- Influenza
- Japanische Enzephalitis
- Masern
- Meningokokken- Meningitis
- Pneumokokken
- Poliomyelitis
- Tetanus
- Tollwut
- Typhus

Spezielle Informationen zur Malariaprophylaxe mit einer speziellen Länderliste, in der auf die Erfordernisse im jeweiligen Land eingegangen wird findet man unter: http://dtg.org/laender.htm

Darüber hinaus sind alle tropenmedizinischen Institute kompetente Berater bei der Reisevorbereitung.

Institut für Tropenmedizin – Berlin Spandauer Damm 130, 14050 Berlin	Tel: 030-30116-6
Infektiologie Charité Augustenburger Platz 1, 13353 Berlin	Tel: 030-450-553052
Institut für Medizinische Parasitologie der Universität Bonn Siegmund-Freud-Straße 25, 53127 Bonn	Tel: 0228-2875673
Institut für Tropenmedizin Dresden Friedrichstr. 41, 01067 Dresden	Tel: 0351-480-3801
Tropenmediz. Ambulanz der Uniklinik Düsseldorf Moorenstr. 5, 40225 Düsseldorf	Tel: 0211-8117031
Bernhard-Nocht-Institut für Tropenmedizin Hamburg Bernhard-Nocht-Straße 74, 20359 Hamburg	Tel: 040-428180
Institut für Tropenhygiene und Öffentliches Gesundheitswesen Uni Heidelberg Im Neuenheimer Feld 324, 69120 Heidelberg	Tel: 06221-562999

Universitätsklinikum Leipzig Zentrum für Innere Medizin Philipp-Rosenthal-Str. 27, 04103 Leipzig	Tel: 0341-9724971
Zentrum für Reise- und Tropenmedizin Leipzig Delitzscher Straße 141, 04129 Leipzig	Tel: 0341-9092619
Abteilung für Infektions- und Tropenmedizin der Universität München Leopoldstraße 5, 80802 München	Tel: 089-2180-135 00
Infektions-, Tropenmedizin und Immunschwächeerkrankungen am Krankenhaus München-Schwabing Kölner Platz 1, 80804 München	Tel: 089-3068-2601
Abteilung für Tropenmedizin und Infektionskrankheiten Rostock Ernst-Heydemann-Straße 6, 18057 Rostock	Tel: 0381-494-7511
Institut für Tropenmedizin Tübingen Keplerstr. 15 , 72074 Tübingen	Tel: 07071-2982365
Tropenklinik Tübingen - Paul-Lechler-Krankenhaus Paul-Lechler-Straße 24, 72076 Tübingen	Tel: 07071-2060
Sektion Infektiologie und Klinische Immunologie Universitätsklinikum Ulm -Medizinische Klinik III 89081 Ulm	Tel: 0731-50045551
Missionsärztliche Klinik Salvatorstraße 7, 97067 Würzburg	Tel: 0931-791-2821

Visa

Informationen darüber, welche Einreiseformalitäten erfüllt werden müssen, liefert das Reisebüro, über das die Flüge gebucht werden.
Man sollte auf keinen Fall vergessen, rechtzeitig die Gültigkeit des Reisepasses zu überprüfen. Schon öfter wurde im Stress des monatelangen Zusammenstellens aller Unterlagen nicht daran gedacht, den Pass rechtzeitig verlängern zu lassen. Wer sich das Erlebnis ersparen will, aus diesem Grund sein Kind nicht wie vorgesehen abholen zu können, sollte sich also beizeiten um diesen Punkt kümmern.

Packen für das Kind

Die wichtigsten Dinge für das Kind können bereits vor der Abreise gekauft und mitgenommen werden. Es ist jedoch völlig unproblematisch, wenn hier das ein oder andere vergessen wird. In jedem Land gibt es ausreichend Möglichkeiten, das Lebensnotwendige zu besorgen.

Nützlich sind:

- Babyfläschchen
- Babytrage
- Kleidung
- Hautpflegemittel:
  Viele Kinder leiden an Hautirritationen. Es ist deshalb meist sehr sinnvoll hier einige der im Ausland oft schwer erhältlichen Pflegeprodukte mitzunehmen. Empfehlenswert sind eine gute Hautmilch und ein Mittel gegen Juckreiz.
- Wasserkocher zum Desinfizieren von Wasser für die Babynahrung,
- Ein Schmusetier für das Kind. Es ist darauf zu achten, dass das Plüschtier keine Haare verliert, die vom Kind verschluckt werden können.
- Feuchte Einmaltücher und Einmalwaschlappen. Diese sind sehr praktisch und im Ausland oft schwer erhältlich.
- Medikamente:
  Mit einiger Wahrscheinlichkeit leidet das Kind an Krätze oder Läusen. Es kann sehr sinnvoll sein, mit der Behandlung frühzeitig zu beginnen, bevor sich die Eltern selbst angesteckt haben. Der Hausarzt gibt hier die nötigen Ratschläge. Für den Fall, dass das Kind an Durchfall erkrankt ist, kann es ebenfalls nützlich sein, Medikamente mitzubringen. Ärzte im Ausland empfehlen oft sehr starke Medikamente, die für Kinder nicht immer geeignet sind. Als gut wirksam und verträglich haben sich Hamadin ® und InfectoDiarrstop ® erwiesen, die ohne Rezept in der Apotheke erhältlich sind.

Der erste Kontakt mit dem Kind

Dem ersten Kontakt mit dem Kind gehen viele Erwartungen, Befürchtungen und eine große Anspannung voraus. Die Anstrengungen und Ungewissheiten der Adoptionsvorbereitung haben stark an den Nerven gezehrt und auch der Flug ins Ausland mitsamt Zeitverschiebung und Klimaumstellung raubt mitunter viel Kraft.
In vielen Ländern sehen die Adoptiveltern ihr Kind am ersten oder zweiten Tag nach der Ankunft. Zu diesem Zeitpunkt sind sie meisten noch so erschöpft und überwältigt von den neuen Eindrücken, dass sie nicht besonders locker in das Treffen mit dem Kind gehen können.

In vielen Ländern sieht man das Kind bereits am Tag nach der Ankunft

Wenn das erste Treffen im Heim stattfindet, sind viele Eltern erschüttert über die Zustände, unter denen ihr Kind sein bisheriges Leben verbracht hat und der Anblick unzähliger weiterer Kinder in derselben misslichen Situation kann ebenfalls sehr belastend sein.
Das Kind selbst sieht oft anders aus, als es sich die Eltern in ihren Träumen ausgemalt haben, da Kinder in Kinderheimen mitunter nicht unbedingt den Vorstellungen entsprechen, die man sich von einem hübschen, fröhlichen Kind macht. Viele haben zum Schutz vor Läusen ganz kurz geschorene Haare, die Haut ist aufgekratzt und manche

versuchen der Tristesse ihres Lebens zu entfliehen, indem sie sich an ihrem Gitterbett festhalten und den ganzen Tag von einer Stelle auf die andere wippen.

Auch wenn den Kindern erklärt worden ist, dass sie nun neue Eltern bekommen, so verstehen doch die allerwenigsten, was dies für Konsequenzen hat. Den Kindern ist in der Regel nicht klar, dass sich ihr Leben von nun an entscheidend ändern wird. Sie haben keine Vorstellung davon, dass für sie eine Lebensphase für immer zu Ende geht.
Es kann deshalb durchaus dazu kommen, dass das Kind zu weinen beginnt und genauso überfordert ist wie seine zukünftigen Eltern. Manchmal wünscht es sich nichts anderes, als einfach in seiner vertrauten Umgebung zu bleiben und nicht zu den fremden Menschen zu kommen, die so ganz anders aussehen wie es selbst.

Die erste Begegnung verläuft unter diesen Umständen daher oft nicht so, wie sich die Eltern das erträumt hatten.

Dem sollte allerdings nicht zu viel Bedeutung beigemessen werden.
Es ist zwar schön, wenn man sein Kind sieht und einem Tränen der Freude über das Gesicht laufen. Es macht aber nichts, wenn sich ein Glücksgefühl erst später einstellt. Die Statistik spricht dafür, dass sich zumindest im Laufe der Zeit eine tragfähige Eltern - Kind - Beziehung entwickelt und vor allem von der Mutter wird das Kind meist spontan als eigenes angenommen. Handelt sich noch um ein Baby, beginnen manche Mütter sogar, ihre Kinder zu stillen.

Nach einer Untersuchung von Sokoloff bezeichneten 79% der befragten Adoptivmütter die Reaktion auf ihr Baby als positiv und nur 1% als negativ.[58]
Hoksbergen stellte in einer Studie fest, dass 95% der Adoptiveltern ihre Eltern - Kind - Beziehung als sehr befriedigend oder befriedigend betrachten.[59]
Auch die befragten Adoptivkinder urteilten fast durchweg positiv. 88% von 145 adoptierten Jugendlichen aus Korea und Vietnam beurteilten ihre Beziehung zur Adoptivmutter und zum Adoptivvater als 'sehr gut' oder 'ziemlich gut'. Von 83% wurde die Aussage 'Adoptivkinder sind Kinder zweiter Wahl' deutlich abgelehnt.[60] In derselben Studie wurde festgestellt, dass in 1,8% der Fälle eine Eltern - Kind - Beziehung nicht entstand und das Kind in einer anderen Familie platziert werden musste. Oft handelt es sich bei diesen Kindern um Kinder, die bereits überdurchschnittlich alt waren oder bei denen sich nach ihrer Ankunft in Deutschland Behinderungen herausstellen.

Die meisten Adoptiveltern sind sehr zufrieden mit der Beziehung zu ihrem Kind

Da die meisten Adoptiveltern mit ihrem Kind sehr glücklich sind, wundert es nicht, dass in derselben Studie die meisten Eltern die Adoption als Erfolg bezeichnen. 44% äußeren sich sehr zufrieden, 37% zufrieden und nur 6% als unzufrieden oder sehr unzufrieden.

Ist es das falsche Kind?

Problematisch wird es dann, wenn die Eltern auch nach Tagen noch von dem Gefühl überwältigt sind, dass dies wohl das falsche Kind für sie ist. In der Regel sind es vom ersten Zusammentreffen bis zum Ausspruch der Adoption nur ein paar Tage, in denen die Entscheidung zu treffen ist, ob dieses Kind adoptiert wird oder nicht. Was also tun, wenn man sich auch noch kurz vor dem entscheidenden Gerichtstermin völlig unsicher ist, ob man von der Adoption zurücktreten soll oder nicht?

➤ **Beispiel:**

Nach dem ersten Zusammentreffen mit dem kleinen Roberto in Kolumbien ist das Ehepaar Gerhard sehr verunsichert. Der Junge hatte sie keines Blickes gewürdigt und einen sehr verstörten Eindruck gemacht. Frau Gerhard befürchtet, dass die leibliche Mutter von Roberto während der Schwangerschaft erhebliche Mengen Alkohol zu sich genommen hat, da sie das Kind an einen vor Kurzem gesendeten Fernsehbericht über alkoholgeschädigte Kinder erinnert.

Hier kann keiner den Gerhards die schwierige Entscheidung abnehmen. Sie sollten sich so viel Zeit wie möglich nehmen und nach Möglichkeit andere in die Entscheidung mit einbeziehen. Gespräche mit Ärzten, Psychologen, anderen Adoptiveltern, der Vermittlungsstelle und der Heimleitung können helfen - aber die eigentliche Entscheidung muss von den Eltern selbst getroffen werden. Dabei sollten sich die Eltern darüber im Klaren sein, dass viele Kinder schon wenige Monate nach der Adoption kaum mehr wiederzuerkennen sind. In neuen Kleidern, einem Umfeld, das sich um sie kümmert und ihnen die Liebe schenkt, die sie bislang entbehrt haben, blühen sie oft regelrecht auf.
Bei anderen Kindern zeigt sich dagegen, dass sie tatsächlich ausgesprochene Problemkinder sind und ein Maß an Betreuung verlangen, das die Eltern stark fordert und manchmal auch überfordert. Die Entscheidung, das Kind nicht zu adoptieren, kann also richtig oder völlig falsch sein.

Die Versorgung des Kindes im Ausland

Sobald man das Kind zu sich nehmen kann, muss man es auch versorgen. Es ist deshalb notwendig, die wesentlichsten Dinge vorzubereiten.
Meist hat das Kind eine Kleidung am Leib, mit der es von den neuen Eltern mitgenommen werden kann. Die Kleidungsstücke sind oft das einzige Andenken, die das Kind später an seine Zeit im Heim hat.
Für den Fall, dass eine Kleidung vom Heim nicht gestellt wird, sollte man sicherheitshalber Hemdchen etc. mitbringen.

Keine plötzliche Umstellung der Nahrung

Vor der Aufnahme ist es auch wichtig zu erfahren, wie das Kind bislang ernährt worden ist. Wenn bislang ein bestimmtes Milchpulver verwendet worden ist, so sollte dieses nach Möglichkeit erst einmal weiter verwendet werden, da es Kinder nur ausgesprochen schlecht vertragen, wenn ihre Nahrung plötzlich umgestellt wird. Es empfiehlt sich auch, Vorräte der bislang verwendeten Nahrung für ca. 2 Wochen nach Deutschland mitzubringen. Der Kinderarzt erstellt dann einen Plan, nach dem die alte Nahrung langsam abgesetzt und das Kind behutsam an seine neue Nahrung gewöhnt werden kann.

In den meisten Fällen will das Kind, wenn es größer geworden ist, einmal den Ort anschauen, an dem es seine erste Lebenszeit verbracht hat und nach Möglichkeit mit einigen Pflegerinnen sprechen, die es damals versorgt haben. Es ist in diesem Fall eine große Hilfe, wenn bereits bei der Adoption Fotos von dem Pflegepersonal gemacht worden sind und zu jedem Bild die Adresse der jeweiligen Person notiert worden ist. Es muss dann später nicht umständlich in alten Unterlagen nach den Anschriften gesucht werden und eine Kontaktaufnahme ist wesentlich einfacher.
Viele Eltern tendieren dazu, ihrer Freude über das Kind dadurch Ausdruck zu verleihen, indem sie es mit Spielsachen und Kleidung überhäufen. Kurz nach der Adoption sind die Kinder allerdings von den neuen Eindrücken so überwältigt, dass dies eher zu einer Reizüberflutung führt, die das Kind dann nur noch schwer verarbeiten kann.
Man sollte die Sache deshalb ruhig und bedächtig angehen. Das Kind, so klein es auch sein mag, braucht erst einmal Zeit, sich zurechtzufinden und die Stimmen, Gerüche und Veränderungen zu verarbeiten, die neu in sein Leben gekommen sind.

Die psychische Situation der Kinder

Manchen Berichten zufolge ist die psychische Situation von Adoptivkindern geradezu hoffnungslos. Nach einem Bericht von Herbert Wieder aus dem Jahr 1977 sind 15-30 Prozent der Ratsuchenden in psychiatrischen Sprechstunden Adoptierte. Dass die von Wieder angegebenen Zahlen jedoch nicht brauchbar sind und auf methodisch unzureichenden Studien beruhen, ergibt sich bereits, wenn man sie mit den Angaben des 1975 im Auftrag der Bundesregierung erschienenen Berichts über die Lage der Psychiatrie in der Bundesrepublik vergleicht. Die Untersuchung ist die umfassendste und sorgfältigste Studie über die Verbreitung von seelischen Störungen in der BRD.

Würden tatsächlich bis zu 30% der festgestellten Störungen auf Adoptierte entfallen, wären von den ca. 450.000 in Deutschland lebenden Adoptierten bis zu 180.000 Psychotiker, bis zu 300.000 Alkoholiker, bis zu 60.000 würden jährlich in Kliniken aufgenommen und jedes Jahr setzten bis zu 3.900 ihrem Leben selbst ein Ende.
Trotz der offensichtlichen Unrichtigkeit dieser Zahlen findet man die Angaben Wieders in zahlreichen Berichten.
Meist werden die Zahlen in der Weise kommentiert, dass behauptet wird, sie seien sicherlich zu hoch, aber selbst wenn sie nur zur Hälfte zuträfen, sei die Rate kranker Adoptierter doch noch immer viel zu hoch.
Eine solche Schlussfolgerung ist nicht zulässig. Eine Studie, die beweist, dass 30% der Patienten in der psychiatrischen Sprechstunde Adoptierte sind, legt nur den Beweis über ihre eigene Unbrauchbarkeit ab und sonst über nichts.

Nach einer neueren Untersuchung aus Schweden,[61] die sogleich von Kritikern der Auslandsadoption zum Beweis der vielfältigen Schwierigkeiten herangezogen wurde,[62] leiden Adoptierte in Schweden öfter an mentalen Problemen und fallen häufiger als an-

dere Kinder wegen Drogenabhängigkeit und kriminellen Delikten auf. Auch nach dieser Untersuchung zeigen jedoch 84% der männlichen und 92% der weiblichen Adoptierten keinerlei Auffälligkeiten. Nur 1% der Adoptierten zeigte zugleich psychische und soziale Besonderheiten. Dieses Ergebnis entspricht damit vergleichbaren Studien aus Europa und den USA.[63]
In einer weiteren großen Untersuchung wurden 88 Studien ausgewertet, um herauszufinden, ob adoptierte Kinder weniger Selbstvertrauen als andere haben und Adoptierte aus dem Ausland eher an mangelndem Selbstbewusstsein als Inlandsadoptierte leiden. Vieles deutet darauf hin. So könnte man annehmen, dass die Folgen von Ablehnung und Vernachlässigung dazu führen, dass Adoptierte vermehrt Schwierigkeiten haben, mit sich und der Welt ins Reine zu kommen.
Als jedoch das Selbstvertrauen von 10977 Adoptierten mit dem Selbstvertrauen von 33862 nichtadoptierte Vergleichspersonen verglichen wurde, konnten keine Unterschiede festgestellt werden. Sowohl die Nichtadoptierten als auch die Inlandsadoptierte und Auslandsadoptierten zeigten gleiche Werte. Drei der untersuchten Studien zeigten sogar auf, dass Adoptierte über ein größeres Selbstvertrauen verfügen als Nichtadoptierte.[64]

Deprivation und Hospitalismus

Deprivation

Nach der Deutschen Gesellschaft für Kinder- und Jugendpsychiatrie und Psychotherapie versteht man unter Deprivation *´ein nicht hinreichendes oder ständig wechselndes und dadurch nicht ausreichendes emotionales Beziehungsangebot.`*
Dabei tritt Deprivation nicht nur bei Heimkindern auf. Auch deutsche Kinder, die in ihren Familien aufwachsen, können Anzeichen von Deprivation zeigen. So ist Deprivation ein Problem vieler so genannter ´Schlüsselkinder`, die zwar materiell gut oder sehr gut versorgt sind, die jedoch im Wesentlichen auf sich selbst gestellt sind.

Der Begriff Hospitalismus umfasst alle psychischen und physischen Symptome, die entstehen, wenn Kinder in Heimen und Kliniken ohne eine feste Bezugsperson aufwachsen. Auch wenn das Kind materiell und hygienisch gut versorgt wird, so fehlt doch die emotionale Wärme und Geborgenheit. Dies kann zu Hospitalismus führen.

Welchen Einfluss der Verlust von Nestwärme, mütterlicher Pflege und Zuwendung haben kann, zeigen Aufzeichnungen aus einer Chronik über den Hohenstaufen – Kaiser Friedrich II.
´Es wird erzählt, er habe Säuglingswaisen von Pflegerinnen aufziehen lassen, die sich lediglich um deren leibliches Wohl kümmerten, ohne mit ihnen zu sprechen, geschweige denn Zuwendung zu geben. Er wollte dadurch die heilige bzw. Ursprache (hebräisch, griechisch oder lateinisch) herausfinden, wenn die Kinder zu sprechen begännen. Durch die psychosozialen Entbehrungen starben angeblich alle Kinder.`[65]

Hospitalismus

Hospitalismus kommt bei Adoptivkindern relativ häufig vor. Ein Kind, das seinen Tag in einem Gitterbett verbringt und in erster Linie zum Waschen und Füttern herausge-

nommen wird, wächst nicht genauso umsorgt auf, wie ein Kind, das bei seiner Mutter aufwächst.
Adoptionsinteressierte, die sich über eine Adoption informieren, lassen oft alle Hoffnung auf eine normale Eltern - Kind - Beziehung fahren, wenn sie sich mit dem Thema Hospitalismus beschäftigen.
'Säuglinge, welche von ihrer Mutter getrennt werden und in Institutionen aufwachsen, erleiden schwere psychische, emotionale und intellektuelle Schäden, welche nach längerem Aufenthalt in der Institution irreversibel werden und auch nach dem Eintritt in gute individuelle Betreuung anhalten'.[66]

➤ Beispiel:

Nach der Beratung bei ihrem zuständigen Jugendamt ist das Ehepaar Meister sehr niedergeschlagen. Wie sie von der zuständigen Fachkraft erfahren haben, sind die Kinder im Ausland infolge der Trennung von ihrer Mutter und der Unterbringung im Heim schwer und irreversibel geschädigt. Es sei deshalb mit hoher Wahrscheinlichkeit damit zu rechnen, dass das Kind später kontaktgestört, beziehungsunfähig und physisch und psychisch retardiert ist. Die Meisters hatten zwar mit Schwierigkeiten gerechnet und sie wussten auch, dass das bisherige schwere Leben nicht spurlos an dem Kind vorbeigezogen sein konnte. Aber ein geistig behindertes Kind?

Die pessimistische Einschätzung, Adoptivkinder seien unwiderruflich geschädigt, hat sich in zahlreichen Studien nicht bestätigt.

Nach der Adoption steigt der IQ

Adoptivkinder sind an Sonderschulen und ähnlichen Einrichtungen eher unterrepräsentiert[67] und eine französische Studie bewies, dass sich der IQ nach der Adoption erheblich steigerte.
An der Universität Paris wurden Kinder untersucht, die im Alter von vier bis sechs Jahren adoptiert worden waren.[68] Die Kinder kamen aus armen zerrütteten Familien und waren zum Teil schwer misshandelt worden. Ihr Intelligenzquotient lag bei nur 85 oder darunter. Da nur 7% der Bevölkerung einen derart niedrigen IQ aufweisen - der durchschnittliche IQ liegt bei 100 - stand zu befürchten, dass es sich hier um zukünftige Schulversager handelte. Als die Kinder jedoch im Alter zwischen 13 und 14 Jahren erneut getestet wurden, hatte sich der Wert um durchschnittlich 13,9 Punkte erhöht. Wer in eine Familie kam, die der gehobenen Mittel - oder Oberschicht zugerechnet werden kann, legte durchschnittlich sogar 19,5 Punkte zu. Die Zeitschrift GEO[69] berichtete mit den Worten:
'In der Kindheit missbrauchte und vernachlässigte Adoptivkinder konnten in harmonischen, wohlhabenden Familien ihren IQ um 19 Punkte steigern'.

Nach einer aktuellen Studie an rumänischen Waisenkindern ist ein Aufwachsen in einer Pflege- oder Adoptivfamilie nicht nur sozial wünschenswert sondern auch eine Therapie. Kinder, die frühzeitig in aus einem Heim in eine Familie aufgenommen werden, entwickeln sich in der Regel zu deutlich stärkeren, gesünderen und intelligenteren Kindern, als die, die im Heim verbleiben.[70]

Manchmal bedarf es einiger Mühen, um das Kind so zu fördern, dass es seine Defizite ausgleichen kann.
Sicherlich haben die Entbehrungen in den ersten Lebensmonaten und Lebensjahren beim Kind Schäden hinterlassen. In der Regel können diese Schäden jedoch in einer entsprechend fürsorglichen, fördernden und liebenden Familie wieder beseitigt werden.
Die Untersuchungen bestätigen damit die Erfahrung zahlreicher Adoptiveltern, die festgestellt haben, dass sich ihr Kind nach der Adoption auf geradezu wundersame Weise verändert hat. Aus vernachlässigten, geschwächten, kranken Kindern werden oft schon nach einigen Monaten muntere, aufgeweckte Zeitgenossen, die kaum mehr wiederzuerkennen sind.
'Eine Umgebung, die dem Kind Anregung und Dauerbeziehungen vermittelt, vermag die Verluste und den Mangel, den das Kind in den ersten Jahren erleiden musste, auszugleichen.'[71]

Auch eine Untersuchung von koreanischen und vietnamesischen Adoptivkindern zeigte keine Hinweise darauf, dass Deprivationsschäden irreversibel sind.[72]
Adoptiveltern haben die Aufgabe, einem Menschen, der bislang nicht auf der Sonnenseite des Lebens stand, eine gute Förderung zu geben.
Die Aufgabe ist mitunter recht schwierig - aber sie hat nach den vorliegenden Untersuchungen eine gute Aussicht auf Erfolg.

ADS (Aufmerksamkeitsdefizitsyndrom)

ADS ist eine Verhaltensstörung

Das Aufmerksamkeitsdefizitsyndrom (ADS oder auch ADHS genannt) ist eine Verhaltensstörung, die mit Aufmerksamkeits- und Konzentrationsstörungen, Impulsivität und mangelnder Frustrationstoleranz einhergeht.
Nach herrschender Meinung sind etwa 5% der Kinder in Deutschland - davon 3-mal mehr Jungen als Mädchen - betroffen. Manche Autoren gehen sogar davon aus, dass neunmal mehr Jungen als Mädchen betroffen sind.

➤ **Beispiel:**

Der kleine Juan aus Mexiko ist ein ausgesprochen munterer Kerl. Den ganzen Tag ist er mit irgendwas beschäftigt, lässt es dabei aber an einer gewissen Zielstrebigkeit fehlen. Meist lässt er alles stehen und liegen, wenn ihm eine neue Spielidee kommt. Seine Mutter, die täglich viele Stunden damit beschäftigt ist, hinter ihm die Wohnung aufzuräumen, treibt dieses Verhalten an den Rand des Wahnsinns. Als sie bei einem Kinderarztbesuch das Problem anspricht, ist für ihren Arzt das Problem schnell klar. Er hatte vor kurzem in einem Buch gelesen, dass viele Adoptivkinder ADS haben.

In der Tat liegt die Rate ADS-erkrankter Kinder nach Meinung mancher Autoren bei Adoptivkindern bedeutend höher.
So zeigte sich in einer Studie von Hoksbergen, dass 33% der Eltern rumänischer Adop-

tivkinder angaben, dass ADS ein großes Problem für sie sei.[73]
Aus einer Studie am Maudsley Hospital in London geht hervor, dass bei zahlreichen adoptierten Jungen und Mädchen Anzeichen von ADS festgestellt worden seien. Dies sei vor allem bei den Adoptierten der Fall gewesen, die vor der Adoption psychische Gewalt erfahren hatten.[74]

Es ist jedoch fraglich, ob die vorhandenen Untersuchungen tatsächlich ausreichen, eine erhöhte ADS - Rate bei Adoptivkindern nachzuweisen.
Die Angaben mancher Kliniken über das häufige Auftreten psychischer Auffälligkeiten können ihren Grund auch darin haben, dass Adoptivfamilien besonders aufgeschlossen gegenüber Ratschlägen von Experten sind und dass sie wegen der unklaren Vorgeschichte des Kindes schneller bereit sind, bei auftretenden Schwierigkeiten einen Fachmann zu konsultieren.

Das Problem bei der Feststellung der genauen Rate ADS erkrankter Kinder liegt aber auch darin, dass sich weder eine einheitliche und verbindliche Definition darüber herausgebildet hat, welche Ursachen ADS hat, noch darüber, wann eine ADS Störung vorliegt oder welche Behandlung die beste ist.

Es gibt viele unterschiedliche Definitionen von ADS

Während manche davon ausgehen, die Störung sei auf einen Gendefekt zurückzuführen und ein Forscherteam bereits das verantwortliche Gen entdeckt haben will, sagen andere, die Ursache liege darin, dass die Kinder heute viel zu sehr mit Stress belastet sind und nicht mehr kindgerecht aufwachsen können.
Wegen der unklaren Definitionen und Betrachtungsweisen kann niemand genau sagen, wie hoch die Rate ADS erkrankter nicht – adoptierter Kinder ist. In der Literatur finden sich deshalb Angaben von 0% bis weit über 20%. In einer englischen Studie wurden nur 0,09 Kinder als hyperaktiv diagnostiziert, während in einer israelischen Studie 28% der Kinder von Lehrern als hyperaktiv eingestuft wurden.[75]

Unbestritten ist allein, dass die Zahl der ADS Diagnosen im Lauf der letzten Jahre um ein vielfaches zugenommen hat. So werden in Deutschland gegenwärtig etwa 50000 Kinder mit Ritalin® oder einem vergleichbaren Präparat behandelt. 1990 lag die Zahl bei 1500 Kindern.

Üblicherweise sind die Symptome von ADS:

· Aufmerksamkeits – und Konzentrationsstörung
· Impulsivität
· mangelnde Frustrationstoleranz
· eventuell motorische Hyperaktivität

Symptome von ADS

Allerdings ist die Liste der Auffälligkeiten im Verlauf der letzten Jahre immer länger geworden. Während ein unruhiges Kind früher als 'lebhaft', 'wild' oder 'schwierig' galt, wird heute hinter solchen Verhaltensauffälligkeiten vielfach ADS vermutet. Die Liste auffälliger Verhaltensweisen umfasst deshalb mittlerweile:

- Hyperaktivität
- Koordinationsschwierigkeiten
- Leichte Reizbarkeit und Aggressivität
- Häufige Träumereien
- Bindungsunsicherheit
- Kontaktschwierigkeiten
- Konzentrationsschwäche
- Lernschwierigkeiten
- Stimmungsschwankungen
- Exzessives Schreien im Babyalter
- Lügen und Stehlen
- Distanzlosigkeit

Für die Patienten ergibt sich angesichts dieser unklaren Kriterien die Schwierigkeit, dass der eine Arzt ein ADS diagnostiziert, während dies ein anderer Arzt beim gleichen Patienten völlig ausschließt.

In einer Studie von Angold[76] wurde in einer 4 - jährigen Untersuchung festgestellt, dass 57 Prozent der mit Ritalin® oder einem ähnlichen Medikament behandelten Kinder bei korrekter Anwendung der Diagnoserichtlinien gar kein ADS oder vergleichbare Symptome hatten. Bei der Mehrzahl der Therapien handelt es sich demnach um Falschverschreibungen.
Untersucht wurden 4500 Kinder. 2565 Kinder wurden somit falsch diagnostiziert und behandelt. Im Gegensatz dazu wurden bei der Untersuchung von Hoksbergen, in der von einer Häufung von ADS Fällen bei Adoptivkindern berichtet wird, lediglich 74 Familien mit 83 Adoptivkindern aus Rumänien befragt. Die geringe Zahl untersuchter Kinder liefert deshalb allenfalls einen Anhaltspunkt über den Gesundheitszustand adoptierter Kinder aus Rumänien im betreffenden Zeitraum. Die Aussage lässt sich aber nicht auf alle Auslandsadoptionen übertragen.

Es ist deshalb wissenschaftlich wohl nicht hinreichend bewiesen, dass unter Adoptivkindern ADS sehr häufig verbreitet ist.

➤ Beispiel:

Die Mutter des kleinen Juan aus Mexiko sollte deshalb darauf achten, dass nicht vorschnell die Diagnose ADS festgelegt wird. Im Zweifelsfall ist es immer besser, zusätzlich die Meinung eines anderen Arztes einzuholen

Literatur:

Neues vom Zappelphilipp
von Gerald Hüther / Helmut Bonney
Walter Verlag

Posttraumatische Belastungsstörung

Die Posttraumatische Belastungsstörung (PTBS) ist eine mögliche Folgereaktion eines oder mehrerer traumatischer Ereignisse (wie z.B. Verlust der Eltern, Unfälle, Naturkatastrophen, Gewalterfahrungen aller Art – manchmal auch 'nur' als Augenzeuge, emotionale, physische und sexuelle Misshandlungen).

Mögliche Symptome sind Alpträume, belastende Erinnerungen an das Trauma, Störungen im Bindungsverhalten, Konzentrationsstörungen, sozialer Rückzug, aggressives Verhalten, Teilnahmslosigkeit, ein Gefühl von Hilflosigkeit und eine Erschütterung des Selbstvertrauens. Mitunter zeigen sich in Folge der posttraumatischen Belastungsstörung Symptome, die den Erkrankungszeichen bei ADS (Aufmerksamkeits- und Konzentrationsstörungen, mangelnde Frustrationstoleranz) sehr ähnlich sind.

Reaktive Belastungsstörung

Besonders bei Adoptivkindern findet man die PTBS in der Form einer sogenannten 'reaktiven Belastungsstörung'. Diese Kinder entwickeln aufgrund außergewöhnlicher Belastungen keine Bindungen.
Betroffen sind vor allem Kinder, die bereits mehrmals von Pflegeperson zu Pflegeperson weitergereicht wurden, und die sich nun weigern, überhaupt eine Bindung zu irgendjemandem einzugehen.
Grundsätzlich kann jedes plötzliche oder anhaltend bedrohliche Ereignis zu einer PTBS führen. Es kann auch ein scheinbar banales Ereignis genügen.
So sind Kinder gegenüber dramatischen Ereignissen sehr empfindlich und erfahren viele Situationen als bedrohlich, die Erwachsenen als harmlos und normal erscheinen.
'Traumata – selbst kleine Zwischenfälle wie ein Unfall auf einem Spielplatz oder Erstickungsanfälle durch Essenreste in der Luftröhre – können Kindern ihr ursprünglich gesundes Selbstwertgefühl nehmen und ihr für den Reifungsprozess wichtiges Gefühl der Sicherheit unterminieren. Insbesondere wenn sie durch eine ganze Reihe traumatischer Ereignisse wiederholt auf ihre Verletzlichkeit hingewiesen werden, kann in ihnen die Überzeugung entstehen, dass sie Strafe verdienen. Deshalb verhalten sich traumatisierte Kinder so, als ob sie nicht wertvoll und liebenswert und nicht in Sicherheit seien.'[77]

Nicht alle Kinder entwickeln Belastungsstörungen

Für jedes Kind, das seine Eltern verliert, das in ein Heim kommt und das über eine Adoption neue Eltern findet, sind diese Ereignisse dramatisch.
Das bedeutet aber nicht, dass all diese Kinder auch eine PTBS entwickeln. Es ist weitgehend ungeklärt, wann Kinder Störungen entwickeln und wann nicht.
Ein kleiner Unfall auf dem Spielplatz kann zu einer Belastungsstörung führen. Dies muss jedoch nicht so sein. Ein Kind, das in einem Heim lebt, kann eine Belastungsstörung entwickeln. Auch dies muss aber nicht so sein.

Viele Menschen leiden noch Jahre und Jahrzehnte nach dem Trauma an den von Ärzten und Therapeuten oft nicht erkannten Störungen. Erfolgt keine Behandlung, kann eine lebenslange Beeinträchtigung von Lebensqualität und Lebensgestaltung die Folge sein.

Die Symptome können unmittelbar oder auch mit mehrjähriger Verspätung nach dem traumatischen Geschehen auftreten. Man spricht hier von einem late - onset PTSD.
Der gut gemeinte Rat 'Die Zeit heilt alle Wunden' wurde durch die Forschung der letzten Jahre widerlegt. Leider ist es nicht so, dass allein durch Zeitablauf die Folgen der Verletzungen verblassen.

➤ **Beispiel:**

Die Lehmans sorgen sich um ihre Adoptivtochter Kim. Das Mädchen ist seit ein paar Monaten in der Familie, scheint sich dort auch wohl zu fühlen, fängt aber oft bei den geringsten Anlässen das Weinen an und wird nachts von schweren Alpträumen geplagt, aus denen es schreiend erwacht. Die Lehmans wissen, dass Kim im Alter von 2 Jahren ihre Eltern bei einem tragischen Unfall verloren hat und vermuten, dass die Probleme darauf zurückzuführen sind. Während Frau Lehmann sich starke Sorgen macht und das Kind so bald wie möglich zur Therapie bringen will, rät Herr Lehmann zur Geduld.

Stellen die Eltern bei ihrem Kind ein ungewöhnliches Verhalten fest, so ist auch hier als wichtigster Grundsatz der Ausspruch aus Douglas Adams Kultbuch 'The Hitchhiker's Guide to the Galaxy' zu berücksichtigen: **Don't panic**.

Nicht hinter jeder Auffälligkeit verbirgt sich eine dramatische Störung, aber es ist wichtig, die Dinge im Auge zu behalten.
Sollten eigene Mittel, Liebe und etwas Geduld keine Änderung bewirken, so ist noch immer genug Zeit, einen kundigen Therapeuten aufzusuchen.
Das Trauma kann auch dann noch bearbeitet werden.

Selbstverständlich kann es bei dramatischen Fällen notwendig sein, so bald wie möglich einen Therapeuten aufzusuchen.
Man sollte sich aber davor hüten, aus dem Wunsch, alles richtig machen zu wollen, so viele Therapeuten wie möglich heranzuziehen.
Nicht wenige Mütter sind damit beschäftigt, am Montag und Donnerstag zur Physiotherapie, am Dienstag und Freitag zur Logopädie und am Mittwoch zur Psychotherapie zu gehen. In der verbleibenden Zeit stehen dann Besuche beim Kinderarzt, bei verschiedenen Fachärzten, Diagnosezentren und bei Fördergruppen an. Oft bleibt da keine Zeit, sich in Ruhe zu überlegen, ob diese ganzen Mühen eigentlich einen Sinn machen, oder ob sie nicht in erster Linie dazu dienen, den Eltern ein ruhiges Gewissen zu verschaffen. Einem Kind kann auf diese Weise auch leicht das Gefühl vermittelt werden, es sei schwer krank und müsse erst durch Therapien zurechtgerückt werden.
Die allermeisten Kinder haben große Selbstheilungskräfte - man sollte diesem Potenzial auch einen Raum geben.

Die medizinische Situation der Kinder

„Wir haben oft wenige Informationen. Das liegt auch daran, dass die medizinischen Bezeichnungen so unterschiedlich sind. So ist bei uns ein Sauerstoffmangel bei der Geburt etwas, das uns die Nackenhaare aufstellt. In Russland hält man jede Geburt für traumatisch. Und wenn die Nabelschnur durchtrennt wird, dann ist das in Russland Sauerstoffmangel bei Geburt".
Nancy Curtis, Adoptionsklinik Oakland

Unterernährung

Viele Kinder leiden an Unterernährung

Weltweit sterben jährlich sieben Millionen Kinder an Unterernährung – mehr als durch Kriege, Katastrophen oder ansteckende Krankheiten.

'Selbst wo mangelhafte Nahrung keine tödlichen Folgen hat, werden Millionen Kinder dauerhaft geschädigt. Ihr Immunsystem wird geschwächt, zudem kommt es zu körperlichen und geistigen Behinderungen. Bei unterernährt geborenen Kindern bleibt Wissenschaftlern zufolge der Intelligenz-Quotient um fünf Punkte zurück.'[78]

Viele Kinder, die aus dem Ausland zur Adoption kommen, leiden an Unterernährung. Der Mangel an energiereicher Nahrung hat eine erhöhte Infektanfälligkeit, eine verminderte Knochenentwicklung und eine ungenügende Gehirnfunktion zur Folge. So wurde von der Universität Michigan in einer Studie nachgewiesen, dass bei Kindern, die in ihrer frühen Kindheit an Eisenmangel litten, Nervenimpulse im Gehirn langsamer weitergeleitet wurden. Dies betraf sowohl visuelle (Sehen) als auch auditive (Hören) Reize.
Nach der Adoption ist deshalb auf eine ausgewogene, vitamin-, ballaststoff- und mineralreiche Ernährung zu achten.
Wenn eine schnelle Gewichtszunahme erreicht werden soll, kann auf kalorienreiche Sondernahrung wie etwa BiCal® und Meritene® zurückgegriffen werden.
Bei Zusatznahrung ist darauf zu achten, dass sie eine ausgewogene Mischung von Kohlenhydraten und Fett enthält. In jedem Fall sollte erst Rücksprache mit einem Kinderarzt gehalten werden.
Bei dunkelhäutigen Kindern empfiehlt sich die zusätzliche Gabe von Vitamin D, da dies bei dunkler Hautfarbe und wenig Sonneneinstrahlung oft nicht ausreichend produziert wird.

Fressgier legt sich meist von selbst

Zeigt das Kind am Anfang eine Fressgier und einen unerschöpflichen Appetit auf all die Köstlichkeiten, die es bisher entbehren musste, so legt sich dies in aller Regel nach einiger Zeit von selbst wieder.

FAS (Fetales Alkoholsyndrom)

FAS bezeichnet die bezeichnet die vorgeburtlich entstandene Schädigung eines Kindes durch von der schwangeren Mutter aufgenommenen Alkohol. Nimmt eine werdende Mutter während der Schwangerschaft Alkohol zu sich, hat das Ungeborene nach kurzer

Zeit den gleichen Alkoholspiegel wie die Mutter. Das kann zu schweren und irreversiblen Schädigungen des Kindes führen. Es ist dabei nicht nötig, dass ständig während der Schwangerschaft Alkohol getrunken wird. „Eine Schwangere kann ihr Kind an einem Abend vom Gymnasium auf die Hauptschule trinken", weiß etwa der FAS-Experte Reinhold Feldmann von der Uni Münster.

FAS-Kinder müssen ein Leben lang mit ihrer Krankheit leben. Therapiemöglichkeiten im Sinne einer Heilung bestehen nicht, denn eine Vergiftung des Gehirns ist nicht umkehrbar.

Bei FAS-Kindern gibt es keine Heilung

Sehr roh hat dies der Berliner Professor Hans-Ludwig Spohr in einem 'Spiegel'-Interview ausgedrückt: 'Wenn bestimmte Strukturen im Gehirn zerstört sind, kommt da nichts Gescheites mehr heraus. Ein Kind mit einem Alkoholsyndrom adoptieren? Davon rate ich ab!'[79]

Die Diagnostik des FAS kann in der Regel erst dann erfolgen, wenn das Kind schon etwas älter ist, da es meist bis zum Alter von 2 oder 3 Jahren dauert, bis sich die klinischen Zeichen der Schädigung manifestieren.

Bei Auslandsadoptionen kommt erschwerend hinzu, dass:

- viele leibliche Mütter ihr Alkoholproblem verschweigen,
- viele Kinder kurz nach der Geburt verlassen werden und es deshalb keine Informationen über die Schwangerschaft gibt,
- dass Alkoholmissbrauch vor allem in Osteuropa sehr verbreitet ist.

So sterben in Russland laut einer aktuellen Studie 52 Prozent der Menschen zwischen 15 und 54 Jahren an den Folgen von Alkoholmissbrauch.[80] Die Ukraine liegt in Europa unangefochten auf dem ersten Platz in Bezug auf Alkoholverbrauch unter den Jugendlichen.[81]

Mehr zur Diagnostik von Alkoholschädigungen

Adoption – Alles was man wissen muss
Riedle Herbert, Gillig – Riedle Barbara
TiVan Verlag
ISBN: 978-3980866019

Kontaktadresse bei FAS - Schädigung:
Münsteraner FAS Ambulanz, Dr. rer. med. Reinhold Feldmann
Klinik und Poliklinik für Kinder- und Jugendmedizin, Uniklinik Münster,
Albert-Schweitzer-Straße 33,
48129 Münster

Würmer und Parasiten

Amöben

Die Amöbenruhr wird durch sog. Ruhramöben (Entamoeba histolytica) verursacht. Die Übertragung erfolgt durch unsauberes Trinkwasser und/oder Nahrungsmittel, z. B. un-

gewaschene Früchte, Gemüse etc. Die Inkubationszeit beträgt meist 2 – 4 Wochen, kann jedoch auch wenige Tage bis Jahre dauern. Man geht davon aus, dass es weltweit ca. 500 Millionen Infizierte gibt.
Dringen die Ruhramöben in die Dickdarmwand ein, führt dies nach meist langsamem Beginn ohne Fieber zunächst zu Obstipation (Verstopfung) und leichtem Durchfall. In der Folge entwickeln sich dann schmerzhafte, meist glasig – schleimige und blutige Durchfälle. Unbehandelt kann die Krankheit zu Geschwüren und Entzündungen des Dickdarms führen. Durch die Übertragung des Erregers auf die Leber können Leberabszesse entstehen.

Wurmbefall

Hakenwurmbefall

Hakenwurmbefall lässt sich problemlos behandeln

Hakenwurminfektionen (engl. hookworm disease) sind in allen warmen und feuchten Gebieten der Tropen und Subtropen weit verbreitet. Weltweit sind ca. 900 Millionen Menschen infiziert.
Die Wurmlarven dringen beim Barfußgehen in die Haut der Fußsohle ein, wandern und können bis zum Darm vordringen. Dort setzen sie sich in der Dünndarmwand fest und saugen täglich 0,1 bis 0,5 ml Blut/pro Wurm. Als Beschwerden können Bauchschmerzen, Durchfälle, Blähungen und Appetitlosigkeit auftreten. Ein Befall mit vielen Würmern kann durch den hohen Blut- und Proteinverlust zu Apathie, Entwicklungsstörungen und Infektanfälligkeit führen. Durch spezielle Medikamente gegen Würmer kann die Erkrankung problemlos behandelt werden.

Spulwurmbefall

Der Spulwurmbefall (sog. Askariasis) ist weltweit verbreitet und stellt den häufigsten Darmwurmbefall dar. Nach Schätzungen ist ein Viertel der Weltbevölkerung infiziert. Betroffen sind vor allem Kinder. Spulwürmer werden durch verunreinigte Lebensmittel (Salat, Obst, ungekochtes Gemüse) aufgenommen.
Meist bleibt der Befall ohne Symptome. Oft wird die Infektion erst dann bemerkt, wenn das Kind einen großen, weißen, bleistiftgroßen Wurm ausscheidet. Es können jedoch auch Symptome wie Lungenbeschwerden, Magen-Darm-Beschwerden und Bauchkoliken auftreten.

Madenwürmer

Der Madenwurmbefall (Oxyuriasis) kommt weltweit vor und betrifft vor allem Kinder. In der Regel verläuft der Befall ohne oder nur mit sehr geringen Beschwerden. Häufigstes Zeichen ist ein Juckreiz am After.
Auch Appetitlosigkeit, Blässe und Gewichtsverlust können auf einen Madenwurmbefall hinweisen.
Die Therapie ist problemlos. Meist genügt eine einmalige Medikamentengabe.

Krätze: Sehr starker Juckreiz

Krätze

Viele Adoptivkinder kommen mit stark juckenden und geröteten Hautpartien in ihre

neue Familie. Ursache hierfür kann die Krätze (Scabies) sein.
Die Krankheit ist sehr ansteckend. Soweit das Kind an Krätze leidet, ist deshalb sorgfältigst darauf zu achten, dass es nicht seine Eltern und Bekannten ansteckt.
Verantwortlich sind Milben, die ihre Gänge an weichen, dünnen, feuchtwarmen Hautstellen, insbesondere zwischen den Fingern, den Beugeseiten der Handgelenke und Unterarme, den vorderen Achselfalten, dem Brustwarzenhof und im Genitalbereich graben. Typisch sind Krusten, Knötchen und Pusteln an den betroffenen Stellen. Es kommt zu einem sehr starken, meist nächtlichen Juckreiz, der unbehandelt Jahre andauern kann.

Therapie:
Da Scabies in Deutschland nicht sehr häufig auftritt, kommt es in vielen Fällen zu Fehldiagnosen und verspätetem Behandlungsbeginn.
Selbst Hautärzte behandeln oft lange auf allerlei Krankheiten, bis endlich die richtige Diagnose gestellt wird. Das wirksamste Medikament ist eine 5-prozentige Permethrin-Salbe, die in der Regel nach einmaliger Anwendung die Krätzemilben abtötet. Permethrin ist ein Insektizid das besser und weniger gesundheitsschädlich wirkt als das früher eingesetzte Lindan.

Mittel der Wahl: Permetrin

Ein Erfolg der Behandlung kann nur erreicht werden, wenn gezielt Hygienemaßnahmen ergriffen werden.
So müssen alle Personen, die in Hautkontakt mit dem Betroffenen standen, mitbehandelt werden. Bekleidung, Bettwäsche und Handtücher müssen regelmäßig bei 60 °C gewaschen werden. Spielzeug, Plüschtiere und Schuhe können durch Einfrieren von den Milben befreit werden.

Läuse
Ob das Kind von Läusen befallen ist, lässt sich leicht feststellen, indem bei gutem Licht die Ansätze der Haare nach Läusen oder kleinen weißen Nissen abgesucht wird.
Beim Kopflausbefall kommt es zu einem starken Juckreiz der Kopfhaut, der durch den Läusespeichel beim Saugakt hinterlassen wird.
Es empfiehlt sich immer, bei der Reise ins Ausland für den Fall der Fälle einen Läusekamm und ein Läusemittel (Permethrin) mitzunehmen.
Zur Vorbeugung hat es sich bewährt, ein paar Tropfen Teebaumöl auf den Kamm aufzutragen und damit das Haar zu kämmen.

Infektionskrankheiten

Hepatitis (Gelbsucht)
Hepatitis oder Gelbsucht wird durch Viren verursacht. Unterschieden wird in:

- Hepatitis A (Hepatitis infectiosa)
- Hepatitis B (oder Serum-Hepatitis)
- Hepatitis C
- Hepatitis D
- Hepatitis E

Durch die Entzündung des Lebergewebes, die durch die Viren verursacht wird, sind die Beschwerden bei allen Formen der Hepatitis sehr ähnlich. Es kann zu Erschöpfung, Kopfschmerzen, Juckreiz, Appetitlosigkeit, Übelkeit, Erbrechen, Schmerzen im Bereich des rechten Rippenbogens, Dunkelfärbung des Urins, Hellfärbung des Stuhles und schließlich zur Gelbfärbung der Haut kommen.
Es existiert keine spezifische Therapie der akuten Hepatitis.

Hepatitis A

Die Hepatitis A ist weltweit verbreitet, tritt gehäuft in Entwicklungsländern auf und ist auch in Deutschland die häufigste Form der Hepatitis.
Vor allem im Nahen und Mittleren Osten in Westafrika, Mexiko, Indien, Nepal und Südamerika besteht eine hohe Wahrscheinlichkeit, an Hepatitis A zu erkranken. So informierte das US- Gesundheitsministerium im Sommer 2007 darüber, dass in der letzten Zeit bei mehreren adoptierten Kindern aus Äthiopien Hepatitis A festgestellt worden sei. Es empfahl deshalb, vor der Adoption die gesamte Adoptivfamilie gegen Hepatitis A impfen zu lassen.
Übertragen wird die Erkrankung durch verunreinigtes Essen oder Wasser. Die Inkubationszeit beträgt 10 – 40 Tage. Die Erkrankung kann einige Wochen dauern und verläuft nur in sehr seltenen Fällen tödlich. Chronische Verläufe sind nicht bekannt. Es besteht die Möglichkeit, sich mit einer Hepatitis A Schutzimpfung vor der Krankheit zu schützen.

Hepatitis B

In Afrika, Asien und in den Pazifischen Regionen stellt der Leberkrebs, der durch Hepatitis B-Virus-Infektionen verursacht wird, eine der drei häufigsten Krebsursachen dar.
Kinder können sich unter anderem bei Operationen oder bei der Geburt mit Hepatitis B infizieren.
Die Inkubationszeit beträgt 1–6 Monate. In 10% der Fälle verläuft die Erkrankung chronisch. Wirksamen Schutz bietet die Hepatitis B Schutzimpfung.

Hepatitis C

Ca. 1 – 2% der Weltbevölkerung sind chronisch mit Hepatitis C (HCV) infiziert. Die Inkubationszeit beträgt zwei bis 26 Wochen. Nur bei etwa 25% der HCV-Infizierten entwickelt sich eine akute Hepatitis, wobei die akute Phase der Erkrankung zumeist recht mild verläuft.
Bei akuter Hepatitis C (Infektion erfolgte innerhalb der vorangegangenen vier Monate) kann durch eine sofort nach Diagnosestellung begonnene 24-wöchige Interferon-Monotherapie ein chronischer Verlauf der HCV-Infektion in nahezu 100% der Fälle verhindert werden.
70 – 80% der Hepatitis C - Fälle haben einen chronischen Verlauf. Bei ca. 20% der Patienten mit chronischer Hepatitis C entwickelt sich eine Leberzirrhose. Durch Interferon und andere Medikamente lässt sich der Krankheitsverlauf abmildern.

Adoptivkinder aus dem Ausland haben kein erhöhtes Hepatits C Risiko

Nach Angaben des Zentrums für Kinderheilkunde der Universität Bonn[82] und der American Academy of Pediatrics[83] haben adoptierte Kinder aus der 'Dritten Welt' kein erhöhtes Hepatitis C - Risiko.

Ein Test sollte jedoch dann vorgenommen werden, wenn entsprechende Hinweise über ein erhöhtes Hepatitis - Risiko der Mutter vorliegen. Eine Schutzimpfung ist nicht möglich.

Hepatitis D

Das Hepatitis D - Virus ist ein inkomplettes Virus, das nur zusammen mit dem Hepatitis B - Virus zum Krankheitsbild der Hepatitis D führen kann.
Die Hepatitis D - Erkrankung kann zur Zerstörung der Leber führen.
Wirksamen Schutz bietet die Hepatitis B Impfung.

Hepatitis E

Im Vergleich mit anderen Hepatitisformen ist die Hepatitis E keine schwerwiegende Erkrankung. Bei Schwangeren kann es allerdings zu ernsthaften Komplikationen kommen, die bis zum Tod führen können.

Salmonellose

Salmonellose wird durch Bakterien (sog. Salmonellen) verursacht, die zu Störungen im Magen-Darm-Trakt führen. Salmonellen treten weltweit auf.
Infektionsquellen sind besonders von Geflügel, Rindern und Schweinen stammende Lebensmittel und der Kontakt mit Ausscheidungen von Infektionsträgern. Die Inkubationszeit beträgt 5 - 72 h (max. sieben Tage) und ist abhängig von der Infektionsdosis.
Die Salmonellose beginnt meist plötzlich mit zahlreichen wässrigen Stühlen (im Verlauf der Erkrankung zunehmend blutig), Leibschmerzen, teilweise mit Fieber, Übelkeit, Erbrechen und Kopfschmerzen. Die Symptome dauern in der Regel nur wenige Stunden oder Tage. Eine Behandlung mit Antibiotika sollte nicht erfolgen, da dadurch die Bakterienausscheidung verlängert werden kann.

Syphilis

Syphilis kann problemlos behandelt werden

Syphilis verursacht bei Babys nur selten Krankheitserscheinungen, kann aber nach einiger Zeit zu Komplikationen im Knochenbau und im Gehirn führen. Da die Erkrankung in Entwicklungsländern viel häufiger vorkommt als in Deutschland, sollten die Kinder stets auf Syphilis untersucht werden. Die Behandlung ist problemlos und besteht aus einer Reihe von Penizillininjektionen.

Aids

Erst mit 18 Monaten ist eine zuverlässige Diagnose auf HIV möglich

Alle Kinder, deren Mütter HIV – positiv sind, haben Antikörper der Mutter in ihrem Blut. Die meisten dieser Kinder sind jedoch nicht selbst infiziert. Die Antikörper der Mutter verschwinden im Lauf der ersten 18 Lebensmonate. Erst danach kann eine Aussage getroffen werden, ob ein Kind, das HIV – positiv getestet wurde, tatsächlich infiziert ist.

➤ **Beispiel:**

Die 6 Monate Vu aus Hongkong soll vom Ehepaar Müller aus Braunschweig adoptiert werden. Zum Entsetzen der Müllers zeigt sich bei einer Untersuchung, dass das Kind HIV - Antikörper im Blut hat.

In diesem Fall ist keineswegs klar, ob das Kind tatsächlich HIV-positiv ist. Es ist gut möglich, dass sich im Blut nur noch die Antikörper ihrer Mutter befinden. Erst wenn die Antikörper auch noch mit 18 Monaten nachweisbar sind, kann man davon ausgehen, dass Vu selbst HIV-positiv ist.

Tuberkulose

Tuberkulose ist eine Erkrankung, die bei Adoptivkindern aus dem Ausland immer öfter vorkommt. So wurden in einer amerikanischen Studie Adoptivkinder aus dem Ausland untersucht, die zwischen 1986 und 2007 adoptiert worden waren. Das Ergebnis: Die Zahl der Kinder, die mit Tuberkulose infiziert waren, stieg jährlich um sieben Prozent an. 'Diese Kinder infizieren sich sehr früh in ihrem Leben' sagte der Leiter der Studie. 'Die Kinder sind zwei Jahre im Kinderheim und dort stecken sich viele von ihnen an.' [84]

Tuberkulose wird durch Tuberkelbakterien (Mykobakterium tuberkulosis) hervorgerufen, die durch Tröpfcheninfektionen übertragen werden. Ein schlechter Ernährungszustand, niedere soziale Verhältnisse und ein geschwächtes Immunsystem begünstigen die Infektion.
Weltweit sterben jährlich 3 Millionen Menschen an den Folgen der Krankheit.
Die Symptome der Lungentuberkulose sind im Kindesalter wenig charakteristisch. Husten, fehlender Appetit, Gewichtsverlust, Nachtschweiß und allgemeine Abgeschlagenheit können ein Hinweis auf die Erkrankung sein.
In Ländern, in denen Tuberkulose weit verbreitet ist (China, frühere Sowjetunion, Südostasien), werden viele Kinder kurz nach der Geburt geimpft. Diese so genannte BCG-Impfung (Bacille-Calmette Guerin) geschieht mit einem abgeschwächten Tuberkelbakterium und hinterlässt ein kleines Geschwür an der Stelle der Impfung.
Diese Impfung kann jedoch nicht einer Infektion mit Tuberkulosebakterien vorbeugen, sondern lediglich die Bildung spezieller Abwehrzellen bewirken. Damit sinkt das Erkrankungsrisiko bzw. die Komplikationsrate.
Sie schützt also nicht generell vor einer Ansteckung mit Tuberkulosebakterien.
Tuberkulose ist eine mit Antibiotika gut behandelbare Krankheit, die nach sechs- bis achtmonatiger Medikamenteneinnahme geheilt werden kann.

Sonstige Beeinträchtigungen

Mongolenfleck

Der Mongolenfleck ist eine völlig harmlose Erscheinung, die unvorbereitete Adoptiveltern dennoch erschrecken kann.
Es handelt sich dabei um einen vor allem bei Asiaten vorkommenden blaugrauen Pigmentfleck in der Kreuz- Steiß- Gesäßgegend (selten auch im Schulterbereich und im Gesicht).
Der Fleck bildet sich bis zur Pubertät langsam zurück.

Laktoseintoleranz (Milchunverträglichkeit)

Bei einer Laktoseintoleranz kann der Körper den in Milch und Milchprodukten enthaltenen Milchzucker (Laktose) nicht verdauen.

Normalerweise spaltet das Enzym Laktase im Dünndarm den Milchzucker in Glukose und Galaktose auf, denn nur die Glukose kann durch die Darmwand in die Blutbahn aufgenommen werden. Bei einer Überempfindlichkeit besteht ein Mangel am Enzym Laktase. Milchzucker gelangt in ungespaltener Form in den Dickdarm. Die dort ansässigen Bakterien lösen eine Vergärung und damit Bauchkrämpfe, Blähungen und Durchfälle aus.

Besonders bei erwachsenen Asiaten und Afrikanern ist die Laktoseintoleranz sehr verbreitet. Sie kann auch bei Kindern vorkommen. Es ist möglich, das fehlende Enzym über Tabletten (Laluk ®) aufzunehmen und dadurch die Folgen der Laktoseintoleranz abzumildern.

Lippen-Kiefer-Gaumen-Spalte

Jedes Jahr kommen in Deutschland ca. 1800 Kinder mit einer Lippen - Kiefer - Gaumen - Spalte auf die Welt und auch unter Adoptivkindern ist die Erkrankung häufig anzutreffen, da viele dieser Kinder wegen fehlender Behandlungsmöglichkeiten und der Intoleranz der Bevölkerung zur Adoption freigegeben werden. Die Behandlung in Deutschland ist langwierig, aber erfolgreich. In der Regel müssen die Kinder viermal operiert werden und können danach normal sprechen.

Adressen von Fachkliniken und Fachärzten vermittelt die:

Deutsche Gesellschaft für Zahn-, Mund- und Kieferheilkunde (DGZMK)
Liesegangstraße 17 a, 40211 Düsseldorf
Tel: 0211/ 61 01 98 0

Altersbestimmung

Alle Kinder, die zur Adoption kommen, erhalten im Ausland ein offizielles Geburtsdatum. Da es in vielen Ländern aber keine Meldepflicht bei Geburten gibt, wird das Geburtsdatum oft erst nachträglich festgelegt bzw. geschätzt. Es besteht daher keine Sicherheit, dass das in den Dokumenten angegebene Alter dem tatsächlichen Alter des Kindes entspricht. Eine Altersbestimmung in Deutschland stößt meist auf einige Schwierigkeiten.

Handröntgenuntersuchung

Mit einer Handröntgenuntersuchung lässt sich das Alter nicht zuverlässig bestimmen

Vielfach wird hierfür die Methode der Handröntgenuntersuchung angewendet. Die Methode beruht auf der Tatsache, dass der menschliche Stützapparat zu Beginn des Lebens überwiegend aus Knorpeln besteht und erst im Laufe der Zeit von Knochen ersetzt wird. Auf dem Röntgenbild des Handskeletts sind die einzelnen Phasen der Verknöcherung erkennbar.

Das Röntgenbild wird dann nach einem bestimmten Schema ausgewertet. Der Arzt

greift hierfür auf Tabellen zurück, die erstellt wurden, indem eine Vielzahl von Jugendlichen untersucht und in verschiedene Stadien der Skelettreifung eingeteilt wurde. Für jedes dieser Stadien wird das Durchschnittsalter der Untersuchten ausgerechnet. Dies ergibt das sog. 'Knochenalter'.
Bereits bei der Untersuchung deutscher Kinder führt die Untersuchung nicht unbedingt zu einer exakten Messung des tatsächlichen Alters des Kindes, da jedes Stadium nur den rechnerischen Durchschnitt des Lebensalters aller Mitglieder der Gruppe angibt, die einen bestimmten Grad der Skelettreifung aufweist.
Besonders unzuverlässig ist diese Methode jedoch bei südamerikanischen, afrikanischen und asiatischen Kindern. Die in Deutschland verwendeten Tabellen von Bayley – Pinneau und von Tanner beruhen auf der Untersuchung von nordamerikanischen bzw. englischen Kindern. Das Knochenwachstum von Kindern anderer Rassen verläuft jedoch meist anders. Für Kinder aus Afrika wurde etwa festgestellt, dass sich Abweichungen von bis zu drei Jahren ergeben können.
Die Methode der Handröntgenuntersuchung ist deshalb nur sehr bedingt geeignet, das Alter des Kindes zu bestimmen.

Zahnuntersuchung

Eine weitere Möglichkeit der Altersbestimmung ist die Untersuchung der Gebissentwicklung des Kindes.
Man spricht hier vom sog. 'Zahnalter' oder 'dentalen Alter'. Auch hier stehen wieder Tabellen zur Verfügung.
Zahlreiche Studien haben ergeben, dass auch die Altersbestimmung über die Gebissuntersuchung sehr unzuverlässig ist. Es zeigten sich Abweichungen zwischen Zahnalter und Alter des Kindes von bis zu sechs Jahren.

Impfungen

Kinder, die aus dem Ausland adoptiert wurden, sind oft nicht gegen Kinderlähmung oder Masern geimpft, obwohl ihr Impfpass anderes besagt. In einer Untersuchung der University of Cleveland wurden 465 Kinder untersucht, die aus dem Ausland adoptiert worden waren. Es zeigte sich, dass viele Kinder keinen Impfschutz hatten, obwohl die Herkunftsländer anderes bescheinigt hatten. Da sich der Impfschutz mittels Blutproben nachweisen lässt, sollten Adoptiveltern ihren Kinderarzt auf entsprechende Untersuchungen hinweisen.

Die Einreise nach Deutschland

Für die Einreise nach Deutschland benötigt das Kind ein Visum.

➤ **Beispiel:**

Das Ehepaar Berger hat im Ausland einen kleinen Jungen adoptiert. Das Adoptionsverfahren ist abgeschlossen und der Junge hat bereits einen Reisepass seines Herkunftsstaates erhalten. Nun gehen die Bergers zur deutschen Botschaft, um dort ein Visum für die Einreise nach Deutschland zu beantragen.

Kein Visum bei wirksamer Adoption

Bei einer wirksamen Adoption braucht man kein Visum für das Kind

Wenn eine nach deutschen Gesetzen wirksame Adoption vorliegt, so ist das adoptierte Kind nach § 6 des Staatsangehörigkeitsgesetzes durch die Adoption deutscher Staatsangehöriger geworden. Ein im Ausland adoptiertes Kind ist dann, obwohl es noch im Ausland lebt, nicht mehr Ausländer, sondern Deutscher. In diesem Fall ist nach §§ 1 und 3 Passgesetz von der deutschen Botschaft im Ausland ein Pass bzw. ein Passersatz auszustellen.
Bei Unklarheiten über die Wirksamkeit der Adoption ist es erforderlich, die Adoption in Deutschland anerkennen zu lassen, damit dann von der deutschen Botschaft im Ausland für das Kind direkt ein deutscher Reisepass bzw. Kinderpass ausgestellt werden kann.

Visum bei unwirksamer Adoption

Ist die im Ausland erfolgte Adoption nach deutschem Recht unwirksam, so braucht das Kind für die Einreise nach Deutschland ein Visum. Dieses Visum darf die deutsche Auslandsvertretung erst nach Zustimmung der Ausländerbehörde ausstellen, die für den vorgesehenen Aufenthaltsort oder für den Ort des Sitzes der beteiligten inländischen Adoptionsvermittlungsstelle zuständig ist.
In der Regel ist die Einholung der Zustimmung der Ausländerbehörde eine reine Formalität. Vor allem, wenn die Adoption über eine anerkannte Adoptionsvermittlungsstelle betrieben wird, ist kaum mit dem Auftreten von Schwierigkeiten zu rechnen.
Falls Probleme auftreten, ist es wichtig, die rechtlichen Grundlagen zu kennen, aus denen sich ein Anspruch des Kindes auf Einreise ergeben kann:

Anspruch auf Familienzusammenführung

Nach § 28 des Aufenthaltsgesetzes, das die Erteilung von Visa zur Familienzusammenführung regelt, ist dem ausländischen minderjährigen ledigen Kind eines Deutschen eine Aufenthaltserlaubnis zu erteilen, wenn der Deutsche seinen gewöhnlichen Aufenthalt im Bundesgebiet hat.
In den Fällen, in denen das Adoptivkind wegen einer unwirksamen Adoption nicht deutscher Staatsangehöriger geworden ist, kann sich ein Anspruch auf Familienzusammenführung ergeben. Dies kommt jedoch erst dann in Betracht, wenn das Kind ein 'Familienangehöriger' ist.

Hierfür muss zwischen dem Kind und seinen neuen Eltern als Folge eines länger andauernden Pflegeverhältnisses eine gewachsene Bindung entstanden sein.[85]

Schützenswerte Bindungen entstehen schneller, wenn ein Kind noch jung ist und es ungestört mit seinen neuen Bezugspersonen zusammenlebt. Das Zusammenleben mit weiteren Personen kann nach Meinung der Rechtsprechung das Wachsen von Bindungen behindern.[86]
Das Verwaltungsgericht Berlin hat im Jahr 2009 entschieden, dass eine 8-wöchige Pflegschaft in Algerien noch nicht genügt, um ein bereits unter den Schutz der Ehe und Familie fallendes Pflegekindschaftsverhältnis anzunehmen. In dem Verfahren war argumentiert worden, man habe außerhalb der 8 Wochen mittels einer Webkamera Kontakt zu dem zweijährigen Kind gehalten. Es ist wenig überraschend, dass das Gericht dieser Argumentation nicht folgte. Mit einer Webkamera kann man keine Familienbindungen aufbauen. Deshalb lehnte das Gericht eine Aufenthaltserlaubnis zum Zwecke des Familiennachzugs ab.[87]

Vermeiden einer außergewöhnlichen Härte

Nach § 36 Satz 1, 28 Abs. 4 AufenthG kann dem Familienangehörigen eines Deutschen eine Aufenthaltserlaubnis erteilt werden, wenn es zur Vermeidung einer außergewöhnlichen Härte erforderlich ist.

Eine außergewöhnliche Härte liegt meist nicht vor

Von den Gerichten wird bei der Prüfung der Vorschrift vor allem geprüft, ob die familiären Bindungen bereits ein solches Gewicht erreicht haben, dass von einer Zugehörigkeit des Adoptivkindes zur Familie ausgegangen werden kann. Die Annahme einer außergewöhnlichen Härte setzt nach der Rechtsprechung des Bundesverwaltungsgerichts grundsätzlich voraus, dass der im Ausland lebende Familienangehörige ein eigenständiges Leben nicht führen kann, sondern auf die Gewährung familiärer Lebenshilfe angewiesen ist und dass diese Hilfe in zumutbarer Weise nur im Bundesgebiet erbracht werden kann. Es muss ein Familienmitglied auf die Lebenshilfe eines anderen Familienmitglieds angewiesen sein und diese Hilfe muss sich nur in Deutschland erbringen lassen. An das Vorliegen einer außergewöhnlichen Härte werden sehr hohe Ansprüche gestellt. Es müssen nach Art und Schwere so erhebliche Schwierigkeiten für den Erhalt der familiären Lebenssituation drohen, dass die Versagung der Aufenthaltserlaubnis ausnahmsweise als unvertretbar anzusehen ist.

Allgemeine Vorschriften

In der Regel kommt die Einreise eines Kindes, das von seinen Adoptiveltern noch nicht wirksam adoptiert wurde, nur nach den allgemeinen Vorschriften der § 7 Abs. 1 Satz 3 i.V.m. § 6 Abs. 4 Aufenthaltsgesetz in Betracht. Danach kann in begründeten Fällen eine Aufenthaltserlaubnis für einen im Aufenthaltsgesetz nicht vorgesehenen Aufenthaltszweck erteilt werden. Dazu gehört auch eine Aufenthaltserlaubnis zur Durchführung eines Adoptionsverfahrens.
Die Entscheidung steht im Ermessen der Behörde.
Das bedeutet allerdings nicht, dass der Beamte nach Belieben entscheiden kann, ob er die Zustimmung zur Einreise erteilt oder nicht. Ermessen bedeutet immer pflichtgemäßes Er-

messen. Die Entscheidung muss ermessensgerecht und ermessensfehlerfrei sein, d.h. die Behörde muss eine Lösung ermöglichen, die angesichts der besonderen konkreten Umstände nach Abwägen allen Für und Widers dem Zweck der Vorschrift am besten gerecht wird.

Nach der Adoption – Anerkennung der Adoption

Wenn ein Kind im Ausland adoptiert wird, bedeutet dies noch nicht automatisch, dass nun auch nach deutschem Recht eine Adoption stattgefunden hätte und sich aus der Adoption im Ausland Rechte in Deutschland ableiten ließen. Die ausländische Adoption muss zuerst in Deutschland anerkannt werden.
Bei jeder im Ausland ausgesprochenen Adoption stellt sich die Frage, wie die ausländische Entscheidung in Deutschland zu behandeln ist. Auch wenn die Adoption im Ausland nach den dort geltenden Vorschriften wirksam ist, muss immer geprüft werden, ob die Annahme des Kindes die gleichen Rechtswirkungen hat wie eine Adoption in Deutschland.

Zur Prüfung der Anerkennungsfähigkeit einer Adoption ist ein Antrag erforderlich, den die Annehmenden, das Kind oder das zuständige Standesamt formlos beim Familiengericht stellen können. Zuständig ist das für den Wohnsitz der Antragsteller örtlich zuständige Familiengericht, in dessen Bezirk ein Oberlandesgericht seinen Sitz hat. Wenn die Annehmenden im Ausland leben, sind die Abteilungen 51-54 des Amtsgerichts Schöneberg, Grunewaldstr. 66-67, 10823 Berlin zuständig. Wer wissen will, welches Gericht für seinen Antrag zuständig ist, schafft sich am besten mit einem Anruf bei der Geschäftsstelle seines örtlichen Amtsgerichts / Familiengerichts Klarheit.

Dem Antrag sind in der Regel folgende Unterlagen im Original oder beglaubigter Übersetzung mit deutscher Übersetzung beizufügen:

- die Geburtsurkunde des Kindes vor und nach erfolgter Adoption,
- Dokumente, die eine Einwilligung der leiblichen Eltern bzw. des Vormundes des Kindes enthalten,
- evtl. erstellte Sozialberichte über das Kind
- evtl. erstellte Adoptionseignungseignungsberichte.

Soweit der Vorname des Kindes geändert werden soll, ist dies ebenfalls zu beantragen. Nach Eingang des Antrags auf Anerkennung der Adoption und Prüfung der Unterlagen wird das Bundesamt für Justiz als Bundeszentralstelle für Auslandsadoption am Verfahren beteiligt.

Für Adoptiveltern ist die Anerkennung einer Adoption in der Regel unkompliziert, wenn sie in einem Vertragsstaat des Haager Übereinkommens adoptiert haben.

Vertragsstaaten

Nach Artikel 23 des Haager Übereinkommens wird eine Adoption *´in den anderen Vertragsstaaten kraft Gesetzes anerkannt, wenn die zuständige Behörde des Staates, in dem sie durchgeführt worden ist, bescheinigt, dass sie gemäß dem Übereinkommen zustande gekommen ist.`*

Adoptionen in einem Vertragsstaat des Haager Übereinkommens werden in einem anderen Vertragsstaat kraft Gesetzes anerkannt

Adoptionen in Vertragsstaaten des Übereinkommens, die nach den Vorschriften des Übereinkommens durchgeführt wurden, werden in allen Vertragsstaaten kraft Gesetzes anerkannt, ohne dass es einer gerichtlichen Entscheidung im Annahmestaat bedarf. Handelt es sich bei der Adoption im Ausland um eine schwache Adoption, so erlaubt es § 27 Abs. 1 des Haager Übereinkommens unter bestimmten Voraussetzungen, die schwache Adoption in eine Volladoption umzuwandeln.

➤ **Beispiel:**

Maria und Peter Raab haben die kleine Marisol aus Brasilien adoptiert. Da das Haager Übereinkommen hier Anwendung findet - Brasilien ist Vertragsstaat - wird die Adoption kraft Gesetzes anerkannt. Dennoch stellen die Raabs fest, dass viele deutsche Behörden mit den brasilianischen Dokumenten nichts anfangen können. Es wäre ihnen deshalb am liebsten, wenn sie die Bescheinigung einer deutschen Behörde oder eines deutschen Gerichts vorzeigen könnten, aus der hervorgeht, dass Marisol nun ihr Kind ist.

Die Raabs haben hier die Möglichkeit, die ausländische Adoption dem deutschen Familiengericht vorzulegen. Dieses prüft

- ob die Adoption anzuerkennen ist und
- ob das Eltern-Kind-Verhältnis des Kindes zu seinen bisherigen Eltern durch die Annahme erloschen ist.

Mit der positiven Entscheidung des deutschen Gerichts halten die Adoptiveltern dann die Bescheinigung in Händen, dass die Adoption anerkannt wird.
Problematisch wird die Anerkennung der Adoption, wenn die in einem Mitgliedsstaat des Haager Übereinkommens ausgesprochen wurde, jedoch die Voraussetzungen des Haager Übereinkommens nicht eingehalten wurden.

Grundsätzlich scheitert die Anerkennung der Adoption nicht schon daran, dass die Regelungen des Abkommens nicht beachtet wurden. Die Adoption wird jedoch dann nicht anerkannt, wenn es sich nicht nur um einen formellen Verstoß handelt, sondern die Voraussetzungen des Abkommens auch inhaltlich nicht gegeben sind.

So hatte das Amtsgericht Köln über einen Fall zu entscheiden, in dem Deutsche in der Türkei ein Kind adoptiert hatten.[88] Die Türkei ist Mitglied des Haager Übereinkommens, weshalb die entsprechenden Vorschriften des Übereinkommens zu befolgen waren. Entgegen diesen Vorschriften wurde jedoch nicht geprüft, ob die Adoptiveltern für eine

Adoption geeignet waren und ob die Adoption dem Wohl des Kindes diente. Außerdem wurde Art. 305 des türkischen Zivilgesetzbuches nicht beachtet, wonach der Adoption zwingend ein Pflegejahr vorausgehen muss.
Nach Ansicht des Amtsgerichts Köln verstieß diese Adoption *'in einer besonders schwer wiegenden Weise gegen Sinn und Zweck einer Kindesannahme nach deutschem Recht, die auf die Schaffung eines Eltern-Kind-Verhältnisses zum Zwecke des Kindeswohls abzielt'*. Die Anerkennung konnte deshalb nicht erfolgen.

Zu einem ganz anderen Ergebnis kam das Amtsgericht Hamm in einem ähnlichen Fall, in dem ebenfalls ein Kind in der Türkei adoptiert worden war.[89] Die Bundeszentralstelle für Auslandsadoption erhob Bedenken gegen die Anerkennungsfähigkeit der Adoption, da die türkische Seite das Adoptionsbedürfnis des Kindes nicht festgestellt habe. Ein Adoptionsbedürfnis aus Sicht des Kindes sei nicht erkennbar. Die Geeignetheit der Bewerber durch das türkische Gericht sei zwar erfolgt, die Prüfung hätte jedoch auch die Überprüfung der Verhältnisse beinhalten müssen, in denen die Adoptionsbewerber in Deutschland leben.
Dennoch sprach das Amtsgericht Hamm hier die Anerkennung der Adoption aus. Es sei von einer nach türkischem Recht wirksamen Adoption auszugehen. Eine Nichtanerkennung könne nur bei *'krassen Verstößen gegen grundlegende Eltern-Kindesrechte'* erfolgen. Das Gericht habe sich mit dem Kindeswohl auseinander gesetzt, *'mögen die Prüfungen auch nicht dem deutschen Standard oder dem Standard, den das HAÜ vorsieht, entsprechen. Dass hier möglicherweise das Pflegejahr nicht eingehalten ist, begründet keine Unvereinbarkeit mit Grundsätzen des deutschen Adoptionsrechts. § 1744 BGB sieht die Pflegezeit im Rahmen einer Sollvorschrift vor und ist damit nicht zu den tragenden Grundsätzen des deutschen Adoptionsrechts zu zählen...*
Das Gericht vermag auch keinen Verstoß gegen die in der Kinderrechtekonvention verankerten Kindesrechte zu erkennen. Insbesondere ist ein Adoptionsbedürfnis durchaus erkennbar. Das Kind war von den Eltern offenbar nicht gewollt, so dass sie es weggeben wollten. Soweit wirtschaftliche Gründe eine Rolle spielen, muss gesehen werden, dass grundlegende Kindeswohlbelange wie Sicherung der Existenz und Verschaffung einer angemessenen Ausbildung, die in Deutschland wie selbstverständlich gesichert erscheinen, in der Türkei nicht in diesem Maße gewährleistet sind.
Die Anerkennung erscheint auch gerechtfertigt vor dem Hindergrund einer nicht wünschenswerten Nichtbeachtung der Regelungen des HAÜ durch Vertragsstaaten bzw. deren Umgehung. Eine Vielzahl von Anhörungen betroffener türkischer Adoptionseltern zeigt nicht nur auf, dass in der Türkei erhebliche Missstände bei der Umsetzung des HAÜ vorliegen. Die Erfahrungen belegen leider auch, dass in vielen örtlichen Adoptionsvermittlungsstellen und auch Ausländerbehörden sowie in der Anwaltschaft Beratungsdefizite vorhanden sind, die für die Adoptionsbewerber zu erheblichen Unzuträglichkeiten führen. Es erscheint nicht vertretbar, zur Durchsetzung des HAÜ die gesetzlich festgelegten Anerkennungsregeln einschränkend auszulegen.'

Nicht - Vertragsstaaten

Für Adoptionen in Nicht - Vertragssaaten gibt es keine Anerkennung kraft Gesetzes. Um eine klare Rechtssituation zu bekommen, besteht nach dem Adoptionswirkungsgesetz die Möglichkeit, eine Anerkennungs- und Wirkungsfeststellung (§2) bzw. einen Umwandlungsausspruch (§3) zu beantragen.

Anerkennungs- und Wirkungsfeststellung

Auf Antrag stellt das Gericht nach § 2 Adoptionswirkungsgesetz fest, ob eine Annahme eines Kindes im Ausland anzuerkennen oder wirksam ist und ob das Eltern - Kind - Verhältnis des Kindes zu seinen bisherigen Eltern durch die Annahme erloschen ist.

'Im Falle einer anzuerkennenden oder wirksamen Annahme ist zusätzlich festzustellen,

1. *wenn das in Absatz 1 genannte Eltern-Kind-Verhältnis erloschen ist, dass das Annahmeverhältnis einem nach den deutschen Sachvorschriften begründeten Annahmeverhältnis gleichsteht.*
2. *andernfalls, dass das Annahmeverhältnis in Ansehung der elterlichen Sorge und der Unterhaltspflicht des Annehmenden einem nach den deutschen Sachvorschriften begründeten Annahmeverhältnis gleichsteht.'*

Die Wirkungen der ausländischen Adoption ändern sich durch die gerichtliche Feststellung nicht. Es ist deshalb empfehlenswert, dass alle in Frage kommenden Erblasser ein Testament zu Gunsten des Kindes errichten. Nach § 22 Abs. 3 EGBGB steht das adoptierte Kind im Erbfall damit einem nach deutschen Sachvorschriften angenommenem Kind gleich.
Diese erbrechtliche Regelung gilt nur für Kinder, nicht aber für die Adoption von Erwachsenen.

Wann ist eine Adoption aus einem Nicht - Vertragsstaat anzuerkennen?

Die Anerkennung einer Adoption außerhalb des Anwendungsbereiches des Haager Übereinkommens richtet sich nach § 16 a FGG:
'Die Anerkennung einer ausländischen Entscheidung ist ausgeschlossen:

1. *wenn die Gerichte des anderen Staates nach deutschem Recht nicht zuständig sind;*
2. *wenn einem Beteiligten, der sich zur Hauptsache nicht geäußert hat und sich hierauf beruft, das verfahrenseinleitende Schriftstück nicht ordnungsmäßig oder nicht so rechtzeitig mitgeteilt worden ist, dass er seine Rechte wahrnehmen konnte;*
3. *wenn die Entscheidung mit einer hier erlassenen oder anzuerkennenden früheren ausländischen Entscheidung oder wenn das ihr zugrunde liegende Verfahren mit einem früher hier rechtshängig gewordenen Verfahren unvereinbar ist;*
4. *wenn die Anerkennung der Entscheidung zu einem Ergebnis führt, das mit*

wesentlichen Grundsätzen des deutschen Rechts offensichtlich unvereinbar ist, insbesondere wenn die Anerkennung mit den Grundrechten unvereinbar ist.`

Das deutsche Rechts ist sehr anerkennungsfreundlich. Eine Anerkennung unterbleibt nur dann, wenn grundlegende Zuständigkeits- oder Verfahrensprinzipien nicht beachtet wurden oder die Anerkennung zu einem Ergebnis führt, das mit wesentlichen Grundsätzen des deutschen Rechts (ordre public) offensichtlich unvereinbar wäre.

In Anerkennungsverfahren haben deutsche Gerichte so entschieden:

- *„Allein die Nichtbeteiligung einer deutschen Fachstelle bei der Anerkennung einer im Ausland erfolgten Adoption begründet noch nicht stets einen Verstoß gegen den „ordre public."*[90]
- *„Die Anerkennung der ausländischen Entscheidung ist nur dann ausgeschlossen, wenn sie zu einem Ergebnis führt, das zu den Grundgedanken der entsprechenden deutschen Regelung und den darin enthaltenen Gerechtigkeitsvorstellungen in so starkem Widerspruch steht, dass das Ergebnis nach inländischen Vorstellungen untragbar erscheint."*[91]
- *„Eine nach Durchführung einer hinduistischen Zeremonie durch ein Gericht auf Bali/Indonesien ausgesprochene Adoption, bei welcher der Auslandsbezug nicht berücksichtigt und das Kindeswohl keiner eigenen gerichtlichen Überprüfung unterzogen wurde, kann in Deutschland nicht anerkannt werden."*[92]
- *„Die Anerkennung einer ausländischen Adoptionsentscheidung ist wegen Verstoßes gegen den deutschen ordre public zu versagen, wenn der Wille und Wunsch der seinerzeit am Verfahren Beteiligten dahin ging, das in einer intakten Familiengemeinschaft lebende Kind primär aus materiellen Gründen in einen anderen Kulturkreis zu versetzen. Eine Anerkennung der ausländischen Entscheidung ist nach deutschem Rechtsverständnis ausgeschlossen, wenn mit ihr adoptionsfremde Zwecke verfolgt werden, etwa wenn die Einreise des Adoptierten nach Deutschland und der Aufenthalt hier im Land ermöglicht werden soll."*[93]
- *„Nachdem die Bundesrepublik Deutschland das Haager Übereinkommen über den Schutz von Kindern und die Zusammenarbeit auf dem Gebiet der internationalen Adoption gegengezeichnet und ratifiziert hat, um die Belange des Kindeswohls und den Schutz der Kinder vor Entführung, Verkauf und Handel zu fördern und sicherzustellen, würde es gegen die Grundsätze dieser Rechtsordnung verstoßen, wenn man eine Adoptionsentscheidung, die die im Haager Übereinkommen aufgestellten Grundsätze nicht einmal im Ansatz beachtet, anerkennen würde. Die im Haager Übereinkommen statuierten Grundsätze sind durch die Ratifizierung zum deutschen ordre public erhoben. Eine Anerkennung eines in Eritrea geschlossenen und richterlich bestätigten Adoptionsvertrages, mit dem die Schwester des leiblichen Vaters eines dessen (insgesamt 6) ehelichen Kinder adoptiert, ist trotz dessen Wirksamkeit in Eritrea ausgeschlossen, da er gegen den deutschen*

ordre public verstößt. Es wurden keinerlei Behörden eingeschaltet. Deshalb kann nicht sichergestellt werden, dass das angenommene Kind von der Annehmenden ausreichend versorgt und betreut wird. Auch liegt kein wirkliches Adoptionsbedürfnis vor. Ob die Adoption tatsächlich dem Kindeswohl entspricht, wurde ebenfalls nicht ausreichend geprüft."[94]

- *„Die Anerkennung einer ausländischen Adoptionsentscheidung kann nur dann versagt werden, wenn auf Grund einer am Kindeswohl orientierten konkreten Betrachtungsweise feststeht, dass die Anerkennung zu einem, nach deutschen Rechtsvorstellungen untragbaren Ergebnis führt. Ein solches Ergebnis ist dann gegeben, wenn im ausländischen Adoptionsverfahren eine Kindeswohlprüfung ersichtlich überhaupt nicht stattgefunden hat. Falsche Angaben des Adoptionsbewerbers gegenüber den zur Prüfung seiner Eignung eingeschalteten Stellen schließen nicht zwangsläufig aus, dass die Adoption dem Wohl des Kindes diente."*[95]

Umwandlungsausspruch

Weichen die Wirkungen der ausländischen Adoption von den Wirkungen des nach deutschen Sachvorschriften begründeten Annahmeverhältnisses ab, besteht die Möglichkeit, einen Antrag auf Umwandlung des Annahmeverhältnisses zu stellen.

Umwandlung einer schwachen in eine starke Adoption

Eine im Ausland ausgesprochene schwache Adoption kann also in eine starke Adoption umgewandelt werden, wodurch das adoptierte Kind die volle Rechtsstellung eines nach deutschen Vorschriften adoptierten Kindes erhält. Voraussetzung ist, dass

1. dies dem Wohl des Kindes dient,
2. die erforderlichen Zustimmungen zu einer Annahme mit einer das Eltern-Kind-Verhältnis beendenden Wirkung erteilt sind und
3. überwiegende Interessen des Ehegatten oder der Kinder des Annehmenden oder des Angenommenen nicht entgegenstehen.

Den Antrag auf Umwandlung können nur die Annehmenden stellen.
Im gerichtlichen Verfahren werden das Jugendamt und die zentrale Adoptionsstelle des Landesjugendamtes beteiligt

Staatsangehörigkeit des Kindes

Deutsche Staatsangehörigkeit durch Adoption

Das adoptierte Kind kann bereits durch seine Adoption im Ausland und vor einer eventuellen Anerkennung bzw. Umwandlung die deutsche Staatsangehörigkeit erworben haben.

§ 6 Staatsangehörigkeitsgesetz regelt:
'Mit der nach den deutschen Gesetzes wirksamen Annahme als Kind durch einen Deutschen erwirbt das Kind, das im Zeitpunkt des Annahmeantrages das achtzehnte Lebensjahr noch nicht vollendet hat, die Staatsangehörigkeit.'
Wann aber liegt eine nach den deutschen Gesetzen wirksame Annahme als Kind vor?
Das Bundesinnenministerium hat hierzu in der allgemeinen Verwaltungsvorschrift zum Staatsangehörigkeitsrecht nähere Angaben gemacht.

Allgemeine Verwaltungsvorschrift zum Staatsangehörigkeitsrecht

6.1.2 Adoption im Ausland

Eine nach den deutschen Gesetzen wirksame Annahme als Kind hat bei einer Adoption aufgrund einer Entscheidung eines ausländischen Gerichts oder einer ausländischen Behörde (Dekretadoption) den Erwerb der deutschen Staatsangehörigkeit nur zur Folge, wenn es sich um eine Volladoption handelt.

6.1.2.1 Beruht die Annahme als Kind auf der Entscheidung eines ausländischen Gerichts oder einer ausländischen Behörde, so richtet sich deren Anerkennung nach § 16a des Gesetzes über die Angelegenheiten der freiwilligen Gerichtsbarkeit. Danach setzt die Anerkennung insbesondere voraus, dass

a) der Annehmende oder einer der annehmenden Ehegatten oder das Kind zur Zeit der Adoptionsentscheidung entweder die Staatsangehörigkeit des Entscheidungsstaates besaß oder dort seinen gewöhnlichen Aufenthalt hatte und

b) die durch den ausländischen Adoptionsakt herbeigeführte Rechtslage wesentlichen Grundsätzen des deutschen Rechts nicht offensichtlich widerspricht und insbesondere mit den Grundrechten in Einklang steht (Beachtung des Kindeswohls sowie der Mitwirkungsrechte des Kindes und seiner leiblichen Eltern).

6.1.2.2 Beruht die Annahme als Kind auf einem Rechtsgeschäft (Adoptionsvertrag), so beurteilt sich deren Wirksamkeit nach dem jeweils anwendbaren Recht (Artikel 22 und 23 des Einführungsgesetzes zum Bürgerlichen Gesetzbuch). Hierbei ist auf die Wahrung der deutschen öffentlichen Ordnung (Artikel 6 des Einführungsgesetzes zum Bürgerlichen Gesetzbuch) besonders Bedacht zu nehmen. Kommt deutsches Sachrecht zur Anwendung, so ist eine durch Rechtsgeschäft vollzogene Adoption stets unwirksam.

Die Frage, wann eine nach deutschen Gesetzen wirksame Annahme vorliegt, ist eine Frage des Einzelfalles und muss bei jeder Adoption individuell geprüft werden.

Mehrstaatigkeit

Adoptivkinder können mehrere Staatsangehörigkeiten haben

Wird das angenommene Kind durch die Adoption deutscher Staatsbürger, so folgt daraus noch nicht automatisch der Verlust der früheren Staatsangehörigkeit. Nach deutschem Recht ist es durchaus möglich, dass das Kind mehrere Staatsangehörigkeiten hat. Ob das Kind seine ursprüngliche Staatsangehörigkeit durch die Adoption verliert, ist eine Frage des Rechts im Herkunftsland.

Geburtsurkunde

Für das Kind wird vom Standesamt I in Berlin eine neue Geburtsurkunde ausgestellt. Die Antragstellung erfolgt über das Standesamt am Wohnort der Eltern. Aus der neuen Geburtsurkunde ist nicht zu erkennen, dass es sich um ein Adoptivkind handelt.

Die Abstammungsurkunde, die früher u.a für eine Heirat benötigt wurde und in der auch die Geburtsnamen und Name und Familienstand der leiblichen Eltern vermerkt war, wurde zum1.1.2009 abgeschafft.

Nach der Adoption – Erziehung

Die Erziehung eines Kindes ist keine einfache Sache. Das gilt sowohl für leibliche Kinder als auch für Adoptivkinder.
In manchen Adoptivfamilien gelingt es trotz aller Mühen nicht, eine fruchtbare Eltern - Kind - Beziehung aufzubauen und im äußersten Fall muss das Kind nach einiger Zeit wieder die Familie verlassen.

Dies ist jedoch nicht die Regel. Der Prozentsatz gescheiterter Adoptionen bewegt sich im unteren einstelligen Bereich und es gibt keine Erkenntnisse darüber, dass das Eltern - Kind - Verhältnis bei Adoptivfamilien weniger eng ist als bei anderen Familien.
Eltern und Kinder teilen zwar nicht ihre genetischen Codes, aber unzählige gemeinsame Erlebnisse und Erfahrungen, die sie zu einer Familie zusammenschweißen.
Der Alltag einer Adoptivfamilie unterscheidet sich daher nicht sehr vom Alltag anderer Familien. Viele Eltern, die sowohl leibliche als auch adoptierte Kinder erziehen, geben an, sie würden alle Kinder gleichermaßen lieben und sich um die einen genauso intensiv kümmern wie um die anderen.

Kompetente Eltern – kompetente Kinder

Für die Erziehung eines Adoptivkindes gilt in erster Linie all das, was auch für die Erziehung eines leiblichen Kindes gilt. Hier lassen sich Forschungsbefunde auf folgenden Nenner bringen:
'Kompetente Eltern haben auch kompetente Kinder'.[96]

Je höher die Erziehungskompetenz der Eltern ist, desto höher ist auch die Wahrscheinlichkeit, dass sich die Kinder zu verantwortungsvollen und leistungsfähigen Personen entwickeln.
Als wichtig für die Eltern-Kind-Beziehung haben sich folgende Faktoren herausgestellt:

Positiv für die Eltern-Kind-Beziehung sind:

- Zuneigung
- emotionale Wärme
- klare verständliche Regeln und Handlungsspielräume, die sich im Laufe der Entwicklung des Kindes erweitern

Nachteilig für die Eltern-Kind-Beziehung sind:

- Eltern mit geringem Selbstvertrauen
- Unbefriedigende Arbeitsbedingungen der Eltern
- Eltern, die in ihrem sozialen Umfeld auf wenig Unterstützungsmöglichkeiten zurückgreifen können
- Armut, Einkommensverluste und Arbeitslosigkeit
- 'schwieriges' Temperament des Kindes

Die erste gemeinsame Zeit

Die Erziehung des Kindes beginnt schon kurz nachdem die Eltern das Kind bei sich aufgenommen haben. Viele merken dann sehr schnell, dass das neue Kind doch einige Anforderungen an das erzieherische Geschick stellt.

➤ **Beispiel:**

Frau Kröger hat die 5 – jährige Seema aus Nepal adoptiert. Schon kurz nachdem das Mädchen das Kinderheim in Kathmandu verlassen hat und zu ihrer neuen Mutter gezogen ist, entpuppt sie sich als ausgesprochen lebhaftes und selbstbewusstes Mädchen. Frau Kröger hatte eigentlich erwartet, dass Seema in der ersten Zeit eine große Zurückhaltung an den Tag legen würde und ängstlich auf die vielen Veränderungen reagieren würde. Stattdessen zeigt sich bald, dass Seema nicht unbedingt dem klassischen Bild eines sich unterordnenden asiatischen Mädchens entspricht, sondern vielmehr versucht, mit Vehemenz ihre eigenen Vorstellungen und Ansichten durchzusetzen.

Frau Kröger hatte sich vorgestellt, das Kind langsam und vorsichtig an sein neues Leben heranzuführen. Stattdessen ist sie nun plötzlich damit beschäftigt, Grenzen zu setzen und sich Seema gegenüber durchsetzen zu müssen.

Bereits bei leiblichen Kindern ist es eine höchst schwierige Aufgabe, einen adäquaten Erziehungsstil zu finden. Immer mehr Eltern scheinen an dieser Herausforderung zu scheitern.

Aktives Erziehen

Die 'Zeit' schrieb in einem Artikel unter dem Titel: 'Die Elternkatastrophe':
'„Aktives Erziehen" ist die dürre Umschreibung für Selbstverständlichkeiten, die keine mehr sind. Dazu gehört, dass Kinder vor der Schule ein Frühstück bekommen; dass es irgendjemanden interessiert, ob und wie sie ihre Schularbeiten erledigen; dass sie ausgeschlafen zur Schule gehen; dass sie am Nachmittag Gelegenheit zu Sport und Spiel haben; dass die kulturellen Anregungen im Elternhaus sich nicht auf Dauerfernsehen beschränken; dass Schuleschwänzen zu Hause nicht verharmlost wird; dass Jugendliche nicht mehr Zeit beim Jobben als im Unterricht verbringen; dass Kinder sich halbwegs artikulieren können; dass Eltern die Elternversammlungen besuchen.
Kinderärzte beobachten immer öfter Konzentrationsverlust und Hyperaktivität. Sprachheilpädagogen notieren alarmiert Sprachstörungen bei rund 20 Prozent der Erstklässler. Motorische Defizite haben den Unterricht im Geräteturnen dezimiert: Zu gefährlich, wenn man nicht einmal sicher auf einem Bein stehen kann, lautet die Begründung.'[97]

Offensichtlich haben also auch viele Eltern leiblicher Kinder große Probleme damit, ihre Kinder gut zu erziehen. Die Aufgabe ist bei Adoptivkindern aber nicht eben leichter.

Die 3-Phasen-Theorie

Nach der herkömmlichen 3-Phasen-Theorie verläuft die Entwicklung der Beziehung zwischen Adoptiveltern und Adoptivkind in 3 Phasen.

Anpassungsphase

Anpassung

Die erste Zeit des Adoptivkindes in seiner neuen Familie wird üblicherweise Anpassungsphase genannt, da das Kind hier eine Überanpassung zeigt und Konflikte vermeidet. Das Kind ist in dieser Phase sehr bemüht, sich so gut wie möglich anzupassen und alle Normen und Erwartungen zu erfüllen. Der Grund liegt darin, dass das Kind unsicher ist und erst Ordnung und Sicherheit gewinnen muss.

Übertragungsphase

Übertragung

Nach der 3-Phasen-Theorie beginnt das Kind, sobald es größere Sicherheit gewonnen hat, seine Situation durch die Brille seiner eigenen Geschichte zu sehen und die Beziehungen nach alten Mustern zu gestalten. Es versucht, die mit seinen Herkunftseltern verbundenen Gefühle wiederzubeleben, indem es seine Eltern bis zum Äußersten provoziert. Von den Eltern wird hier erwartet, dass die Konflikte so gelöst werden, dass das Kind die verlässliche Erfahrung macht, dass Auseinandersetzungen anders enden als früher.
Das Kind kann auf diese Weise seine ursprünglichen Erfahrungen aufarbeiten und zwischen seinen ursprünglichen Erfahrungen und der neuen Beziehung unterscheiden.

Regressionsphase

Regression

In der Regressionsphase zeigen die Kinder ein für frühere Entwicklungsstufen typisches Verhalten, indem sie sich klein machen und sich babyhaft verhalten.
Dadurch wird dem Kind ermöglicht, noch einmal Bindungen wie ein kleines Kind aufzubauen.

Die 3-Phasen-Theorie kann eine wichtige Hilfe beim Versuch sein, das Verhalten des Kindes zu verstehen.
Adoptiveltern sollten allerdings nicht überrascht sein, wenn sich ihr Kind ganz anders verhält, als es nach der Theorie zu erwarten ist.

Viele Eltern haben sich darauf vorbereitet, ein von seinem bisherigen harten Leben entmutigtes Kind zu bekommen, das sich erst langsam trauen muss, zu seinem eigenen Willen zu stehen.
Oft stellen sie dann fest, dass die Anpassungsphase, in der sich das Kind überangepasst zeigt, nur wenige Stunden anhält und sich das Kind dann als überaus selbstbewusster und durchsetzungsfähiger Mensch erweist.
Während es auf der einen Seite Kinder gibt, die sich noch lange überaus angepasst verhalten, gibt es auch viele Kinder, die es schon nach kürzester Zeit auf Konflikte mit ihren neuen Eltern ankommen lassen.

Für Eltern und Kinder ist die erste Zeit meist sehr schön, manchmal aber auch gleichzeitig recht schwierig.
Die Eltern haben sich oft jahrelang auf das Kind gefreut und sich oft ebenso lange um eine Adoption bemüht. Endlich nun haben sie das ersehnte Kind bei sich. Sie wollen dem Kind Gutes tun und ihm so viel wie möglich von dem Glück verschaffen, das es bislang entbehrt hatte.
Das Kind selbst muss eine Vielzahl neuer Eindrücke verarbeiten. Es kann in einem eigenen Bett schlafen, es gibt ausreichend zu essen, gute Kleider etc.
Dennoch sind manche Kinder anfangs recht enttäuscht. Viele dachten, sie könnten in dem anderen Land wie eine Prinzessin oder ein Prinz leben. Sie stellen dann enttäuscht fest, dass ihre neuen Eltern keine Diener haben, dass es kein Personal gibt, welches die anfallenden Arbeiten erledigt und dass von ihnen erwartet wird, kleinere Aufgaben im Haushalt zu übernehmen.
Eltern sollten nicht allzu sehr darauf hoffen, dass ihre Kinder mit Dankbarkeit auf die Adoption reagieren. In den Augen der Kinder hat sich die Situation zwar verbessert, es hätte aber durchaus noch besser kommen können – etwa bei der Vermittlung in einen Prinzenhaushalt.

Grenzen austesten

Über kurz oder lang versuchen die meisten Kinder, ihre Grenzen auszutesten.

Darf man bei den neuen reichen Eltern ins Bett, wann man will? Darf man auch nachts essen? Darf man Anordnungen nicht befolgen? Darf man tun und lassen was man will? Das sind Fragen, deren Beantwortung für die Eltern klar und offensichtlich ist. Für das Kind ist es das nicht.

➤ Beispiel:

Seema, die die ersten Jahre ihres Lebens in einem Kinderheim verbracht hat, kannte bislang nur einen sehr strukturierten Tagesablauf. Alle Kinder standen immer um eine bestimmte Uhrzeit auf und gingen abends pünktlich ins Bett. Alle Kinder aßen zu einer bestimmten Zeit und hatten genau definierte Aufgaben zu erfüllen. Zu Seemas Tätigkeitsbereich gehörte es etwa, beim Kehren des Bodens, beim Wäschewaschen und beim Abräumen des Geschirrs mitzuhelfen. Wenn sie ihre Aufgaben gut erledigte, hatte sie keine Schwierigkeiten zu erwarten. Alles war genau vorgegeben.
Ganz anders stellt sich das Leben bei Frau Kröger dar. Hier sind die Dinge viel mehr im Fluss. An manchen Tagen stehen alle früh auf, während es an anderen erlaubt ist, länger im Bett zu bleiben. Manchmal spielt ihre neue Mutter mit ihr, und manchmal ist sie aber auch recht streng. Gegessen wird oft dann, wenn man Hunger hat und nicht zu ganz festgelegten Essenszeiten. Seema muss also plötzlich eine Flexibilität zeigen, die bislang nicht von ihr verlangt worden war. Dies fällt ihr am Anfang ziemlich schwer, da es jetzt im Gegensatz zu früher auch keine älteren Kinder gibt, an denen sie sich orientieren kann.

Auftauchende Schwierigkeiten können ihre Ursache darin haben, dass die Kinder schlechte Erfahrungen auf die neuen Eltern übertragen (3-Phasen-Theorie), oder da-

rin, dass sie sich Orientierung über ihre Rechte und Pflichten in der neuen Umgebung verschaffen wollen.
Die Eltern haben die schwierige Aufgabe, dem Kind Orientierung über die Anforderungen seiner neuen Umwelt zu geben. Sie sollen weder überfordernd, noch überfürsorglich sein. Sie sollen konsequent sein, aber auch nicht zu streng. Alles in allem eine schwierige Gratwanderung.
Die Autoren können und wollen hier kein Patentrezept bieten. Jedes Kind ist unterschiedlich, jedes Elternteil ist unterschiedlich und pauschale Empfehlungen sind in der Regel nur schlecht umsetzbar.
Es soll lediglich versucht werden, ein paar Denkanstöße zu geben.

Vergangenes lässt sich nicht rückgängig machen

Was immer auch dem Kind in seiner Vergangenheit zugestoßen sein mag - es lässt sich nicht rückgängig machen.
Alle Ängste, Verlassenheitserlebnisse und Missbrauchserfahrungen, so tragisch sie für das Kind auch sein mögen, bleiben für immer Bestandteil im Leben des Kindes. Mit etwas Geschick und Glück mag es gelingen, einen guten Weg zu finden um das Erlebte zu verarbeiten - verschwinden wird es dadurch nicht.
Viele Adoptiveltern glauben, sie müssten dem Kind nun einen Ausgleich für entstandene Entbehrungen geben. Sie verzichten dann darauf, Kritik am Verhalten des Kindes zu üben. Fehlverhalten wird schnell toleriert und damit entschuldigt, das Kind habe es ja früher so schwer gehabt.
Meist funktioniert diese Art der Erziehung nicht.

Es ist für das Kind leichter, wenn es sich an Regeln orientieren kann

Ein Kind, das von seinen Eltern wegen seiner seelischen Verletzung laufend besonders rücksichtsvoll behandelt wird, kann nicht in die Normalität finden.
Es ist für das Kind leichter, wenn bestimmte Regeln gelten, an die es sich zu halten hat und wenn es feststellt, dass Fehler auch zu Konsequenzen führen.
Nur dann wird es ihm gelingen, Orientierung in seinem neuen Leben zu finden.

Die Ursache liegt nicht immer in der Adoption

Stellen die Adoptiveltern fest, dass ihr Kind Auffälligkeiten zeigt und etwa stiehlt, lügt oder Schwierigkeiten mit anderen Kindern hat, so kann das viele Ursachen haben.
Manche Kinder versuchen damit Aufmerksamkeit auf sich zu ziehen, manche sind solche Verhaltensweisen noch von früher gewöhnt.
Sicherlich ist immer genau darauf zu achten, warum es zu dem Fehlverhalten gekommen ist. Man sollte allerdings nicht allzu schnell die Erklärung in der Adoption suchen. Diese kann die Ursache sein – muss es aber nicht.
Vor allem dann, wenn professionelle Hilfe aufgesucht wird und die Ursache der Schwierigkeiten unklar ist, werden oft übereilt die Adoption und die Vorerfahrungen des Kindes als Kern des Problems identifiziert. Dies erspart den Eltern, ihr eigenes Verhalten und das

ihrer Kinder genauer und unter verschiedenen Blickwinkeln unter die Lupe zu nehmen. Vielfach ist dies für eine Problemlösung nicht förderlich.

Die Kunst, konsequent zu sein

Wenn die Eltern etwas von ihrem Kind verlangen, sollten sie dies auch durchsetzen. Eine Regel, die nicht durchgesetzt wird, macht keinen Sinn.
In Ratgebern zur Erziehung wird üblicherweise zwischen Bestrafung und Konsequenzen unterschieden.
Bei der Bestrafung sagen die Eltern: 'Du darfst heute nicht fernsehen, weil du dein Zimmer nicht aufgeräumt hast.'
'Das Schlimmste an der Bestrafung ist jedoch, dass sie sowohl entmutigend als auch respektlos ist. Mit einer Bestrafung sagen Sie ihrem Kind, dass es etwas verkehrt gemacht und Sie enttäuscht hat; das ist entmutigend für das Kind. Die Respektlosigkeit geht von den Eltern aus, die ihrem Kind oft in erniedrigender Weise ihren Willen aufnötigen. Selbst das, was manche Menschen als 'kleinen Klaps auf den Po' bezeichnen, ist respektlos.'[98]

Konsequenzen

Empfohlen wird stattdessen, Konsequenzen aufzuzeigen. Unterschieden wird dabei in
- natürliche Konsequenzen
- logische Konsequenzen

Natürliche Konsequenzen folgen daraus, dass etwas passiert, ohne dass die Eltern eingreifen. Ein Beispiel ist etwa, wenn ein Kind Hunger bekommt, weil es nichts gegessen hat. Logische Konsequenzen sind Konsequenzen, die von den Eltern in die Wege geleitet werden, um ihnen zu zeigen, dass ihr Handeln Auswirkungen hat und dass sie selbst für ihr Verhalten verantwortlich sind.[99] Dies ist z. B. 'Wenn Du Deine Schuhe nicht anziehst, kannst Du nicht mitkommen'.
Der Unterschied zur Bestrafung besteht darin, dass die Konsequenz in Zusammenhang mit dem Verhalten steht.

Das Problem bei Adoptivkindern aus dem Ausland ist nur, dass sie aus ihrem Herkunftsland oft einen bestimmten Erziehungsstil erfahren haben, der es schwierig macht, mit den hier verwendeten Erziehungsregeln Erfolg zu haben.

➤ Beispiel:

Othelia hatte vor ihrer Adoption nach Deutschland ein hartes Leben in Haiti. Mit 2 Jahren starb ihre Mutter und von ihrem Vater wurde sie vernachlässigt. Es kam vor, dass sie oft tagelang nicht ausreichend zu Essen bekam. Während dieser Zeit und auch während eines 1-jährigen Heimaufenthaltes hat Othelia die Erfahrung gemacht, dass nur der Stärkere überlebt, dass man sich auf andere niemals verlassen kann und dass Bestrafungen schicksalhaft und unabwendbar sind.

Nach der Adoption stellen ihre Eltern fest, dass sich Othelia von Sanktionen für Fehlverhalten kaum beeindrucken lässt. Wenn etwa die anderen Kinder der Familie nach draußen zum Spielen gehen und Othelia einmal zur Strafe auf ihrem Zimmer bleiben muss, so scheint ihr dies nichts auszumachen. Manchmal haben ihre Eltern den Eindruck, als ob Othelia Bestrafungen geradezu provoziert, um beweisen zu können, dass sie sich dadurch nicht beeinflussen lässt.

Manche Kinder haben im Ausland unter widrigsten Bedingungen nur deshalb überlebt, weil sie durch eine ungeheure Willenskraft auch den größten Schwierigkeiten widerstanden haben. Solche Kinder lassen sich häufig von Erziehungsmaßnahmen wenig beeinflussen.

- Wer in seinem Leben noch kein eigenes Zimmer gehabt hat, empfindet es meist nicht als besonders unangenehm, wenn er zur Strafe einmal auf seinem Zimmer bleiben muss. Es macht ihm nichts aus, dort ein Weilchen zu warten, bis sich die Situation wieder beruhigt hat.
- Wer in einem Kinderheim die ersten Lebensjahre mit dem Stock Disziplin beigebracht bekommen hat, wird meist einen Klaps auf den Po weder als Bestrafung noch als Konsequenz empfinden.
- Vielen Kindern, die oft jahrelang Hunger und Entbehrungen kannengelernt haben, macht es nichts aus, wenn einmal das Mittag- oder Abendessen ausfällt. Andere fühlen sich regelrecht in ihrer Existenz bedroht, wenn sie nicht am Essen teilnehmen können und reagieren über. Auch hier ist es oft schwierig, das richtige Maß zu finden.

Es ist normal, dass man auch Fehler macht

Von den Adoptiveltern wird hier also einiges verlangt. Erwartet werden eine große Flexibilität und die ständige Bereitschaft, nach guten Lösungen zu suchen. Niemand sollte dabei versuchen, die Sache perfekt zu machen. Die perfekte Erziehung gibt es nicht. Wer ein Kind erzieht, trifft täglich Hunderte von Entscheidungen und es ist völlig unmöglich, dass immer alle gerecht und weise sind. Es ist nicht immer einfach, ein Kind zu erziehen, das schon eine Vielzahl von Erfahrungen mitbringt. Die Wahrscheinlichkeit, dass bei dieser schwierigen Aufgabe auch Fehler gemacht werden, ist deshalb recht groß.

Wie sage ich es meinem Kind?

In der Vergangenheit wurde von vielen Experten die Meinung vertreten, es sei besser, ein Kind nicht über seine Adoption aufzuklären, sondern es in dem Glauben zu belassen, es sei das leibliche Kind seiner Adoptiveltern. Es sei ein zu großer Schock für das Kind, die Wahrheit über seine Herkunft zu erfahren. Das Wissen um die Adoption würde die kindliche Identitätsentwicklung behindern.
Diese Auffassung wird heute zum Glück kaum noch vertreten. Es scheint sich die Erkenntnis durchgesetzt zu haben, dass es für die positive Entwicklung des Kindes unverzichtbar ist, die Wahrheit über seine Herkunft zu erfahren. So wurden in einer aus-

tralischen Studie erwachsene Adoptierte untersucht, welche Auswirkung ein offener Umgang in der Adoptivfamilie hat. Das Ergebnis: Die Adoptierten, bei denen um die Adoption eher ein Geheimnis gemacht wurde, erlebten ihre Adoptiveltern vermehrt kontrollierend und weniger fürsorglich. Sie fühlten sich eher einsam und unsicher.[100]
Manche Eltern haben Schwierigkeiten damit, ihr Kind über seine Herkunft aufzuklären, da sie befürchten, das Kind könne seine Adoptivfamilie verlassen oder an dem Wissen über seine leiblichen Eltern leiden.
Diese Furcht ist meist unbegründet. Kinder können in der Regel auch mit unangenehmen Wahrheiten gut umgehen, wenn in der Familie ein offenes und aufgeschlossenes Klima herrscht und Fragen vorurteilsfrei besprochen werden und die meisten finden es überaus spannend zu erfahren, dass sie doppelt so viele Eltern haben wie die anderen Kinder.

Die Angst, das Kind könnte später zu seinen leiblichen Eltern zurückwollen, ist unbegründet

Kommt es später zu einem Zusammentreffen zwischen Adoptierten und leiblichen Eltern, so bleibt es meist bei ein bis zwei Treffen. *'Die Adoptierten erleben ein Zusammentreffen in der Regel positiv, sind anschließend glücklicher und leiden weniger unter Identitätskonflikten. Auch verbessert sich zumeist die Beziehung zu den Adoptiveltern, da die Adoptierten sich der Tiefe ihrer emotionalen Bande bewusst werden'*.[101]
Die Furcht mancher Adoptiveltern, das Kind könne sich von ihnen entfremden und zu seinen leiblichen Eltern zurückkehren, ist deshalb unbegründet.

Manchmal scheitert die Aufklärung aber auch daran, dass sich die Eltern über die Frage der Aufklärung des Kindes überhaupt keine Gedanken machen. Sie nehmen das Kind als ihr eigenes an und sehen keine Notwendigkeit, ihm von der Adoption zu erzählen. Diese Eltern neigen oft dazu, sämtliche Wurzeln des Kindes zu kappen, indem etwa der ursprüngliche Vorname des Kindes in einen deutschen Namen geändert wird und auch nicht als Namensbestandteil weitergeführt wird.

Über kurz oder lang ergeben sich jedoch viele Probleme, wenn das Kind nicht über seine Herkunft informiert wird:

- Nichts zu sagen, zwingt die Eltern, ihr Kind zu belügen - etwa dann, wenn das Kind fragt: 'Mama, war ich auch in deinem Bauch?'
- Wenn das Kind nicht von seinen Adoptiveltern aufgeklärt wird, erfährt es die Wahrheit von anderen. Die meisten fremdländischen Adoptivkinder sind schon äußerlich als Adoptivkinder zu erkennen. Spielkameraden, Kindergartenfreunde und Fremde werden das Kind darauf ansprechen, wie es denn komme, dass es so ganz anders aussehe als seine Eltern. Darüber hinaus wissen Freunde, Nachbarn, Arbeitgeber, das Ausländeramt, die Krankenkasse und viele andere über die Adoption Bescheid. Die Wahrscheinlichkeit, dass das Kind irgendwann von einer dieser Stellen von seiner Adoption erfährt, ist daher relativ groß.
- Jeder Mensch hat ein Bedürfnis, etwas über seine Herkunftsfamilie, über seine Wurzeln zu erfahren. Ein Kind, das den Wunsch hat, zu wissen, wer seine leiblichen Eltern sind, wie sie leben, wie seine Vorfahren gelebt haben ...,

verspürt ein ganz normales, in jedem Menschen angelegtes Verlangen. Das hat nichts mit Misstrauen gegenüber den Adoptiveltern zu tun. Es ist keine Gefahr für die neuen Eltern, sondern erleichtert dem Kind das Finden einer eigenen Identität in der Jugend- und jungen Erwachsenenphase. Wird dem Kind die Auskunft über seine leiblichen Eltern verweigert, kann dies zu großer Verzweiflung führen. Vor einigen Jahren landete die Klage einer Tochter gegen ihre leibliche Mutter auf Auskunft über den Namen ihres leiblichen Vaters vor dem Bundesgerichtshof.[102] Die Tochter war an der fehlenden Bereitschaft der Mutter, Auskunft zu geben, psychisch zerbrochen und hatte sich nicht mehr anders zu helfen gewusst, als die Gerichte anzurufen. Dass es für die Entwicklung von Adoptierten wichtig ist, etwas über ihre Wurzeln zu erfahren, ist auch ausdrücklich in der UN – Erklärung vom 3.12.1986 festgelegt. *'Das Bedürfnis eines Pflege – oder Adoptivkindes nach Information über seine Herkunft soll von den für Pflege und Erziehung eines Kindes Verantwortlichen anerkannt werden, es sei denn, dieses steht im Widerspruch zum Wohl des Kindes.'*

Wenn das Kind nicht über seine Herkunft aufgeklärt wird, ergeben sich viele Probleme

Wann aber steht es im Widerspruch zum Wohl des Kindes? Selbst wenn die Adoptiveltern unangenehme Wahrheiten über die leiblichen Eltern wissen, ist dies kein Grund, diese vor dem Kind geheim zu halten. Die Mutter bzw. die Eltern des Kindes leben meist unter Umständen, wie man sie in Deutschland seit langem nicht mehr kennt. Wer kann sagen, zu welchen Taten er fähig wäre, wenn er in einem Slum ohne Einkommen, ohne Geld, ohne medizinische Versorgung und ohne irgendeine Art von Unterstützung für sein Überleben und das seiner Familie kämpfen müsste? Die meisten Kinder sind durchaus in der Lage, auch unangenehme Wahrheiten zu verkraften. Viele zeigen in diesen Dingen eine weit tolerantere und flexiblere Einstellung als Erwachsene. Es sind deshalb kaum Fälle denkbar, in denen es nicht zum Wohl des Kindes sein sollte, die Wahrheit über seine Abstammung zu erfahren.

Der richtige Zeitpunkt

Auch Kleinkindern sollte man von der Adoption erzählen

Es ist schwierig zu sagen, wann der richtige Zeitpunkt dafür gekommen ist, mit dem Kind über die Adoption zu sprechen. Vielfach wird angenommen, ein Kind müsse erst ein gewisses Alter erreicht haben, bis es verstehe, was eine Adoption sei. Kleinkinder seien mit dem Wissen, adoptiert zu sein, völlig überfordert.

Sicherlich sind Kleinkinder nicht in der Lage, vollständig zu erfassen, was eine Adoption bedeutet. Das ist jedoch kein Grund, aus der Adoption ein Geheimnis zu machen.

So sollte man bereits von Anfang an seinem Kind von der Adoption und seinem Geburtsland erzählen. Das gilt auch dann, wenn das Kind die Worte noch nicht verstehen kann. Es hat sich bewährt, Bücher und Photos jederzeit zur Verfügung zu stellen und gemeinsam zu besprechen. Wenn das Kind schon etwas älter ist, ergeben sich beim Sprechen über Land und Leute oft zwanglos Fragen zur Herkunft und zu Einzelheiten der Adoption.

Das Sprechen über das Herkunftsland fällt naturgemäß den Eltern leichter, die auch einige Zeit vor Ort verbracht haben. Wer die Situation im Land des Kindes nur aus

Büchern kennt und zwar die Adoption vor Ort betrieben hat, sich dort aber aus Angst vor der fremden Umgebung im Hotel verschanzt hat, wird kaum in der Lage sein, ein kenntnisreiches Gespräch über das Land zu führen.
Auch Eltern, die sich vorgenommen haben, offen über die Adoption zu sprechen, fürchten sich dann oft im entscheidenden Moment davor, etwas Falsches zu sagen oder bei dem Kind negative Gefühle hervorzurufen. Diese Sorgen sind in der Regel unbegründet. Die meisten Kinder finden diese Gespräche sehr spannend.

➤ Beispiel:

Marianne und Klaus Müller aus Dortmund haben den kleinen Manuel in Kolumbien als Säugling adoptiert. Beide nehmen sich vor, ihn so bald wie möglich über die Adoption aufzuklären. Dieses Thema soll in ihrer Familie kein Tabu sein. Dennoch sind sie ziemlich aufgeregt, als es endlich so weit ist. Kurz nach seinem vierten Geburtstag setzen sich die Müllers mit Manuel zusammen und erzählen ihm von der Adoption. Als Manuel wenig später seiner Oma stolz davon berichtet, dass er adoptiert sei, freuen sich seine Eltern. Offensichtlich hat Manuel es verstanden und akzeptiert.

Dass die Müllers ihren Sohn über die Adoption aufgeklärt haben, ist sehr vernünftig. Schon mit kleinen Kindern sollte so offen wie möglich über das Thema gesprochen werden. Ihre Freude darüber, dass Manuel es verstanden und akzeptiert hat, ist jedoch vermutlich etwas verfrüht. Nach einer Untersuchung an Adoptivkindern[103] konnten vier- bis fünfjährige Kinder, die über ihre Adoption aufgeklärt worden waren, die Bedeutung der Adoption überhaupt nicht begreifen. Selbst von den untersuchten Kindern, die schon etwas älter waren (Durchschnittsalter 5 Jahre und 6 Monate) glaubte der eine Teil, dass alle Kinder adoptiert werden und der andere Teil, dass Adoption und Geburt das Gleiche sei. Erst mit sieben Jahren waren die Kinder in der Lage, eindeutig zwischen Adoption und Geburt zu unterscheiden.
Die Adoption wird deshalb auch in Zukunft oft ein Gesprächsthema bei den Müllers sein, da Manuel mit zunehmendem Alter immer neue Fragen haben wird.

Mögliche Fragen des Kindes

Dabei verändern sich die Fragen des Kindes, je älter es wird.

Im Vorschulalter wird häufig gefragt:

- Komme ich aus deinem Bauch?
- Woher kommen die Babys?
- Wie bin ich zu euch gekommen?

Ab etwa 8 Jahren werden die Fragen dann zunehmend konkreter:

- Warum konnte ich nicht bei meinen Eltern bleiben?
- Wer ist mein Vater, wer ist meine Mutter?
- Hat mich meine Mutter nicht gemocht?
- Wie kam es zur Adoption?
- Wie sieht meine Geburtsurkunde aus?

Ab etwa 10 Jahren:

- Wie geht es meinen Eltern jetzt?
- Warum sind die Menschen in dem Land, aus dem ich komme, arm?
- Habe ich Geschwister?
- Warum habt ihr keine leiblichen Kinder?
- Wenn ihr leibliche Kinder hättet, hättet ihr sie dann lieber als mich?

Nicht alle Kinder interessieren sich für das Thema Adoption

Wenn das Kind von sich aus nur sehr selten auf das Thema zu sprechen kommt, kann es auch damit zusammenhängen, dass es sich wenig dafür interessiert. Nicht alle Kinder interessieren sich gleichermaßen für ihre Adoption. Während es für manche ein Thema ist, das sie am liebsten täglich besprechen würden, beschäftigt es andere allenfalls alle paar Monate. Für viele ist es lästig und unangenehm, immer wieder auf ihre Adoption angesprochen und daran erinnert zu werden. Sie fühlen sich als Deutsche, verstehen sich gut mit ihren Eltern, haben wenig Probleme damit, adoptiert zu sein und sehen deshalb keine Notwendigkeit, immer wieder mit dem Thema konfrontiert zu werden.
In jedem Fall sollte für das Kind stets die Möglichkeit bestehen, Fragen zu stellen und Einzelheiten zu diskutieren. Es kann jedoch nicht zu jedem Zeitpunkt jede Frage des Kindes ausreichend beantwortet werden.
Wer gerade konzentriert an einer schwierigen Aufgabe arbeitet, kann nicht schnell Fragen zur Adoption beantworten. Es ist auch nicht der richtige Moment, um Fragen über die leibliche Mutter zu beantworten, wenn es Probleme in der Familie gibt und eine gereizte und aggressive Stimmung herrscht.
In solchen Fälle kann man dem Kind sagen, dass die Frage erst zu einem späteren Zeitpunkt beantwortet werden kann. Man sollte dies dann allerdings nicht vergessen.

Warum wurde ich zur Adoption freigegeben?

Auf viele Fragen des Kindes können die Eltern keine ausreichenden Antworten geben. Meist sind die Informationen, die sie über die Herkunft des Kindes erhalten haben, recht spärlich und vieles wird auch infolge des mit der Adoption verbundenen Stresses oder durch den Verlauf der Zeit vergessen.
Es empfiehlt sich daher immer, so bald wie möglich Aufzeichnungen zu machen, ein Fotoalbum anzulegen und die Videokamera einzusetzen. Wenn die Eltern selbst keine Antworten haben, sollten sie auch keine Antworten erfinden. Es ist für das Kind wesentlich leichter zu verstehen, dass auch den Eltern manchmal nicht alles klar ist, als später festzustellen, dass sich die gegebenen Antworten bei näherem Nachfragen als ziemlich schwammige Erfindungen herausstellen.
Auf Fragen, warum die leibliche Mutter das Kind zur Adoption freigegeben hat, wie es wohl den leiblichen Eltern geht etc. , können deshalb vielfach keine befriedigenden Antworten gegeben werden.

Freigabe zur Adoption aus Liebe

Deine Mutter hat dich sehr geliebt...

Manchmal wird den Adoptiveltern empfohlen, dem Kind zu sagen, es sei zur Adoption freigegeben worden, weil es von seiner Mutter sehr geliebt worden sei. Für Kinder ist diese Erklärung oft nicht leicht zu verstehen. Die Adoptiveltern lieben das Kind auch.

Bedeutet dies, dass auch sie das Kind eines Tages aus Liebe zur Adoption freigeben werden?
Die meisten Adoptiveltern wissen nicht, ob die leibliche Mutter das Kind geliebt hat. Sie können deshalb meist auch keine glaubhafte Aussage darüber machen.
Das Kind wurde zur Adoption freigegeben, weil es seine leibliche Mutter nicht aufziehen konnte. Das ist der Grund. Es mag sein, dass die Mutter das Kind sehr geliebt hat. Das war aber nicht der Grund für die Adoption. Der Grund war, dass die leiblichen Eltern aus welchen Gründen auch immer nicht in der Lage waren, für das Kind zu sorgen.

Deine Eltern waren arm...

Freigabe zur Adoption aus Armut

In den meisten Ländern, aus denen Kinder adoptiert werden, herrscht große Armut. Bei der Entscheidung, ein Kind zur Adoption freizugeben, spielt deshalb in der Regel die Armut eine gewichtige Rolle.
Dennoch empfiehlt es sich nicht, dem Kind gegenüber zu betonen, dass die Adoption in erster Linie deshalb zustande gekommen ist, weil die leiblichen Eltern arm waren.
Armut ist meist nicht der einzige Grund für die Adoption und es kann auch ungerecht gegenüber den leiblichen Eltern sein, diesen Punkt besonders zu betonen. So stehen in vielen Ländern alleinerziehende Mütter außerhalb der Gesellschaft und auch rigide Bestimmungen zur Begrenzung des Bevölkerungswachstums können ein Grund für die Freigabe zur Adoption sein.
In der Regel hat die Entscheidung, das Kind zur Adoption freizugeben, viele Ursachen. Mit der Erklärung, die Adoption sei erfolgt, weil die Eltern arm sind, werden alle anderen Gründe ausgeblendet.
Zusätzlich kann sich beim Kind leicht die Frage einstellen, was denn eigentlich passiert, wenn seine Adoptiveltern selbst einmal arm werden sollten. Hätte dies zur Folge, dass es erneut zur Adoption freigegeben wird? Schließlich haben die Adoptiveltern selbst behauptet, es sei akzeptabel, ein Kind wegen Armut zur Adoption freizugeben.

Es ist nicht deine Schuld!

Du trägst keine Schuld

In jedem Fall sollte dem Kind vermittelt werden, dass es die Umstände waren, die zur Adoption geführt haben und es nicht die Schuld des Kindes ist.
Kinder glauben manchmal, dass es zur Adoption kam, weil sie nicht gut genug waren. Um dieser Fehleinschätzung vorzubeugen, kann herausgestellt werden, dass sich die meisten Mütter bereits lange vor der Geburt darüber klar sind, dass sie das Kind nicht selbst aufziehen können. Wenn die Entscheidung aber bereits vor der Geburt getroffen worden ist, kann es nichts mit dem Aussehen oder dem Verhalten des Kindes zu tun haben.
Wenn das Kind bereits älter war, als es zur Adoption freigegeben wurde, kann darauf hingewiesen werden, dass der Grund für die Adoption darin lag, dass die leiblichen Eltern aus irgendeinem Grund nicht in der Lage waren, für das Kind zu sorgen und es nichts mit dem Kind selbst zu tun hatte. Hätten die leiblichen Eltern zum damaligen Zeitpunkt ein anderes Kind zu erziehen gehabt, so wären sie auch hierzu nicht in der Lage gewesen.

Viele Adoptiveltern sind vor der Adoption von so vielen Behörden geprüft und durchleuchtet worden, dass sie später das Gefühl haben, Supereltern sein zu müssen. Sie wollen besser sein als andere Eltern, so wenig Fehler machen wie möglich und sie sind davon überzeugt, sämtliches Glück oder Leid des Kindes werde durch ihr eigenes Verhalten bestimmt. Ihre Beschäftigung besteht in erster Linie darin, die Bedürfnisse des Kindes zu erfüllen und ihm Enttäuschungen zu ersparen. Dabei neigen besonders Mütter dazu, sich unter einen besonderen Erfolgsdruck zu setzen und sich damit völlig zu überfordern.

Adoptiveltern sind jedoch nicht besser als andere Eltern. Niemand ist ohne Fehler. Das gilt auch für das Gespräch über die Adoption. Wenn manche Fragen des Kindes nicht ausreichend beantwortet werden können, so sollte man auch dazu stehen. Keiner kennt auf alle Fragen die Antworten.

Vielleicht verläuft das Gespräch nicht so, wie es sich die Eltern vorgestellt hatten, aber es wird sicherlich nicht bei diesem einen Gespräch bleiben. Viele werden folgen und sicherlich wird es gelingen, die Sache das nächste Mal besser zu machen.

Platz zum Trauern

Ein Adoptivkind lebt in einer Sondersituation und daran wird sich auch nichts ändern, wenn es einmal erwachsen ist. Es hat einen Verlust erlitten, der zu einem Bestandteil seines Lebens wird. Dieser Verlust bleibt und wird auch nicht dadurch aufgehoben, dass das Kind adoptiert wird.

Das Kind hat nicht nur seine leiblichen Eltern verloren, sondern auch seine vertraute Umgebung, seine Sprache, seine Spielkameraden, seine früheren Bezugspersonen und all die Gerüche, Stimmen und Sinneseindrücke, die in der ersten Lebenszeit Bestandteil seines Lebens waren.

Trauerreaktionen

Diesen Verlust muss es verarbeiten und ausdrücken dürfen, um ihn dann in sein Leben integrieren zu können. Dazu ist es erforderlich, trauern zu dürfen, ohne dadurch bei den Adoptiveltern auf Unverständnis, Vorwürfe oder auch Angst zu stoßen.

Unter anderem können folgende Trauerreaktionen auftreten:

Das Kind kann sich in sein Zimmer zurückziehen und laut zetern, brüllen und toben. Es kann ohne ersichtlichen Grund zu weinen anfangen. Es kann eine Bestrafung provozieren, um danach einen Grund zum Weinen zu haben...

Alle diese Verhaltensweisen können eine gesunde Reaktion sein und brauchen die Eltern nicht zu beunruhigen. Es muss dem Kind auch erlaubt sein, seine Trauer auszuleben, ohne dass die Eltern sofort fürsorglich und tröstend eingreifen. Nur wer seine Trauer ausleben darf, kann sie überwinden.

Natürlich ist es immer schwierig zu erkennen, ob ein aktuelles Problem vorliegt, das in der Familie besprochen werden soll, oder ob es sich um eine Trauerreaktion handelt, die das Kind möglicherweise unbeobachtet ausleben will.

Je länger man mit einem Kind zusammenlebt, desto mehr entwickelt man ein Gefühl dafür, wann das Kind Hilfe braucht und wann nicht. Man sollte sich hier auf seine eigene Intuition verlassen und nicht vergessen, dass niemand Situationen immer richtig einschätzen kann.

Es ist oft sehr heilsam, wenn die Kinder Trauer und Wut durch Schreien, Zuschlagen und Zerstörung ausleben. Nur unkontrollierte Aggression, die unerwartet jeden treffen könnte, wird nicht akzeptiert. Nach Möglichkeit sollte deshalb das Ausleben von Trauer und Aggression einen Rahmen bekommen, indem etwa festgelegt wird:

- 'Du darfst in Deinem Zimmer toben und schreien, aber Du darfst keine Sachen kaputtmachen, die nicht Dir gehören.'
- ''Geh raus und hau die Äste kurz und klein'
- ''Ich häng Dir einen großen Boxsack ins Zimmer, in den Du treten und schlagen kannst, wann Du willst.' u.ä.

In der Regel sind die meisten Kinder so kreativ, dass ihnen selbst ein Weg einfällt, ihre Aggressionen sozialverträglich auszuleben. Dies kann dadurch gefördert werden, indem das Kind an einen Sportverein herangeführt wird. Sportarten wie etwa Judo, Karate, Taekwondo, Tennis, Fußball oder ähnliches sind gut geeignet, um Wut abzulassen.

Das Trauern über das eigene Schicksal wird immer wieder einmal auftauchen und kann sich in verschiedenen Entwicklungsphasen jeweils anders darstellen.

Je mehr es gelingt, Trauer und Wut auszuleben, desto weniger besteht die Gefahr, dass es zu ernsthaften Schädigungen kommt.

Meine richtigen Eltern lieben mich mehr als ihr!

Vorpupertät

Die meisten Adoptiveltern werden diesen Satz irgendwann einmal zu hören bekommen. Wenn Kinder mit ca. 10 Jahren in die Vorpubertät kommen, beginnt die Loslösung von den Eltern. Dabei spielt es keine Rolle, ob es sich um die leiblichen Eltern oder um Adoptiveltern handelt. Kinder suchen in dieser Zeit nach neuen Vorbildern und oft werden dabei die leiblichen Eltern zu fehlerlosen Supereltern stilisiert.

➤ **Beispiel:**

Die 12-jährige Katharina aus Russland hat wieder einmal eine lautstarke Diskussion mit ihrer Adoptivmutter. Während diese großen Wert darauf legt, dass die Hausaufgaben ordentlich angefertigt werden, ist Katharina hier ganz anderer Meinung.

Mitten im Gespräch schimpft sie: 'Meine richtigen Eltern haben mich viel mehr geliebt als ihr! Niemals hätten sie mich wegen einer solchen Kleinigkeit geschimpft.'

Unergiebige Diskussionen

Viele Adoptiveltern reagieren hier sehr verletzt und gekränkt. Sie haben sich um das Kind bemüht und es als ihr eigenes angenommen. Sie lieben es und haben versucht, ihm gute Eltern zu sein – und jetzt das!

Dem Satz sollte jedoch nicht mehr Bedeutung beimessen werden, als ihm zukommt. Er bedeutet nicht, dass das Kind mit seinen Eltern grundsätzlich unzufrieden ist, sondern dass das Kind auf der Suche nach seiner Identität ist. Auch Kinder, die bei ihren leiblichen Eltern aufwachsen, erträumen sich bisweilen andere, bessere und verständnisvollere Eltern herbei, ohne die Beziehung zu ihren Eltern grundsätzlich in Frage zu stellen. Viel Gelassenheit und Gleichmut und das Wissen darum, dass auch andere Adoptiveltern sich mit solchen Aussagen herumschlagen müssen, helfen am besten.

Ihr seid nicht meine richtigen Eltern!

Jedes Adoptivkind hat zwei Eltern, seine leiblichen Eltern und seine Adoptiveltern. Welches aber sind die richtigen Eltern? Die leiblichen Eltern, die das Kind gezeugt und geboren haben oder die Adoptiveltern, die das Kind erziehen?
Die Antwort ist einfach: Beide Eltern sind die richtigen Eltern. Es gibt hier keine Abstufung in richtig und falsch. Die leiblichen Eltern haben das Kind zur Welt gebracht und die Adoptiveltern tragen die Verantwortung, das Kind zu erziehen.

Viele Adoptiveltern fühlen sich dennoch zutiefst verletzt, wenn ihnen ihr Kind im Streit zuruft: 'Du bist gar nicht meine richtige Mutter: 'Du bist gar nicht mein richtiger Vater'. Die Gefahr, solche Kommentare allzu oft zu hören, kann man wohl am besten dadurch ausschalten, indem man dem Kind klar macht, dass man sich nicht in Konkurrenz zu den leiblichen Eltern sieht.
Alle Elternteile haben ihre Daseinsberechtigung. Ohne die leiblichen Eltern gäbe es das Kind nicht und ohne die Adoptiveltern würde es keine Familie haben. Eine Konkurrenzsituation gibt es deshalb eigentlich nicht.
Manche Auseinandersetzungen sind so unergiebig, dass man sie nicht allzu oft führen muss. In Diskussionen, wer die richtigen Eltern sind, sollte man sich deshalb weder durch seine Kinder, noch durch andere verstricken lassen.

1 Familie – 2 Hautfarben

Viele Adoptivkinder unterscheiden sich durch ihre Hautfarbe und ihrem sonstigen Äußeren sehr stark von ihren Adoptiveltern. Sobald das Kind einige Zeit in der Familie ist, fällt dies jedoch innerhalb der Familie keinem mehr auf.
Wer viel Zeit mit seinem Kind verbringt, ist meist schnell der Meinung, dass es das wunderbarste und schönste Kind ist und Adoptiveltern, die einige Zeit mit ihrem Kind zusammengelebt haben, merken meist gar nicht, dass es doch eigentlich ganz anders aussieht als sie selbst. Das adoptierte Kind ist für sie zum Inbegriff eines völlig normal aussehenden Kindes geworden.
Es kann da leicht passieren, dass die Eltern irgendwann ein kleines deutsches Kind im Arm tragen und sich denken: 'Irgendwie ist das hier auch hübsch, aber leider hat es keine wunderschönen Mandelaugen, seine Nase ist eigentlich viel zu spitz und seine blonden Haare und seine helle Hautfarbe lassen es doch arg kränklich ausschauen.'
Innerhalb der Familie spielt die Hautfarbe und das sonstige Äußere deshalb meist keine Rolle. Außerhalb der Familie kann das Aussehen des Kindes allerdings zu Problemen führen.

Ausländerfeindlichkeit

Rassismus

Viele kinderlose Paare fragen sich, ob sie es einem ausländischen Kind angesichts zahlreicher Medienberichte über rassistische Übergriffe zumuten können, sein Leben in Deutschland zu verbringen.
Manche Berichte sind sehr alarmierend. So berichtete etwa der 'Spiegel',[104] die 13. Shell Jugendstudie sei zu dem Ergebnis gekommen, dass 27 Prozent aller deutschen Jugendlichen 'hoch ausländerfeindlich' seien.
Die Zahl wurde jedoch nicht korrekt wiedergegeben, da sie sich ausschließlich auf das methodische Verfahren des Kontrastgruppenvergleichs bezog. Die Verantwortlichen der Shell Studie haben sich deshalb von der Aussage des 'Spiegel' distanziert.
Richtig sei, dass sich die Frage, wie viele Jugendliche ausländerfeindlich sind, wissenschaftlich nicht seriös beantworten lasse, da es dafür keinen objektiven Maßstab gebe. Die Studie enthalte jedoch Hinweise, dass das Ausmaß des Problems erheblich geringer einzuschätzen sei, als vom 'Spiegel' angegeben.
Der Streit um die genauen Zahlen hilft jedoch einem Kind nicht weiter, das wegen seines Äußeren gehänselt und beleidigt wird. Meist sind sich Eltern, Lehrer, Kindergärtnerinnen und sonstige Beteiligte einig, dass dies nicht zu tolerieren ist. Aus den verbalen Verurteilungen kann das Kind jedoch keine Lösungsstrategien für weitere Probleme dieser Art ableiten. Nicht die Eltern oder Lehrer, sondern nach Möglichkeit das Kind selbst sollte sich gegen ausländerfeindliche Bemerkungen zur Wehr setzen können.

➤ **Beispiel:**

Die kleine Feben aus Äthiopien geht in die 2. Klasse der Grundschule. Leider gibt es einen Jungen in ihrer Klasse, der sie immer wieder wegen ihres Äußeren hänselt. Die Ermahnungen durch die Lehrerin, damit aufzuhören, beeindrucken ihn wenig. Nachdem Feben wieder einmal mit dem Ausspruch 'Ihr Nigger seid doch eh alle blöd' beleidigt worden ist, rennt sie weinend zu ihrem Vater. Dieser hat den Spruch 'Was schert es die Eiche, wenn sich die Sau an ihr wetzt' zu seinem Lebensmotto erhoben und antwortet:
'Ach Feben, achte einfach nicht darauf. Er weiß es einfach nicht besser. Wir wissen doch beide, dass das nicht stimmt, was er sagt.'

Es ist fraglich, ob Feben mit diesem Rat sehr geholfen ist. Schließlich kann von ihr nicht erwartet werden, dass sie sich über eine längere Zeit beschimpfen lässt, ohne dass dies irgendwelche Konsequenzen für den Beleidiger nach sich zieht. Unter Umständen ist es sehr sinnvoll, auf eine Beleidigung nicht zu reagieren. Manchmal fallen in einem Streit Worte, die so eigentlich nicht gemeint waren und die es nicht wert sind, zu einem größeren Problem gemacht zu werden. Ob es über die Bemerkungen hinweggehen will oder nicht, muss das Kind allerdings selbst entscheiden können. Falls es sich zur Wehr setzen will, sind folgende Handlungsmöglichkeiten denkbar:

Argumente

· Manchmal ist es möglich, den Streitgegner argumentativ zu überzeugen. Dafür sollten gemeinsam mit dem Kind bestimmte Argumentationsmuster eingeübt werden, die dann im Bedarfsfall schnell abgerufen werden können. In der Regel ist es aber schwierig, gegen dumpfe unsachliche Behauptungen argumentativ vorzugehen. Einen Versuch ist es aber sicher wert.

Verbale Gegenwehr

· Das Kind sollte über einen Fundus an Ausdrücken verfügen, mit denen es sich gegen die Hänseleien wehren kann. Viele Pädagogen halten es nicht für sinnvoll, wenn das Kind mit gleicher Münze zurückzahlt, da dies nur zu einer Eskalierung der Situation beitrage. Nach Meinung der Autoren muss sich kein Kind Beleidigungen und Hänseleien gefallen lassen. Eine Beleidigung ist kein Kavaliersdelikt. Wer keinen Respekt vor anderen hat, darf nicht erwarten, dass er selbst mit Samthandschuhen angefasst wird. 'Ein Rüpel hat keinen Anspruch darauf, als Gentlemen behandelt zu werden'.[105]

Körperliche Gegenwehr

· Als ultima ratio kann es erforderlich sein, sich auch körperlich gegen Beleidigungen zur Wehr zu setzen. Nach den Wertungen des Strafrechts ist eine Verteidigung nicht rechtswidrig, wenn sie 'erforderlich ist, um einen gegenwärtigen rechtswidrigen Angriff von sich oder einem anderen abzuwenden' (§ 32 StGB). Ehrangriffe sind nach der Rechtsprechung erst einmal verbal zu beantworten. Wenn sich der Angreifer aber davon nicht beeindrucken lässt, ist auch eine tätliche Abwehr zulässig.

➤ Beispiel:

Der 12-jährige Silvio aus Italien, der von anderen Mitschülern häufig geschlagen und beleidigt wird, kommt mit aufgeschürften und blutigen Ellbogen und Knien nach Hause. Sein Vater stellt daraufhin einen der strafunmündigen Angreifer zur Rede, fragte ihn, warum er seinen Sohn geschlagen habe und erhält zur Antwort: 'Weil ihr Ausländer seid'. Daraufhin schlägt der Vater ihm mit der flachen Hand auf die linke Wange, was ein zehnpfenniggroßes Hämatom und eine leichte Schwellung zur Folge hat.

Das Bayerische Oberste Landesgericht, vor dem der Fall verhandelt wurde, konnte diese Reaktion gut nachvollziehen. Der Vater habe sich in einer Notwehrsituation befunden, weil weitere ausländerfeindliche Beleidigungen nicht ausgeschlossen gewesen seien. Bei einem verbalen ehrverletzenden Angriff eines Kindes könne tätliche Abwehr durch eine leichte Ohrfeige bei Vorliegen enger Voraussetzungen erforderlich sein. Durch eine Erwiderung nur mit Worten sei hier keine sofortige Beendigung gewährleistet gewesen, da die ausländerfeindlichen Beschimpfungen innerhalb kurzer Zeit wiederholt worden seien.

Hätte Silvio sich selbst körperlich gegen die Beleidigung zur Wehr gesetzt, wäre es gar nicht zu einem Gerichtsverfahren gekommen, da Kinder unter 14 Jahre nicht strafmündig sind. Das Urteil wurde in der juristischen Fachliteratur mit den Worten kommentiert: 'Wahrscheinlich hätten Ohrfeige und Geldstrafe den Eltern oder anderen verantwortlichen Bezugspersonen besser zu Gesicht gestanden. Aber auch Kinder brauchen unter diesen Voraussetzungen nicht mit Samthandschuhen angefasst werden'.[106]

Die Schule

'Malawi hat mehr als eine Million Waisen und viele dürfen noch nicht einmal zur Schule gehen. Und dann kommt jemand, nimmt ein Kind und gibt ihm eine Zukunft und eine Ausbildung. Wollen wir da einen Lärm darum machen? Ich weiß nicht. Ich weiß es wirklich nicht. Ich wollte, jemand würde kommen und 10.000 malawische Kinder mitnehmen. Denn ich weiß, dass sie dann eine bessere Ausbildung und bessere Möglichkeiten hätten.'
Binguwa Mutharika, malawischer Präsident

Adoptionsbewerber hören oft, sie müssten sich darauf einstellen, dass ihr Kind infolge von Heimaufenthalten, mangelnder Ernährung und Vernachlässigung dauerhafte Schädigungen und bleibende geistige Beeinträchtigungen davongetragen habe. Diese Aussage ist sicherlich richtig. In der Tat kann das Kind so stark geschädigt sein, dass später der Besuch einer Sonderschule erforderlich wird.
Nach den vorliegenden Untersuchungen kommt dies jedoch selten vor. Adoptivkinder haben danach keine nennenswert größeren Schwierigkeiten in der Schule als Gleichaltrige.
In einer holländischen Studie zeigte sich, dass 13% der Adoptivkinder gegenüber 4% der Gleichaltrigen eine Sonderschule besuchten.[107]
Nach anderen Untersuchungen sind Adoptivkinder allerdings seltener an Sonderschulen als Gleichaltrige.

Schulerfolg

So müssen Adoptivkinder nach einer deutschen Studie zwar etwas häufiger eine Klasse wiederholen als Gleichaltrige, sind jedoch an Sonderschulen eher unterrepräsentiert.[108]
'Rund 4% von rund 130 Jugendlichen besuchten Sonderschulen, 18% Hauptschulen, 31% Realschulen, 29% Gymnasien und 18% sonstige Schulen wie Waldorf- und Gesamtschulen. Der Autor meinte, dass Adoptivkinder eher eine überdurchschnittliche Schulbildung erhielten, da nahezu alle in Mittelschichtfamilien aufwachsen und höchstwahrscheinlich von ihren Eltern besonders gefördert würden'.[109]
Auch in einer schwedischen Untersuchung[110] wurde festgestellt, dass Adoptivkinder eher überdurchschnittliche Schulleistungen zeigten.
In einer Studie von Seglow, Pringle und Wedge wurden die Sprachfertigkeiten britischer Adoptivkinder in 37% der Fälle von ihren Lehrern als überdurchschnittlich bezeichnet.
'Die Lehrer waren auch der Meinung, dass die Adoptivkinder besser über das Weltgeschehen um sie herum informiert wären als ihre Klassenkameraden. Kein Kind war für die Sonderschule vorgesehen.'[111]
Auch zahlreiche weitere Untersuchungen zeigen, dass es für die immer wieder gehörte Behauptung, Adoptivkinder seien schulisch weniger erfolgreich, kein wissenschaftlich begründetes Fundament gibt.

Schule oder Kindergarten?

Wird ein Kind mit etwa 7 Jahren adoptiert, stellt sich die Frage, ob es erst den Kindergarten besuchen oder sofort eingeschult werden soll.

➤ **Beispiel:**

Familie Bremer will die 6-jährige Natcha aus Thailand adoptieren. Die Bremers stellen sich die Frage, ob Natcha zuerst in einen Kindergarten gehen soll oder gleich nach der Ankunft in Deutschland die Schule besuchen soll.
Nach Meinung ihrer zukünftigen Eltern ist Natcha für den Kindergarten schon zu alt, aber gegen einen Schulbesuch sprechen vor allem die fehlenden Sprachkenntnisse.

Die schulrechtlichen Bestimmungen unterscheiden sich von Bundesland zu Bundesland. Möglichkeiten, die es in dem einen Bundesland gibt, muss es deshalb nicht notwendigerweise auch im anderen Bundesland geben.
In den weitaus meisten Ländern beginnt die Schulpflicht im Regelfall für alle Kinder, die bis zum 30. Juni des jeweiligen Jahres das 6. Lebensjahr vollendet haben. Kinder, die nicht ausreichend entwickelt sind, um mit Erfolg am Unterricht teilzunehmen, können um ein Jahr vom Schulbesuch zurückgestellt werden.
Wenn es vom Alter her möglich ist, kann ein Kindergartenbesuch vor der Einschulung sicherlich hilfreich sein. Ein Kind, das noch ein paar Monate einen Kindergarten besucht, erlernt in dieser Zeit oft so viel Deutsch, dass der Einschulung keine sprachlichen Probleme mehr entgegenstehen.

Integrationsklassen

An vielen Orten ist es auch möglich, das Kind in eine sogenannte Integrationsklasse zu schicken, in der es auf den normalen Schulbesuch vorbereitet wird. Integrationsklassen haben meist deutlich weniger Schüler als reguläre Klassen und sind oft eine sehr sinnvolle Alternative.
Zeichnet sich die Adoption eines älteren Kindes ab, sollten die Bewerber baldmöglichst Kontakt zum zuständigen Schulamt aufnehmen, um sich über vorhandene Möglichkeiten zu informieren.

Nach der Adoption – soziale Leistungen

Für Adoptivkinder und Kinder in Adoptionspflege können mehrere Sozialleistungen in Anspruch genommen werden.

Kindergeld

Wie für jedes leibliche Kind kann auch hier Kindergeld in der üblichen Höhe bezogen werden.

Elterngeld

Die Gewährung von Elterngeld richtet sich nach den §§ 1 bis 14 des Bundeselterngeld- und Elterngeldgesetzes (BEEG).
Anspruch auf Elterngeld hat, wer

- seinen Wohnsitz oder seinen gewöhnlichen Aufenthalt in Deutschland hat,
- mit einem Kind, für das ihm die Personensorge zusteht, in einem Haushalt lebt,
- dieses Kind selbst betreut und erzieht und
- keine oder keine volle Erwerbstätigkeit ausübt.

Dies gilt auch bei der Erziehung eines Adoptivkindes bzw. eines Kindes, das mit dem Ziel der Annahme als Kind in die Obhut des Annehmenden aufgenommen worden ist. Auch für Adoptivkinder und Kinder in der Adoptionspflege kann somit Elterngeld beansprucht werden.

Erfüllen beide Elternteile die Anspruchsvoraussetzungen, so bestimmen sie, wer von ihnen welche Monatsbeträge in Anspruch nimmt.
Werden gleichzeitig mehrere Kinder betreut und erzogen, wird das Elterngeld für jedes Kind gewährt.
Während das Elterngeld normalerweise nur in der Zeit vom Tag der Geburt bis zur Vollendung des 14. Lebensmonats des Kindes bezogen werden kann, gilt für angenommene Kinder und Kinder, die mit dem Ziel der Annahme im gleichen Haushalt leben, eine Ausnahme: Für sie kann Elterngeld ab Aufnahme bei der berechtigten Person für die Dauer von bis zu 14 Monaten und längstens bis zur Vollendung des achten Lebensjahres des Kindes bezogen werden.`

Landeserziehungsgeld

Einige Bundesländer (Bayern, Baden-Württemberg, Sachsen und Thüringen) zahlen im zweiten oder im dritten Lebensjahr des Kindes ein Landeserziehungsgeld.

Elternzeit

Die Gewährung von Elternzeit (früher: ´Erziehungsurlaub`) richtet sich nach den §§ 15 ff. BEEG.

Arbeitnehmerinnen und Arbeitnehmer haben Anspruch auf Elternzeit, wenn sie mit einem Kind, für das ihnen die Personensorge zusteht, oder das sie in Vollzeitpflege oder in Adoptionspflege aufgenommen haben, in einem Haushalt leben und dieses Kind selbst betreuen und erziehen.

Es ist erforderlich, dass der Arbeitnehmer

- mit dem Kind in einem Haushalt lebt,
- das Kind selbst betreut und erzieht und
- während der Elternzeit nicht mehr als 30 Wochenstunden beschäftigt ist.

Bei Adoptivkindern und Kindern in Adoptionspflege beginnt die Elternzeit frühestens mit dem Tag der Inobhutnahme. Elternzeit kann insgesamt bis zu drei Jahren ab der Aufnahme bei der berechtigten Person, längstens bis zur Vollendung des achten Lebensjahres des Kindes genommen werden

Krankenversicherung

Gesetzliche Krankenversicherung

Meldung an die Krankenkasse

Adoptivkinder und Kinder in Adoptionspflege sind nach § 10 SGB V in der gesetzlichen Krankenversicherung mitversichert. Die Meldung an die Krankenkasse, dass ein Kind im Ausland adoptiert wird, sollte möglichst frühzeitig gemacht werden, damit schon kurz nach Ankunft des Kindes die Versichertenkarte zur Verfügung steht. Immer wieder gibt es hier Schwierigkeiten, da die Bearbeitung oft einige Zeit in Anspruch nimmt und sich manche Ärzte weigern, Kinder ohne Vorliegen der Versicherungskarte zu behandeln.
Die Mitversicherung in der gesetzlichen Krankenversicherung erfolgt in der Regel ohne weitere Probleme. In Einzelfällen kommt es jedoch auch zu schwerwiegenden Problemen.

➤ **Beispiel** (nach Sozialgericht Düsseldorf S 4KR 154/99 ER):

Die kleine Ashley aus Haiti wird von Familie Merser adoptiert. Kurz nach ihrer Ankunft in Deutschland wird ein Hirntumor festgestellt und zu allem Unglück bricht sich Ashley auch noch den Arm. Frau Merser ist bei einer gesetzlichen Krankenkasse, Herr Merser bei einer privaten Krankenkasse versichert.
Die Krankenkasse von Frau Merser lehnt die Kostenübernahme unter Berufung auf § 10 Abs. 3 SGB V ab. Danach kann die Mitversicherung abgelehnt werden, wenn der mit den Kindern verwandte Ehegatte des Mitglieds nicht Mitglied einer Krankenkasse ist und sein Gesamteinkommen regelmäßig im Monat ein Zwölftel der Jahresarbeitsentgeltgrenze übersteigt und regelmäßig höher als das Gesamteinkommen des Mitglieds ist.
Die private Krankenversicherung des Adoptivvaters weigert sich ebenfalls, die Kosten zu übernehmen, da ihrer Meinung nach kein Versicherungszwang besteht.
Ashley ist deshalb trotz ihrer erheblichen Erkrankungen ohne Versicherungsschutz.

In dem vor dem Sozialgericht Düsseldorf verhandelten Fall konnte die gesetzliche Krankenversicherung erst durch Klageerhebung dazu gebracht werden, das Kind in die Familienversicherung aufzunehmen.

Um solche Fälle zu verhindern, ist es deshalb dringend zu empfehlen, möglichst noch vor der Einreise des Kindes mit der Krankenversicherung die Voraussetzungen einer Mitversicherung zu besprechen.

Private Krankenversicherung

Die Aufnahme des Kindes in eine private Krankenversicherung richtet sich nach § 198 Versicherungsvertragsgesetz:

> § 198 VVG
>
> (1) Besteht am Tag der Geburt für mindestens ein Elternteil eine Krankenversicherung, ist der Versicherer verpflichtet, dessen neugeborenes Kind ab Vollendung der Geburt ohne Risikozuschläge und Wartezeiten zu versichern, wenn die Anmeldung zur Versicherung spätestens zwei Monate nach dem Tag der Geburt rückwirkend erfolgt. Diese Verpflichtung besteht nur insoweit, als der beantragte Versicherungsschutz des Neugeborenen nicht höher und nicht umfassender als der des versicherten Elternteils ist.
> (2) Der Geburt eines Kindes steht die Adoption gleich, sofern das Kind im Zeitpunkt der Adoption noch minderjährig ist. Besteht eine höhere Gefahr, so ist die Vereinbarung eines Risikozuschlages höchstens bis zur einfachen Prämienhöhe zulässig.
> (3) Als Voraussetzung für die Versicherung des Neugeborenen oder des Adoptivkindes kann eine Mindestversicherungsdauer des Elternteils vereinbar werden. Diese darf drei Monate nicht übersteigen.

Durch die Gleichstellung adoptierter und leiblicher Kinder will der Gesetzgeber erreichen, dass ab dem Zeitpunkt der Adoption auch für bereits eingetretene Versicherungsfälle Versicherungsschutz beansprucht werden kann.

Steuer

Nach § 32 EStG werden folgende Kinder steuerlich berücksichtigt:

- Im ersten Grad mit dem Steuerpflichtigen verwandte Kinder,
- Pflegekinder (Personen, mit denen der Steuerpflichtige durch ein familienähnliches, auf längere Dauer berechnetes Band verbunden ist, sofern er sie in seinen Haushalt aufgenommen hat und das Obhuts- und Pflegeverhältnis zu den Eltern nicht mehr besteht)
- Besteht bei einem angenommenen Kind das Kindschaftsverhältnis zu den leiblichen Eltern weiter, ist es vorrangig als angenommenes Kind zu berücksichtigen.

Auch steuerlich werden damit adoptierte Kinder und Kinder in Adoptionspflege den leiblichen Kindern gleichgestellt.

Steuerliche Geltendmachung der Adoptionskosten

Fraglich ist, ob die Kosten für die Adoption des Kindes als außergewöhnliche Belastungen geltend gemacht werden können. Voraussetzung hierfür wäre, dass den Adoptiveltern

- notwendige und angemessene Aufwendungen entstehen,
- die sie außergewöhnlich und zwangsläufig belasten und
- die zumutbare Eigenbelastung übersteigen.

In einem Fall, in dem es um die steuerliche Anerkennung von Kosten ging, die durch die Adoption eines koreanischen Kindes über 'terre des hommes' entstanden waren, hat das Finanzgericht Berlin das Vorliegen der Voraussetzungen bejaht.[112]
Entscheidend für die Anerkennung als außergewöhnliche Belastung sei die familienrechtliche Beziehung zwischen den Adoptiveltern und ihrem Adoptivkind.
Nach Meinung des Finanzgerichts Berlin sei es 'schwer einzusehen, dass Ausgaben zur Förderung mildtätiger, kirchlicher, religiöser, wirtschaftlicher, staatspolitischer und bestimmter gemeinnütziger Zwecke im Rahmen des §10 b EStG anerkannt werden, nicht aber außergewöhnliche Aufwendungen, die zur Rettung eines in Korea ausgesetzten Kindes und zu seiner Aufnahme in eine Familie führen.'
Die Adoption lasse sich mit einer Familienzusammenführung vergleichen.

BFH: Kosten der Adoption sind steuerlich nicht absetzbar

Leider ist der Bundesfinanzhof in späteren Urteilen dieser nachvollziehbaren Argumentation nicht gefolgt. Nach mittlerweile ständiger Rechtsprechung sind die Kosten einer Adoption nicht zwangsläufig und können deshalb nicht als außergewöhnliche Belastungen geltend gemacht werden.[113] Die Kosten können auch nicht als Krankheitskosten geltend gemacht werden.[114] Dies gilt auch dann, wenn der Adoption ein Pflegekindverhältnis vorgeschaltet war.[115]

Adoptiveltern können deshalb versuchen, unter Hinweis auf das Urteil des Finanzgerichts Berlin eine steuerliche Berücksichtigung als außergewöhnliche Belastung zu erreichen. Im Hinblick auf die eindeutige Rechtsprechung des Bundesfinanzhofes sind die Erfolgsaussichten jedoch ziemlich gering.

Nach der Adoption – Therapiemöglichkeiten

Soweit eine Therapie des Kindes erforderlich ist, kann man auf alle Therapien zurückgreifen, die sich auch für leibliche deutsche Kinder bewährt haben. Gute Erfolge speziell in der Behandlung von Adoptivkindern wurden mit folgenden Therapieverfahren erzielt:

Physiotherapie

Physiotherapie (früher: Krankengymnastik) kann bei Vorliegen einer Bewegungsstörung vom Arzt verordnet werden. Bei Vorliegen einer ärztlichen Verordnung übernimmt die Krankenkasse die Kosten. Eine Zuzahlung muss bei Kindern nicht geleistet werden und darf vom Therapeuten auch nicht gefordert werden.

Bobath und Vojta

Als Frühtherapiemethoden haben sich vor allem die Therapie nach Bobath und die Therapie nach Vojta bewährt. Von den Eltern wird meist die Therapie nach Bobath bevorzugt, da die Vojtamethode unsanft ist und das Kind während der Behandlung viel schreit.
Es ist darauf zu achten, dass auch tatsächlich der behandelnde Therapeut über die Fortbildung in Bobath oder Vojta verfügt. Mitunter kommt es vor, dass zwar der Pra-

xisinhaber die Therapiefortbildung hat und dadurch zur Abrechnung gegenüber der Krankenkasse berechtigt ist, die Therapie aber von einem Behandler ohne Fortbildung durchgeführt wird.

Logopädie

Bei allen Sprach-, Sprech- und Stimmstörungen kommt die Logopädie zur Anwendung. Auch die Kosten der Logopädie werden nach ärztlicher Verordnung von den Krankenkassen übernommen.
Auch hier gibt es Praxen, die sich auf die Therapie von Kindern spezialisiert haben. Meist kann einem der Kinderarzt einen guten Therapeuten empfehlen.
Alle Kinder mit Sprachentwicklungsverzögerungen tragen ein großes Risiko, später Lese -Rechtschreib -Probleme zu entwickeln. Zur frühen Prävention und zur Vorbereitung des Schulbesuches gibt es inzwischen ausgesprochen wirkungsvolle Programme, mit denen drohenden Problemen in vielen Fällen effektiv vorgebeugt werden kann. Eines dieser Programme ist das 'Würzburger Trainingsprogramm zur phonologischen Bewusstheit'.
Informationen finden sich in Internet unter:
www.psychologie-multimedia.de
www.phonologische-bewusstheit.de

Ergotherapie

Die Ergotherapie (früher: Arbeits- und Beschäftigungstherapie) kommt immer dann zur Anwendung, wenn Störungen in der Verarbeitung von Sinnesreizen oder Entwicklungsrückstände gegenüber Gleichaltrigen im seelischen, geistigen oder körperlichen Bereich vorliegen. Auch hier werden bei Vorliegen einer ärztlichen Verordnung die Kosten von der Krankenkasse übernommen.

Hippotherapie

Bei infantilen Cerabralparesen, Wahrnehmungsstörungen, Gleichgewichtsproblemen, Verhaltensauffälligkeiten und Hyperaktivität kommt die Hippotherapie zur Anwendung. Das Kind sitzt dabei auf einem Pferd, das von einem Helfer am Langzügel durch die Halle geführt wird. Der Therapeut geht neben dem Pferd oder sitzt hinter dem Kind.
Die Kosten der Hippotherapie werden von den Krankenkassen nicht übernommen, sondern müssen von den Eltern privat bezahlt werden.

Wachstumsbehandlung

Die meisten ausländischen Adoptivkinder zeigen nach der Adoption ein Aufholwachstum. Sehr negativ auf das Wachstum wirkt sich jedoch aus, dass es in vielen Fällen zu einem frühzeitigen Eintritt der Pubertät und damit verbundenem Schließen der Wachstumsfugen kommt.

Verzögerung der Pubertät

Ergebnisse einer Studie über die Gabe von Medikamenten zur Verzögerung der Pubertät bei Adoptivkindern hat das Sophia Children's Hospital in Rotterdam[116] veröffentlicht.[117] Weitere Untersuchungen wurden von der Universität von Minnesota durchgeführt.[118]

Zur Überprüfung des Wachstumsverlaufes kann auf Wachstumskurven zurückgegriffen werden, die im Internet unter
www.cdc.gov/growthcharts
www.comeunity.com/adoption/health/growth.html
abgerufen werden können.

Kinesiologie

Bei der Kinesiologie geht es darum, das Zusammenspiel und den Austausch zwischen rechter und linker Gehirnhälfte zu verbessern. Vor allem bei Kindern, die in den ersten zwei Lebensjahren nicht kindgerecht ernährt, umsorgt und gefördert wurden, geht man oft davon aus, dass sich die neuronalen Verbindungen im Gehirn nicht optimal verbinden und vernetzen. Daraus können Lernschwierigkeiten, Wahrnehmungsstörungen und auch Koordinationsstörungen entstehen. Hier kann Kinesiologie unter Umständen sehr förderlich sein.

Literatur:

EK für Kinder
v. Paul und Gail Dennison
VAK Verlags GmbH

EMDR

Traumatherapie

In Fällen, in denen Kinder durch Missbrauch, Vernachlässigung, Gewalt oder Unfälle traumatisiert wurden, kann EMDR (Eye Movement Desensitization and Reprocessing) zur Anwendung kommen. Es handelt sich dabei um eine traumabearbeitende Psychotherapiemethode, die von der American Psychological Association (APA) und der International Society für Traumatic Stress Studies (ISTSS) als effektiv anerkannt ist und zur Behandlung von Traumafolgeerkrankungen eingesetzt wird.

Die Therapie geht davon aus, dass normalerweise Erlebnisse vom Verstand bearbeitet werden. Durch ein Trauma kann es jedoch zu einer Blockade der Informationsverarbeitung kommen, das System gerät in eine Art Schockzustand und das traumatische Erlebnis wirkt als Störquelle weiter. Ein Auslösereiz kann genügen und das Geschehene wird immer und immer wieder durchlebt.
Ziel der Therapie ist es, die Informationsblockade zu beenden, das Trauma aufzulösen und dauerhaft zu verarbeiten.
Das Behandlungskonzept basiert auf der Beobachtung, dass sich psychische Belastungen verringern, wenn die Augen schnell und rhythmisch bewegt werden, während der Betroffene an das belastende Ereignis denkt.
Die hohe Erfolgsrate der Methode wurde in zahlreichen Studien nachgewiesen, allerdings ist die genaue Wirkungsweise noch unbekannt. In der Regel sind nur wenige Sitzungen erforderlich.
Es sollte ein Therapeut aufgesucht werden, der eine Fortbildung in EMDR gemacht hat und sich auf die Behandlung von Kindern spezialisiert hat.

Literatur zur Traumatherapie:

EMDR mit Kindern
Robert Tinker und Sandra Wilson
Junfermann Verlag, Paderborn

EMDR Grundlagen & Praxis
Handbuch zur Behandlung traumatisierter Menschen
Francine Shapiro
Junfermann Verlag, Paderborn

Kleine Wunder
Heilung von Kindheitstraumata mit Hilfe von EMDR
Joan Lovett
Junfermann Verlag, Paderborn

Trauma Heilung
Das Erwachen des Tigers
Peter A. Levine
Synthesis Verlag

Familienstellen nach Hellinger

Das Familienstellen nach Hellinger geht davon aus, dass die einzelnen Mitglieder eines Familienverbundes mit ihren Eltern und Geschwistern und auch allen Angehörigen eng verbunden sind. Verhaltensweisen und Gefühle der Vorfahren werden von den Nach-

kommen stillschweigend übernommen. Dies gilt sogar dann, wenn die Vorfahren - etwa durch eine Adoption - unbekannt sind.
Hellinger geht davon aus, dass sich Adoptivkinder auf die Suche nach ihren leiblichen Eltern machen und hoffen, dass wenn sie sie finden, vielleicht etwas rückgängig gemacht werden kann.
´Diese Suche und diese Hoffnung machen es den Adoptivkindern schwer, sich ihren Adoptiveltern zuzuwenden und sich an sie als ihre Rettung und Sicherheit zu halten. Dazu kommt, dass die inneren Vorwürfe, die das Kind seinen leiblichen Eltern macht, oft auf die Adoptiveltern verschoben werden. Dann kann das Kind weder seine eigenen Eltern, noch die Adoptiveltern wirklich haben und nehmen.`[119]

Eine Familienaufstellung kann sich sowohl für das Adoptivkind, als auch für leibliche Eltern und Adoptiveltern anbieten. Dabei muss das Adoptivkind nicht selbst anwesend sein. Die Aufstellung findet meist in einer Gruppe statt, kann aber auch durch die Aufstellung von Symbolen in der Einzelarbeit erfolgen.
Der Gruppenteilnehmer, dessen Problem bearbeitet wird, sucht sich aus der Gruppe Personen aus, die dann als Stellvertreter für Eltern, Geschwister, Vorfahren etc. so im Raum aufgestellt werden, wie es seinem Bild von der Familie entspricht. Anschließend werden die Stellvertreter befragt, wie sie sich fühlen.
Die Aufgabe des Therapeuten liegt darin, die Aufstellung so zu verändern, dass sich eine ´gute Lösung` ergibt und sich alle Teilnehmer wohl fühlen.

Am Ende wird der Teilnehmer an seinen Platz in der Familie gestellt und nimmt das neue Bild in sich auf. Nach Hellinger stellt sich Friede erst dann ein, wenn die Eltern gewürdigt sind, egal, wie sie sind und was sie getan haben.
Erste Voraussetzung einer gesunden inneren Entwicklung sei es, die Eltern so zu nehmen wie sie sind.

Das Familienstellen bringt das im Raum aufgestellte innere Bild der Familie und Verstrickungen ans Licht und dient damit als Ausgangsbasis für die Lösung des Problems.

Dieses Therapieverfahren kennt keine spezielle Ausbildung. Für den Interessierten ergibt sich die Schwierigkeit, einen Therapeuten zu finden, der über die große Erfahrung verfügt, die ein erfolgreiches Arbeiten verlangt. Die Methode hat in den letzten Jahren einen regelrechten Boom erfahren und wurde deshalb von zahlreichen Therapeuten oder Laien angeboten, die hierfür nicht qualifiziert waren.

Literatur:

Ordnungen der Liebe
Bert Hellinger
Knaur Verlag

Haltet mich, dass ich am Leben bleibe
Lösungen für Adoptierte
Bert Hellinger
Carl – Auer – Systeme Verlag

Ohne Wurzeln keine Flügel
Bertold Ulsamer
Goldmann Verlag

Spielregeln des Familienlebens
Gabriele und Bertold Ulsamer
Herder Verlag

Andere Psychotherapien

Es gibt zahlreiche weitere psychotherapeutische Verfahren, die anerkannt sind und mit denen gute Ergebnisse erzielt werden können, deren Darstellung aber den Rahmen dieses Buches sprengen würde.
Bei der Auswahl eines Therapeuten sollte darauf geachtet werden, dass nicht alle Probleme klischeehaft auf die Adoption zurückgeführt werden.
Ein Therapeut, der Vorurteile gegenüber einer Adoption hat, der glaubt, in Adoptivfamilien könne kein Eltern - Kind - Verhältnis wie zwischen Eltern und leiblichen Kindern entstehen und der alle Verhaltensauffälligkeiten des Kindes darauf zurückführt, dass das Kind früher eine ungünstige Sozialisation erfahren hat, ist für eine Beratung oder eine Therapie nicht geeignet.
Adoptiveltern sollten hier auf ihr Gefühl und ihren gesunden Menschenverstand vertrauen.
Nicht jeder Therapeut ist gut für jedes Kind.

Die Länder

➤ AFGHANISTAN

Hauptstadt: Kabul
Bevölkerung: 22,5 Millionen
Sprache: Paschtu, Persisch
Religion: Muslime (99%)

DIPLOMATISCHE VERTRETUNG:

Deutsche Botschaft in Afghanistan
Wazir Akbar Khan
Mena 6, Kabul
Telefon: 009320-2101512
Telefax: 009320-177518

Afghanistans Botschaft in Deutschland
Taunusstraße 3, 14193 Berlin
Telefon: 0049-03-2067350
Telefax: 0049-03-20673525

Adoptionsverfahren in Afghanistan:
Das afghanische Rechtssystem und Familiengesetz beruht auf einer strikten Interpretation des islamischen Rechts. Deshalb sind Adoptionen nicht zulässig.

➤ ÄGYPTEN

Hauptstadt: Kairo
Bevölkerung: Ägypten hat ca. 69 Mio. Einwohner.
45% der Bevölkerung sind unter 15 Jahre alt.
Sprache: Arabisch, Englisch und Französisch
Religion: 90% Moslems. Der Islam ist Staatsreligion.

DIPLOMATISCHE VERTRETUNG:

Deutsche Botschaft in Ägypten
2, Sharia Berlin (off Sharia Hassan Sabri), Zamalek, Kairo 11211,
Telefon: 00202-272000
Telefax: 00202-27282159

Ägyptens Botschaft in der Bundesrepublik
Stauffenbergstraße 6 – 7, 10785 Berlin
Telefon: 0049-30-4775470
Telefax: 0049-30-4771049

Adoptionsverfahren in Ägypten

Eine Adoption ist in Ägypten grundsätzlich illegal. Für Paare, die in Ägypten ein Kind adoptieren wollen, gibt es nur die Möglichkeit, eine Pflegschaft für das Kind zu beantragen und dann mit dem Kind auszureisen.

Hierfür ist erforderlich:

- Der Beschluss eines ägyptischen Gerichtes, dass die Pflegschaft übertragen wird,
- eine staatliche Anerkennung des Waisenhauses, in dem das Kind lebt,
- eine Kopie des Polizeiberichts darüber, wie das Kind gefunden wurde,
- ein Bericht des Waisenhauses darüber, wie das Kind abgegeben wurde,
- ein Vertrag zwischen Waisenheim und Adoptiveltern darüber, dass das Kind offiziell an die Adoptiveltern abgegeben wird.

In der Regel besteht nur dann eine geringe Wahrscheinlichkeit diese Dokumente zu erhalten, wenn ein Ehepartner ägyptischer Staatsangehöriger ist.

➤ ALBANIEN

Hauptstadt:	Tirana
Bevölkerung:	3 Mio. Einwohner
Sprache:	Albanisch, Griechisch, Mazedonisch
Religion:	70% Moslems, 20% Albanisch – Orthodoxe, 10% Katholiken

DIPLOMATISCHE VERTRETUNG:

Deutsche Botschaft in Albanien
Rruga Skënderbej Nr. 8, Tirana
Telefon: 00355-4274505
Telefax: 00355-4233497

Albaniens Botschaft in Deutschland
Friedrichstr. 231, 10969 Berlin
Telefon: 0049-30-259-3040
Telefax: 0049-30-259-31890

Adoptionsverfahren in Albanien
Albanien ist Vertragsstaat des Haager Übereinkommens.

Zuständige staatliche Behörde:
Albanian Adoption Committee
Bulevardi „Zhan d'Ark", No 2 Tirana

Ein Kind, das für die Adoption vorgesehen ist, erhält eine Bescheinigung vom Albanischen Adoptionskomitee.
Voraussetzung ist, dass das Kind die letzten sechs Monate ohne Kontakt zu seinen leiblichen Eltern in einem Waisenhaus war und dass es nicht gelungen ist, das Kind in einer albanischen Familie unterzubringen.
Adoptionsbewerber dürfen nicht direkt mit dem Albanischen Adoptionskomitee, mit einzelnen Waisenhäusern oder mit leiblichen Eltern über eine Adoption verhandeln. Alle Adoptionen müssen über eine vom Komitee zugelassene Adoptionsvermittlungsstelle abgewickelt werden.
Generell werden nur sehr wenige Kinder aus Albanien ins Ausland vermittelt.
Gegenwärtig ist keine deutsche Adoptionsvermittlungsstelle in Albanien akkreditiert. Im Mai 2009 hat eine der beiden amerikanischen Vermittlungsstellen, die in Albanien tätig waren, die Vermittlung von albanischen Kindern eingestellt, da die Zahl der Vermittlungen immer weiter zurückgegangen war.

➤ ARGENTINIEN

Hauptstadt: Buenos Aires
Bevölkerung: 36 Mio. Einwohner. Argentinien befindet sich in einer großen Wirtschaftskrise. Große Teile der Bevölkerung sind verarmt.
Sprache: Spanisch
Religion: 91% Katholiken

DIPLOMATISCHE VERTRETUNG:

Deutsche Botschaft in Argentinien
Calle Villanueva 1055, C1426 BMC Buenos Aires
Telefon : 005411-4778-2500
Telefax : 005411-4778-2550

Argentiniens Botschaft in Deutschland
Kleiststraße 23-26, 10787 Berlin
Telefon: 0049-30-2 26 68 90
Telefax: 0049-30-2 29 14 00

Adoptionsverfahren in Argentinien
Argentinien ist kein Vertragsstaat des Haager Übereinkommens.

Zuständige staatliche Behörde:
Secretaria National de la Ninez, Adolescencia y Familia
Av. Peron 524 piso 1 (for adoptions)
Telephone: (54)(11) 4338-5800 into. 6012

Für Ausländer ist es nur dann möglich, ein Kind in Argentinien zu adoptieren, wenn sie seit mindestens 5 Jahren in Argentinien wohnhaft sind und auch in Zukunft in Argentinien wohnen werden. Der Grund hierfür liegt darin, dass nach Meinung der argentinischen Regierung ein in Argentinien geborenes Kind nicht aus seinem Kulturkreis entfernt werden soll. Darüber hinaus müssen Ehepaare seit mindestens 3 Jahren verheiratet sein und die Ehe muss kinderlos geblieben sein. Die Adoption durch unverheiratete Bewerber ist möglich, allerdings müssen diese Bewerber dann mindestens 30 Jahre alt sein.

➤ ARMENIEN

Hauptstadt: Eriwan
Bevölkerung: 3,2 Millionen
Sprache: Armenisch, Russisch
Religion: Armenisch Apostolische Kirche

DIPLOMATISCHE VERTRETUNG:

Deutsche Botschaft in Armenien
Tscharenzstr. 29, 375025 Eriwan
Telefon: 0037410-52 32 79
Telefax: 0037410-52 47 81

Armeniens Botschaft in Deutschland
Nußbaumallee 4, D-14050 Berlin
Telefon: 0049-30-405091-0
Telefax: 0049-30-405091-25

Adoptionsverfahren in Armenien
Armenien ist im Dezember 2006 dem Haager Übereinkommen beigetreten. Zunächst hatte Deutschland Einspruch gegen den Beitritt eingelegt, diesen jedoch am 29. Januar 2009 zurückgenommen. Die Vorschriften des Haager Übereinkommens sind deshalb bei allen Adoptionen armenischer Kinder durch Deutsche anzuwenden.

Zuständige staatliche Behörde:
Ministry of Justice of the Republic of Armenia
3 V. Sargsyan, 0010 Yerevan
Republic of Armenia

Sowohl Ehepaare als auch Singles dürfen adoptieren. Unverheiratete Adoptivbewerber müssen mindestens 18 Jahre älter als das Adoptivkind sein.
In armenischen Kinderheimen leben etwa 1000 Kinder. Eine Adoption ist aber nur dann möglich, wenn die leiblichen Eltern gestorben sind, nicht auffindbar sind, auf ihre Elternrechte verzichtet haben oder einer Adoption ausdrücklich zustimmen. Eine weitere Voraussetzung ist, dass zunächst drei Monate lang erfolglos versucht wurde, das Kind im Land selbst zu vermitteln. Erst nach Ablauf dieser drei Monate kann das Kind an ausländische Bewerber vermittelt werden.
Zu Gerüchten, Angelina Jolie und Brad Pitt wollten ein Kind aus Armenien adoptieren, sagte die Leiterin der zuständigen Abteilung im Sozialministerium, Frau Lena Airapetyan, im Mai 2009: 'Alle Bewerber müssen einen Lebenslauf, Verdienstbescheinigungen, Führungszeugnisse und Bescheinigungen über ihre Adoptionseignung vorlegen. Wenn alles glatt läuft, kann ein Kind innerhalb eines Monats adoptiert werden' (RIA Novosti vom 26.5.2009).

➤ ASERBAIDSCHAN

Hauptstadt: Baku
Bevölkerung: 7,7 Mio. Einwohner
Sprache: Aserbaidschanisch (Amtssprache), Russisch, Armenisch
Religion: 90% Moslems

DIPLOMATISCHE VERTRETUNG:

Deutsche Botschaft in Aserbaidschan
ISR Plaza, 340 Nizami Str., AZ 1000 Baku
Telefon: 0099412-46541 00
Telefax: 0099412-49854 19

Aserbaidschans Botschaft in Deutschland
Hubertusallee 43, 14193 Berlin
Telefon: 0049-030-2191613
Telefax: 0049-030-21916152

Adoptionsverfahren in Aserbaidschan
Aserbaidschan ist dem Haager Übereinkommen beigetreten.

Zuständige staatliche Behörde:
Ministry of Justice of the Republic of Azerbaijan
Department of the Notary & Civil Status Acts
Inschaatchilar Avenue 1
Baku

Aserbaidschan ist eines der wenigen islamisch geprägten Länder, die Adoptionen erlaubt. Bislang sind jedoch nur sehr wenige aserbaidschanische Kinder von Ausländern adoptiert worden.

➤ ÄTHIOPIEN

Hauptstadt: Addis Abeba
Bevölkerung: Äthiopien hat ca. 63 Mio. Einwohner und ein Bevölkerungswachstum von 2,16% jährlich. Die Analphabetenrate beträgt 67%. Die Säuglingssterblichkeit liegt bei über 10%. 17% der Kinder sterben vor dem fünften Lebensjahr. Das äthiopische Gesundheitsministerium geht davon aus, dass ca. 620.000 Kinder des Landes in Folge von Aids zu Vollwaisen geworden sind. Die durchschnittliche Lebenserwartung beträgt bei Männern 42 Jahre und bei Frauen 44 Jahre.
Sprache: Amharisch (Amtssprache), Englisch, Französisch
Religion: 45% Moslems, 30% äthiopisch – orthodoxe Kirche

DIPLOMATISCHE VERTRETUNG:

Deutsche Botschaft in Äthiopien
Yeka Kifle Ketema
Kebele 06, Addis Abeba
Telefon: 0025111-123 51 39
Telefax: 0025111-123 51 52

Botschaft Äthiopiens in der Bundesrepublik
Boothstraße 20 a, 12207 Berlin
Telefon: 0049-30-772060
Telefax: 0049-30-7720624

Adoptionsverfahren in Äthiopien
Äthiopien ist kein Mitglied des Haager Übereinkommens.
Zuständige staatliche Behörde:
Children and Youth Affairs Office (CYAO) operating under the Ministry of Women's Affairs (MOWA)

Die Adoptionsbestimmungen Äthiopiens sind im äthiopischen Familiengesetzbuch (Revised Family Code) festgelegt.
Danach kommt die Adoption durch Vertrag zwischen Annehmenden und dem Kind zustande. Der Vertrag muss von einem Gericht bestätigt werden. Die leiblichen Eltern des Kindes müssen dem Vertrag zustimmen, soweit sie bekannt sind und noch leben. Wenn ein Elternteil gestorben ist, unbekannt ist oder sein Aufenthaltsort nicht ermittelt werden kann, genügt die Zustimmung des anderen Elternteils. Die leibliche Mutter des Kindes kann ihre Zustimmung zur Adoption einseitig bis 6 Monate nach der Geburt widerrufen. Die familiären Rechtsbeziehungen zur Ursprungsfamilie bleiben erhalten.

Für eine Adoption müssen folgende Grundvoraussetzungen erfüllt sein:
Adoptionsbewerber müssen mindestens 25 Jahre alt sein. Bei verheirateten Paaren muss einer von beiden mindestens 25 Jahre alt sein.
Wenn die Adoptionsbewerber bereits Kinder haben, so ist dies kein Hindernis für die Adoption, soweit das Gericht zu dem Ergebnis kommt, dass trotz der vorhandenen Kinder das Kindeswohl des adoptierten Kindes nicht beeinträchtigt ist.
Das zuständige Gericht in Äthiopien kommt anhand der vorgelegten Unterlagen (positiver Sozialbericht etc.) zu dem Ergebnis, dass die Adoption im besten Interesse des Kindes ist.

Bei einer Adoption nach äthiopischem Recht handelt es sich um eine schwache Adoption.

Die Zahl der Adoptionen aus Äthiopien ist in den letzten Jahren stark angestiegen. So haben beispielsweise US - Amerikaner im Jahr 2002 289 Kinder aus Äthiopien adoptiert. 2008 waren es dann schon 1725 Kinder.

In Äthiopien tätige Vermittlungsstellen:

Evangelischer Verein Rheinland
Einbrunger Straße 66
40489 Düsseldorf
Tel: 0211 - 4087950
Fax: 0211 - 4089526

Eltern für Afrika
Fröhlichstr. 10 1/2
86150 Augsburg
Telefon: 0821 - 51 99 66
Telefax: 0821 - 15 74 94

➤ BAHRAIN

Hauptstadt: Manama
Bevölkerung: 688.000
Sprache: Arabisch
Religion: Islam

DIPLOMATISCHE VERTRETUNG:

Deutsche Botschaft in Bahrain
Alhasan Bldg. Sh. Hamad Causeway
Bldg. No. 668 Diplomatic Area 317, Manama
Telefon: 00973 530210
Telefax: 00973 536282

Bahrains Botschaft in Deutschland
Klingelhöfer Straße 7, 10785 Berlin
Telefon: 0049-30-86877777
Telefax 0049-30-86877788

Adoptionsverfahren in Bahrain

Bahrain ist kein Vertragsstaat des Haager Übereinkommens.

In Bahrain sind Adoptionen nicht zulässig. Muslime dürfen ein Kind, dessen Vater nicht bekannt ist, unterstützen. Sie dürfen jedoch nicht Bahrain mit ihm verlassen.

➤ BANGLADESCH

Hauptstadt: Dhaka
Bevölkerung: 127 Mio. Einwohner.
In Bangladesch sind 67 Prozent der Kinder mangelernährt.
Sprache: Bengali (Amtssprache), Englisch
Religion: 87% Moslems

DIPLOMATISCHE VERTRETUNG:

Deutsche Botschaft in Bangladesch
178, Gulshan Av., Dhaka 1212
Telefon: 008802-8853521
Telefax: 008802-8853260

Bangladeschs Botschaft in Deutschland
Dovestr. 1, 10587 Berlin
Telefon: 0049-30-398-9750
Telefax: 0049-30-3989-7510

Adoptionsverfahren in Bangladesch
In Bangladesch ist die Adoption verboten. Staatsbürger Bangladeschs dürfen eine Pflegschaft für Kinder beantragen und erhalten dadurch die Obhut über das Kind. Die zuständigen Behörden hierfür sind das Familiengericht und das Ministry of Home Affairs. Die Verordnung 'Guardianship and Wards Amendments Ordinance' von 1982 verbietet die Bewilligung einer Pflegschaft, wenn der Antragsteller kein Staatsbürger Bangladeschs ist.
Für Ausländer ist es nicht zulässig, ein Kind zu adoptieren.

➤ BARBADOS

Hauptstadt: Bridgetown
Bevölkerung: 269 000 Einwohner
Sprache: Englisch (Amtssprache)
Religion: 40% Anglikaner

DIPLOMATISCHE VERTRETUNG

Deutsche Botschaft
7-9 Marli Street
Port of Spain Trinidad W.I.
Telefon: 001868-628-1630
Telefax: 001868-628-5278

Botschaft von Barbados
42 Avenue Franklin B. Roosevelt
105 Brüssel, Belgien
Telefon: 0032-2-7321737
Telefax: 0032-2-7323266

Adoptionsverfahren auf Barbados
Barbados ist kein Vertragsstaat des Haager Übereinkommens.

Zuständige staatliche Behörde:
Child Care Board
The Fred Edghill Building,

Cheapside, Fontabelle, Barbados
Nur Bürger aus Staaten, die mit Barbados diplomatische oder konsularische Beziehungen pflegen, dürfen adoptieren. Wenn die Adoption in Barbados durchgeführt werden soll, müssen die Adoptionsbewerber seit mindestens 18 Monaten im Land leben. Darüber hinaus gestattet es Barbados, das Kind in Barbados einige Wochen in Pflege zu nehmen, um dann mit Zustimmung des Gerichts auszureisen und die Adoption im Land der Adoptivbewerber durchzuführen.
Für Adoptivbewerber ist ein Mindestalter von 25 Jahren vorgeschrieben. Sowohl verheiratete Paare als auch Singles dürfen adoptieren.

➤ BELIZE

Hauptstadt: Belmopan
Bevölkerung: 235 000 Einwohner
Sprache: Englisch (Amtssprache)
Religion: 58% Katholiken, 28% Protestanten

DIPLOMATISCHE VERTRETUNG:

Deutsche Botschaft
20 calle 6-20, Edificio Plaza Maritima, Zona 10, Ciudad de Guatemala.
Telefon: 00502-23646700
Telefax: 00502-23336906

Botschaft von Belize
Boulevard Brand Whitlock 136
B - 1200 Brüssel, Belgien
Telefon: 00322-7326204
Telefax: 00322-7326246

Adoptionsverfahren in Belize
Belize ist dem Haager Übereinkommen beigetreten.

Zuständige staatliche Behörde:
Human Development Department
40 Regent Street
Belize City, Belize
Central America
Contact person: Ms. Arnold
Telefon: 0501 227 7451
Telefax: 0501 227 1276

Für Ausländer ist die Beantragung einer Adoption nur dann möglich, wenn sie seit mindestens 6 Monaten in Belize wohnen. Die Adoption wird nur dann ausgesprochen, wenn die Bewerber mit dem Kind 12 Monate lang auf Belize zusammengelebt haben und ein Sozialarbeiter die Familie mehrmals besucht und eine positive Eltern-Kind-Beziehung festgestellt hat.
Sowohl verheiratete Paare als auch Singles dürfen adoptieren. Allerdings dürfen alleinstehende Männer keine Mädchen adoptieren, es sei denn das zuständige Gericht erteilt eine Ausnahmegenehmigung.

➤ BOLIVIEN

Hauptstadt: Sucre
Bevölkerung: 8 Mio. Einwohner. Bolivien ist das ärmste Land Südamerikas.
In Folge von Armut, ungewollten Schwangerschaften, sexueller Gewalt und fehlenden Ausbildungs- und Arbeitsmöglichkeiten werden viele Mädchen und Jungen verlassen und müssen ohne Familie aufwachsen.
63 Prozent der Bevölkerung leben unter der Armutsgrenze.
Zwischen 11 und 16 Prozent der Bauernkinder sterben vor Erreichen des zweiten Lebensjahres.
Mindestens 600.000 Kinder sind regelmäßig erwerbstätig.
Sprache: Spanisch
Religion: 93% Katholiken

DIPLOMATISCHE VERTRETUNG:

Deutsche Botschaft in Bolivien
Embajada de la República Federal de Alemania
Avenida Arce 2395, La Paz
Telefon: 00591-2244 00-66
Telefax: 00591-2 244 14-41

Botschaft Boliviens in der Bundesrepublik
Wichmannstraße 6, 10787 Berlin
Telefon: 0049-30-263915-0
Telefax: 0049-30-263915-15

Adoptionsverfahren in Bolivien

Bolivien ist Mitglied des Haager Übereinkommens.

Zuständige staatliche Behörde:
Vice-Ministry for Youth, Children and Third Age
Edificio „Condor" 1st floor
Calle Batallón Colorados No. 25, LA PAZ, Bolivia

In Bolivien kommen nur verlassene Kinder (hauptsächlich Findelkinder und Vollwaisen, selten Halbwaisen) zur Adoption.
Die Verlassenheit des zu adoptierenden Kindes muss von einem Gericht bestätigt worden sein.
Sobald die Adoptionsbewerber akzeptiert wurden und ein passendes Kind gefunden wurde, beginnt der Adoptionsprozess. Dieser kann sich über mehrere Wochen und teilweise sogar über Jahre hinziehen. Bei verheiraten Bewerbern ist es notwendig, dass zumindest ein Ehepartner während des Adoptionsprozesses im Land bleibt.
Adoptionsbewerber, ob alleinstehend oder verheiratet, müssen älter als 25 Jahre sein. Das Höchstalter beträgt 50 Jahre. Es ist zulässig, dass die Adoptionsbewerber bereits leibliche oder adoptierte Kinder haben.

In Bolivien ist als Adoptionsvermittlungsstelle tätig:
Sozialdienst katholischer Frauen
Referat Kinder- und Jugendhilfe - Auslandsadoption -
Agnes-Neuhaus-Str. 5 , 44135 Dortmund
Tel.: 0231-557026-0
Fax: 0231-557026-60

➤ BOSNIEN HERZEGOWINA

Hauptstadt: Sarajewo
Bevölkerung: 4 Mio. Einwohner
Sprache: Bosnisch, Kroatisch, Serbisch
Religion: 44% Moslems, 31% Serbisch - Orthodoxe, 17% Katholiken

DIPLOMATISCHE VERTRETUNG:

Deutsche Botschaft in Bosnien Herzegowina
Banja Luka
Ulica Mladena Stojanovica 1
78000 Banja Luka - BIH
Telefon: 0038751-303925
Telefax: 0038751-303928

Bosnien Herzegowinas Botschaft in Deutschland
Ibsenstr. 14
10439 Berlin
Telefon: 0049-30-81471210
Telefax: 0049-30-81471211

Adoptionsverfahren in Bosnien Herzegowina
Bosnien Herzegowina ist kein Vertragsstaat des Haager Übereinkommens.
Grundsätzlich dürfen Ausländer in Bosnien Herzegowina ein Kind adoptieren. Es ist jedoch erforderlich, dass außergewöhnliche Gründe vorliegen, die dies rechtfertigen. Ob ein solch außergewöhnlicher Grund vorliegt, ist eine Einzelfallentscheidung der zuständigen Behörden. Auslandsadoptionen kommen in der Regel nur dann in Betracht, wenn das Kind schwer erkrankt ist.
Da das Sozialministerium jeder Adoption zustimmen muss und diese Zustimmungen nur in ganz außergewöhnlichen Sonderfällen erteilt werden, ist es äußerst schwierig bis unmöglich, ein Kind aus Bosnien - Herzegowina zu adoptieren.

In Bosnien-Herzegowina tätige Vermittlungsstelle:
FiF familie international frankfurt
Monisstr. 4
60320 Frankfurt am Main
Telefon: 069 - 95 63 64 31
Telefax: 069 - 95 63 64 33

➤ BRASILIEN

Hauptstadt: Brasilia
Bevölkerung: Brasilien ist mit über 170 Millionen Menschen der volkreichste Staat in Südamerika. 28% der Bevölkerung sind unter 15 Jahre alt.
Rund 32 Millionen brasilianische Kinder und Jugendliche leben in Familien, die mit weniger als 110 Dollar im Monat auskommen müssen.
Sprache: Portugiesisch
Religion: 75% Katholiken, 10% Protestanten

DIPLOMATISCHE VERTRETUNG:

Deutsche Botschaft In Brasilien
Av. das Nações, Lote 25,
Quadra 807, 70415-900 Brasília DF
Telefon: 005561-3442 7000
Telefax: 005561-34437508

Brasiliens Botschaft in Deutschland
Wallstr. 57, 10179 Berlin
Telefon: 0049-30-726280
Telefax: 0049-30-72628320

Adoptionsverfahren in Brasilien
Brasilien ist Vertragsstaat des Haager Übereinkommens

Zuständige staatliche Behörde:
Autoridade Central Administrativa Federal
Secretaria Especial dos Direitos Humanos - Presidência da República
Esplanada dos Ministérios
Bloco T-Ed. Sede, sala 212
Cep. 70064-900 Brasilia D.F.
Brazil

Adoptionsverfahren in Brasilien sind oft kompliziert und langwierig.
Grundsätzlich wird stets der Inlandsadoption der Vorrang eingeräumt. Zur Auslandsadoption kommen nur Kinder ab 5 Jahren und behinderte Kinder.

Die Adoptionsbewerber müssen mindestens 21 Jahre alt sein.
Es wird erwartet, dass beide Elternteile vor Ort anwesend sind und nur in Ausnahmefällen und nur nach vorheriger Genehmigung durch den örtlich zuständigen Richter kann ein Elternteil vorzeitig nach Hause zurückkehren.
Auch unverheiratete Bewerber werden akzeptiert.

In Brasilien werden jährlich etwa 8000 Kinder adoptiert, davon 7600 von Brasilianern. Pro Jahr werden daher nur 400 Kinder ins Ausland vermittelt. Für die Durchführung dieser Vermittlungen hat Brasilien 29 ausländische Vermittlungsstellen zugelassen.

In Brasilien ist folgende Adoptionsvermittlungsstelle tätig:
AdA
Asesoría de Adopciones - Adoptionsberatung e.V.
Kapuzinerstr. 25
80337 München
Tel.: 089 - 26 94 97 61
Fax: 089 - 26 94 97 59

BULGARIEN

Hauptstadt: Sofia
Bevölkerung: 8 Mio. Einwohner
Sprache: Bulgarisch
Religion: 86% bulgarisch - orthodoxe Christen

DIPLOMATISCHE VERTRETUNG:

Deutsche Botschaft in Bulgarien
Ulica Frederic-Joliot-Curie 25, 1113 Sofia
Telefon: 003592-918-380
Telefax: 003592-963-1658

Botschaft Bulgariens in der Bundesrepublik
Mauerstr. 11, 10117 Berlin
Telefon: 0049-30-201-092226
Telefax: 0049-30-208-6838

Adoptionsverfahren in Bulgarien
Bulgarien ist dem Haager Übereinkommen beigetreten.

Zuständige staatliche Behörde:
Ministry of Justice
Department of International Legal Child Protection and Intercountry Adoptions
No 1, Slavyanska Str.
1040 SOFIA, Bulgaria

Etwa 8.000 Kinder sind in Bulgarien in Sozialheimen untergebracht. Allein im Jahr 2008 wurden 944 Babys gleich nach der Geburt in die Obhut des Staates gegeben. Für viele von ihnen ist die Adoption die einzige Möglichkeit, in einer Familie aufzuwachsen. Seit der Änderung des Familiengesetzbuchs im Jahr 2002 ist die Zahl der ins Ausland adoptierten Kinder drastisch zurückgegangen. Wurden zuvor noch etwa 1000 bulgarische Kinder von ausländischen Eltern aufgenommen, waren es im Jahr 2007 nur noch 91 Kinder. Seit dem Beitritt des Landes zur Europäischen Union steigen die Vermittlungszahlen ins Ausland jedoch wieder an. Im Jahr 2008 wurden 372 Kindervorschläge gemacht.

Um die Zahl der Adoptionen weiter zu erhöhen, hat das Parlament in Sofia im Juni 2009 für ein neues Gesetz gestimmt, nach dem ein Kind in einem Waisenhaus zur Adoption freigegeben wird, wenn seine Familie es nicht innerhalb von sechs Monaten wieder abholt. Zuvor war die Einwilligung der Eltern oder eine zwölfmonatige Wartezeit notwendig. Haben sich sechs Monate nach Eintragung in das Adoptionsregister noch keine bulgarischen Eltern gefunden, kann das Kind von ausländischen Eltern adoptiert werden.

Bei den Kindern, die im Ausland adoptiert werden können, handelt es sich meistens um Kinder ethnischer Minderheiten oder um behinderte Kinder.
Der Altersabstand zwischen Adoptiveltern und Kind darf nicht mehr als 45 Jahre betragen. Bulgarien akzeptiert Bewerbungen von Ehepaaren und Singles.

In Bulgarien sind folgende Adoptionsvermittlungsstellen tätig:
Children and Parents
Alt-Haarener-Str. 147, 52080 Aachen
Tel.: 0241-1691439
Fax: 0241- 9609202

Global Adoption Germany
Markt 14, 65375 Oestrich Winkel
Tel: 202-747 33 61
Fax: 202-747 33 74

Parents Child Bridge
Erstinformation / Auslandskontakte
Bonhoefferstr. 17, 69123 Heidelberg
Tel: 06221-83 94 20
Fax: 06221-83 31 38

Zukunft für Kinder e. V.
Benzstraße. 6, 68794 Oberhausen-Rheinhausen
Tel.: 07254-77680
Fax: 07254-776815

➤ BURKINA FASO

Hauptstadt:	Ouagadougou
Bevölkerung:	14 Millionen; die durchschnittliche Lebenserwartung beträgt 42 Jahre.
Sprache:	Dioula, Französisch (Amtssprache)
Religion:	Moslems (50%), viele Burkiner bekennen sich zu mehreren Glaubensrichtungen

DIPLOMATISCHE VERTRETUNG:

Deutsche Botschaft in Burkina Faso
399, Avenue Mogho Naba Koom 1 , Ouagadougou 01
Telefon: 00226-50306731
Telefax: 00226-50313991

Burkina Fasos Botschaft in Deutschland
Karolingerplatz 10-11, 14052 Berlin
Telefon: 0049-30-3010599-0
Telefax: 0049-30-3010599-20

Adoptionsverfahren in Burkina Faso
Burkina Faso ist Mitglied des Haager Übereinkommens.

Zuständige staatliche Behörde:
Le Ministère de l'Action Sociale et de la Solidarité Nationale
01 BP 515
Ouagadougou 01
Burkina Faso

Die Adoption eines burkinischen Staatsangehörigen durch Ausländer ist nach Art. 477 des burkinischen 'Code des Personnes et de la Famille' zulässig.

Es sind folgende Grundvoraussetzungen zu erfüllen:
- Adoptionsbewerber müssen mindestens 30 Jahre alt sein.
- Ehepaare müssen mindestens 5 Jahre verheiratet sein. Mindestens einer der Ehepartner muss 30 Jahre alt sein.
- Adoptionsbewerber müssen mindestens fünfzehn Jahre älter als das Kind sein.
- Adoptionsbewerber dürfen bereits leibliche oder adoptierte Kinder haben.

Es dürfen Kinder adoptiert werden,
- deren Eltern unbekannt sind,
- die für verlassen erklärt wurden,
- deren Eltern verstorben sind,
- deren Eltern die Zustimmung zur Adoption erklärt haben.

Das burkinische Recht kennt die starke und die schwache Adoption.
Paare werden gegenüber Singles bevorzugt.

In Burkina Faso tätige Vermittlungsstelle:
HELP a child
Hauptstraße 46 „Regna Haus"
56220 Kalteneggers
Postfach 200813
56068 Koblenz
Tel: 02630-956659
Fax: 02630-956632

➤ BURUNDI

Hauptstadt: Bujumbura
Bevölkerung: 6, 5 Mio. Einwohner. Die Lebenserwartung beträgt 42 Jahre.
Sprache: Kirundi und Französisch
Religion: 65% Christen, 33% Naturreligionen

DIPLOMATISCHE VERTRETUNG:

Deutsche Botschaft
22, avenue du 18 Septembre
Bujumbura
Telefon: 00257-22257777
Telefax: 00257-22221004

Burundis Botschaft in Deutschland
Berliner Straße 36
10715 Berlin
Telefon: 0049-30-23 45 67 0
Telefax: 0049-30-86 23 45 67 20

Adoptionsverfahren in Burundi
Burundi ist dem Haager Übereinkommen beigetreten.

Zuständige staatliche Behörde:
Ministère de la Solidarité nationale,
des Droits de la personne humaine et du Genre
Bujumbura

Adoptivbewerber sollten mindestens 35 Jahre alt sein, allerdings kann das zuständige burundische Gericht eine Ausnahmegeehmigung erteilen.
Bei verheirateten Bewerbern muss die Ehe seit mindestens 5 Jahren bestehen und das Ehepaar muss auch seit dieser Zeit zusammenleben.

Nur wenn sichergestellt ist, dass alle Einwilligungserklärungen ordnungsgemäß abgegeben worden sind und für das zu adoptierende Kind die Möglichkeit einer Inlandsadoption nicht besteht, kann eine Auslandsadoption erfolgen.

➤ CHILE

Hauptstadt: Santiago
Bevölkerung: 15 Mio. Einwohner. Chile ist das Wirtschaftswunderland Lateinamerikas. Seit der Rückkehr zur Demokratie im Jahr 1990 hat sich die Zahl der Menschen unterhalb der Armutsgrenze von 38,5 Prozent auf 18 Prozent mehr als halbiert. 98% der Kinder besuchen die Grundschule, zwei Drittel sogar eine weiterführende Schule.
Sprache: Spanisch (Amtssprache)
Religion: 77% Katholiken

DIPLOMATISCHE VERTRETUNG:

Deutsche Botschaft in Chile
Las Hualtatas 5677
Vitacura
Santiago de Chile
Telefon: 00562-4632-500
Telefax: 00562-4632-525

Chiles Botschaft in Deutschland
Mohrenstr. 42
D-10117 Berlin
Telefon: 0049-30-72620-35
Telefax: 0049-30-72620-3603

Adoptionsverfahren in Chile
Chile ist Vertragsstaat des Haager Übereinkommens.

Zuständige staatliche Behörde:
Servicio Nacional de Menores (SENAME)
(National Service for Minors)
Huérfanos N° 587, 5° piso
casilla postal 51230, Correo 1
Santiago
Chile

Bevorzugt werden Bewerber mit chilenischer Staatsbürgerschaft und Ausländer mit ständigem Wohnort in Chile. Während die Anzahl der ins Ausland vermittelten Kinder seit Jahren zurückgeht, nahmen Inlandsadoptionen zwischen 1998 und 2008 um 186 Prozent zu. Im Jahr 2007 wurden deshalb nur noch 87 Kinder ins Ausland vermittelt, aber 355 Kinder in chilenische Familien.

Ein Grund für den Rückgang der Auslandsadoptionen liegt unter anderem darin, dass Kinder nur noch dann ins Ausland vermittelt werden, wenn sie keine Verwandten in Chile haben.
Bewerber müssen über 25 und unter 60 Jahren alt sein, seit mindestens zwei Jahren verheiratet (gilt nicht bei Sterilität) und mindestens 20 Jahre älter als das Adoptivkind sein. Adoptionen durch Singles sind nicht möglich.
Die Wirkungen einer Adoption nach chilenischem Recht entsprechen denen einer Volladoption nach deutschem Recht.

In Chile ist folgende Adoptionsvermittlungsstelle tätig:
AdA
Asesoría de Adopciones - Adoptionsberatung e.V.
Kapuzinerstr. 25 , 80337 München
Tel.: 089 - 26 94 97 61
Fax: 089 - 26 94 97 59

➤ CHINA

Hauptstadt: Peking (Beijing)
Bevölkerung: 1267 Mio. Einwohner
Sprache: Chinesisch
Religion: Zwei Drittel der Bevölkerung sind konfessionslos, sonst Buddhismus und Taoismus

DIPLOMATISCHE VERTRETUNG:

Deutsche Botschaft In China
17, Dong Zhi Men Wai Da Jie, Chaoyang District, 100600 Peking
Telefon: 008610-8532-9000
Telefax: 008610-6532-5336

Chinas Botschaft in Deutschland
Märkisches Ufer 54, 10179 Berlin
Telefon: 0049-30-2758-80
Telefax: 0049-30-2758-8221

Adoptionsverfahren in China
China ist dem Haager Übereinkommen beigetreten.

Zuständige staatliche Behörde:
Ministry of Civil Affairs of the People's Republic of China
Social Affairs Section
Social Welfare and Social Affairs Department
No. 147, Beiheyan Street, Dongcheng District,
BEIJING, 100721,China
Tel: 008610- 5812 3276
Fax: 008610- 5812 3268

Sämtliche Adoptionen müssen über die CCAA und eine von der CCAA anerkannte Adoptionsvermittlungsstelle laufen. Alle sonstigen Adoptionen sind verboten.

China ist weltweit eines der Hauptherkunftsländer für Adoptivkinder. Im Jahr 2007 hat das Land seine Adoptionsvorschriften verschärft. Seitdem müssen Adoptivbewerber unter anderem jünger als 50 Jahre sein, sie dürfen nicht wegen Depressionen in ärztlicher Behandlung gewesen sein und müssen verheiratet sein. Die Folge: Die Zahl der Adoptionen chinesischer Kinder durch Ausländer ist deutlich zurückgegangen.

Sowohl Deutschland als auch China sind Mitglieder des Haager Übereinkommens über die Adoption von Kindern, dennoch ist die Adoption eines chinesischen Kinds durch deutsche Staatsbürger weitgehend ausgeschlossen. Der Grund liegt darin, dass China und Deutschland keine bilaterale Zusatzvereinbarung geschlossen haben, wie sie China für eine Zusammenarbeit auf dem Gebiet der internationalen Adoption verlangt. Da sich der Lebensstandard der chinesischen Bevölkerung im letzten Jahrzehnt stark verbessert hat und sich die Zahl der nationalen Adoptionen stetig erhöht hat, ist China nicht bereit, mit weiteren Ländern Zusatzvereinbarungen zu schließen. Darüber hinaus kooperiert China bei Adoptionen bereits mit 16 Ländern und ist der Meinung, es sei bereits jetzt schwierig, den vielfältigen Bedürfnissen zu entsprechen. Mit dem Abschluss eines Adoptionsabkommens zwischen China und Deutschland ist deshalb nicht zu rechnen. Die Adoptionen chinesischer Kinder durch Deutsche ist allerdings in Einzelfällen in der Sonderverwaltungsregion Hongkong möglich.
Für diesen Teil Chinas hat die Adoptionsvermittlungsstelle familie international frankfurt (FiF) am 19. April 2007 von der zuständigen Zentralen Adoptionsstelle der Länder Rheinland - Pfalz und Hessen die Zulassung zur internationalen Adoptionsvermittlung von Kindern erhalten.

Die Vermittlungsstelle FiF führt schwerpunktmäßig **Stiefkind- und Verwandtenadoptionen** durch, es werden allerdings auch Fremdadoptionen vermittelt. Hilfreich ist, wenn die Bewerber eine enge persönliche Beziehung zu China haben, z.B. wenn sie die chinesische Staatsangehörigkeit haben oder einen längeren Aufenthalt in China verbracht haben. In jedem Fall sollten die Bewerber Englisch bzw. Chinesisch sprechen können, damit eine Verständigung mit dem Kind möglich ist.

Für Hongkong gelten darüber hinaus folgende Voraussetzungen:

- zur Adoption kommen vor allen Kinder, die älter als 3 Jahre sind und Kinder, die Behinderungen haben.
- Bewerber müssen seit mindestens 3 Jahren verheiratet sein.
- Alleinstehende Bewerber müssen nachweisen, dass sie das Kind alleine versorgen können.

Adoptionsvermittlungsstelle:
FiF familie international frankfurt
Monisstr. 4
60320 Frankfurt am Main
Telefon: 069 - 95 63 64 31
Telefax: 069 - 95 63 64 33

➤ COSTA RICA

Hauptstadt: San José
Bevölkerung: 4 Mio. Einwohner
Sprache: Spanisch (Amtssprache)
Religion: 90% Katholiken

DIPLOMATISCHE VERTRETUNG:

Botschaft der Bundesrepublik in Costa Rica
Edificio „Torre La Sabana",
8° piso, 300 mts oeste del ICE
Sabana Norte San José
Telefon: 00506-2909091
Telefax: 00506-2316403

Costa Ricas Botschaft in der Bundesrepublik
Dessauer Straße 28 / 29, 2. Etage, 10963 Berlin
Telefon: 0049-30-26398990
Telefax: 0049-30-26557210

Adoptionsverfahren in Costa Rica
Costa Rica hat das Haager Übereinkommen ratifiziert.

Zuständige staatliche Behörde:
PANI (Patronato Nacional de la Infancia)
Consejo Nacional de Adopciones Internacionales
Apartado Postal
apartado 5000-1000
San José, Costa Rica

Da das PANI in der Regel lange nach einer Möglichkeit sucht, ein Kind innerhalb Costa Ricas unterzubringen, sind die Kinder, die zur Adoption kommen, meist älter als vier Jahre.

Es werden deshalb Eltern gesucht für:

- Kinder im Alter von sechs Jahren und älter,
- Geschwisterkinder, die nicht getrennt werden sollen; bei solch einer Konstellation werden auch jüngere Kinder vermittelt. Häufig besteht ein Bedarf für drei Kinder und mehr. Allerdings kommt es vor, dass große Geschwistergruppen auf zwei Adoptivfamilien verteilt werden.
- Kleinkinder und Vorschulkinder mit gesundheitlichen Beeinträchtigungen.

Adoptionsbewerber müssen mindestens 25 Jahre alt sein und dürfen nicht älter als 60 Jahre sein. Costa Rica erlaubt auch Bewerbungen durch alleinstehende Bewerber. Bei Ehepaaren muss die Ehe seit mindestens 5 Jahren bestehen.

Folgende Adoptionsvermittlungsstelle ist in Costa Rica tätig:
Sozialdienst katholischer Frauen
Referat Kinder- und Jugendhilfe - Auslandsadoption -
Agnes-Neuhaus-Str. 5 , 44135 Dortmund
Tel.: 0231-557026-0
Fax: 0231-557026-60

➤ DÄNEMARK

Hauptstadt: Kopenhagen
Bevölkerung: 5 Mio. Einwohner
Sprache: Dänisch
Religion: 90% Lutheraner

DIPLOMATISCHE VERTRETUNG:

Deutsche Botschaft in Dänemark
Stockholmsgade 57
DK-2100 Kopenhagen

Telefon: 0045-3545-9900
Telefax: 0045-3526-7105

Botschaft Dänemarks in Deutschland
Rauchstr. 1
10787 Berlin
Telefon: 0049-30-5050-2000
Telefax: 0049-30-5050-2050

Adoptionsverfahren in Dänemark
Dänemark ist Vertragsstaat des Haager Übereinkommens.

Zuständige staatliche Behörde:
Danish Ministry of Justice
Department of Private Law (Civilretsdirektoratet)
Æbeløgade 1
2100 Copenhagen, Denmark

Seit 1970 wurden ca. 15.000 Kinder von Dänen im Ausland adoptiert. Da es lange Wartelisten dänischer Bewerber gibt und eine Inlandsadoption immer Vorrang hat, ist die Adoption eines dänischen Kindes ins Ausland sehr unwahrscheinlich.

Adoptiveltern müssen mindestens 25 Jahre alt sein. Der Altersabstand zum Kind darf höchstens 40 Jahre sein.

➤ DOMINIKANISCHE REPUBLIK

Hauptstadt: Santo Domingo
Bevölkerung: 8,3 Mio. Einwohner
Sprache: Spanisch (Amtssprache)
Religion: 90% Katholiken

DIPLOMATISCHE VERTRETUNG:

Deutsche Botschaft in der Dominikanischen Republik
Edificio Torre Piantini Piso 16,
Calle Gustavo Mejia Ricart, esq. Ave. Abraham Lincoln
Santo Domingo
Telefon: 001809-542-8949
Telefax: 001809-542-8955

Botschaft der Dominikanischen Republik in Deutschland
Dessauer Straße 28 - 29, D-10963 Berlin
Telefon: 0049-30-2575776-0
Telefax: 0049-30-2575776-1

Adoptionsverfahren in der Dominikanischen Republik
Die Dominikanische Republik ist seit dem 1. März 2007 Vertragsstaat des Haager Übereinkommens. Die Bundesrepublik Deutschland hatte zunächst Einspruch gegen den Beitritt eingelegt, diesen aber am 31. Juli 2008 zurückgenommen.

Zuständige staatliche Behörde:
Consejo Nacional Para la Niñez y la Adolescencia (National Council for Childhood and Adolescence) (CONANI)
Avenida Máximo Gómez No. 154, esq. Rep. de Paraguay
Ensanche la Fé
Apartado Postal 2081
SANTO DOMINGO, Dominican Republic

Auslandsadoptionen in der Dominikanischen Republik sind meist langwierig und schwierig. Wird ein Kind adoptiert, das jünger als 12 Jahre ist, müssen sich die Adoptivbewerber zusammen mit dem Kind 60 Tage in der Dominikanischen Republik aufhalten.

Bei der Adoption eines älteren Kindes beträgt der vorgeschriebene Aufenthalt 30 Tage.

Adoptivbewerber müssen zwischen30 und 60 Jahre alt sein. Der Altersabstand zum Kind muss mindestens 15 Jahre betragen.
Für eine Adoption dürfen sich nur Paare, die seit mindestens 5 Jahren verheiratet sind, bewerben. Singles dürfen nicht adoptieren.

➤ ECUADOR

Hauptstadt: Quito
Bevölkerung: 12 Mio. Einwohner
Sprache: Spanisch (Amtssprache), Ketschua
Religion: 93% Katholiken

DIPLOMATISCHE VERTRETUNG:

Deutsche Botschaft in Ecuador
Avenida Naciones Unidas y República de El Salvador,
piso 14, Casilla 17-17-536, Quito

Telefon: 005932-29708-20
Telefax: 005932-29708-15

Ecuadors Botschaft in Deutschland
Joachimstaler Straße 10-12 , 10719 Berlin
Telefon: 0049-30-8009695
Telefax: 0049-30-800969699

Adoptionsverfahren in Ecuador
Ecuador ist Vertragsstaat des Haager Übereinkommens.

Zuständige staatliche Behörde:
Consejo Nacional de la Niñez y Adolescencia
Calle Foch No E4-38 y Colón
QUITO
Ecuador

Adoptionsbewerber müssen für die Adoption nach Ecuador reisen und dort etwa 4 Wochen bis zum Abschluss des Adoptionsverfahrens bleiben.
Bei Ehepaaren müssen beide Ehepartner älter als 25 Jahre sein. Adoptierende Singles müssen 30 Jahre älter als das Kind sein.
Sowohl verheiratete als auch unverheiratete Personen dürfen adoptieren. Eine unverheiratete Person darf jedoch nur ein Kind desselben Geschlechtes adoptieren. Der Altersabstand zwischen dem angenommenen Kind und seinen Eltern muss mindestens 14 Jahre betragen.
Bei Adoptionen in Ecuador handelt es sich um schwache Adoptionen, bei denen das Adoptivkind rechtlich weiterhin seiner leiblichen Familie zugeordnet wird und lediglich die elterliche Gewalt auf die Adoptiveltern übergeht.

➤ EL SALVADOR

Hauptstadt: San Salvador
Bevölkerung: 6 Mio. Einwohner
Sprache: Spanisch (Amtssprache)
Religion: 93% Katholiken

DIPLOMATISCHE VERTRETUNG:

Deutsche Botschaft in El Salvador
77a. Poniente No. 3972 esq. 77a Av. Norte Colonia Escalón
San Salvador

Telefon: 00503-224700-00
Telefax: 00503-224700-99

El Salvadors Botschaft in Deutschland
Joachim-Karnatz-Allee 47
10557 Berlin
Telefon: 0049-30-206-4660
Telefax: 0049-30-2248-8244

Adoptionsverfahren in El Salvador
El Salvador ist Vertragsstaat des Haager Übereinkommens.

Zuständige staatliche Behörde:
Instituo Salvadoreño para el Desarrollo Integral de la Niñez y la Adolescencia (ISNA)
Colonia Costa Rica
Ave. Irazú Fnal, Calle Santa Marta
Complejo „La Gloria"
San Salvador

Wer ein salvadorianisches Kind adoptieren will, das nicht mit ihm verwandt ist, muss nach Artikel 176 des Familiengesetzbuchs mindestens 1 Jahr mit dem Kind zusammen auf El Salvador leben. In einzelnen Fällen wurde zwar von der Einhaltung dieser Vorschrift abgesehen, zunehmend wird jedoch auf die Einhaltung Wert gelegt.

Bei Ehepaaren müssen beide Ehepartner mindestens 25 Jahre alt sein und die Ehe muss seit wenigstens 5 Jahren bestehen. Wollen die Bewerber ein Kind unter 1 Jahr adoptieren, so dürfen sie nicht älter als 45 Jahre sein. Ältere Kinder dürfen auch von älteren Bewerbern adoptiert werden. Singles dürfen adoptieren, müssen aber mindestens 25 Jahre alt und mindestens 15 Jahre älter als das Kind sein. Im Mai 2009 wurde vom salvadorianischen Parlament die Adoption durch gleichgeschlechtliche Paare ausdrücklich verboten.

ELFENBEINKÜSTE

Hauptstadt:	Yamoussoukro
Bevölkerung:	15 Mio. Einwohner. Die durchschnittliche Lebenserwartung beträgt 46 Jahre.
Sprache:	Französisch, Baoulé, Béte
Religion:	60 % Naturreligionen

DIPLOMATISCHE VERTRETUNG:

Deutsche Botschaft in der Elfenbeinküste:
39 Boulevard Hassan II , Abidjan-Cocody
Telefon: 00225-2244-2030
Telefax: 00225-2244-2041

Botschaft der Elfenbeinküste in Deutschland:
Schinkelstraße 10, 14193 Berlin
Telefon 0049-30- 89 06 96103

Adoptionsverfahren in der Elfenbeinküste
Die Elfenbeinküste ist kein Vertragsstaat des Haager Übereinkommens.

Zuständig für Adoptionen ist das Ministerium für Familie Frauen und Soziales:
Ministère de la Famille, de la Femme et des Affaires sociales
BP V200
Abidjan 01

Die Adoption ist im Gesetz Nr. 64 – 378 geregelt. Das ivorische Recht kennt die starke und die schwache Adoption.

Ehepaare und Singles können adoptieren. Bei Ehepaaren muss die Ehe seit mindestens 5 Jahren bestehen und einer der beiden Ehepartner muss älter als 30 Jahre sein.
Adoptiveltern müssen mindestens 15 Jahre älter als das Kind sein. Kinderlose Bewerber und unfruchtbare Bewerber werden vorrangig berücksichtigt.
Personen, die ein Kind adoptieren wollen, müssen zuerst selbst mit Waisenhäusern Kontakt aufnehmen. Es gibt eine Vielzahl von Waisenheimen in der Elfenbeinküste, aber nicht alle Kinder in diesen Heimen können adoptiert werden. Sobald die Adoptivbewerber ein Kind gefunden haben, das sie adoptieren wollen, müssen sie einen schriftlichen Antrag beim zuständigen Gericht stellen. In diesem Schreiben müssen die Gründe angegeben werden, warum das Kind adoptiert werden soll und um welches Kind es sich genau handelt.
Nach Prüfung aller erforderlichen Dokumente (Geburtsurkunden, Heiratsurkunden, Verdienstbescheinigungen, Sozialbericht) wird dann bei positivem Ergebnis der Prüfung vom Gericht die vorläufige Adoption ausgesprochen (´Ordonnance de Garde Juridique en vue d'Adoption`).
Die Adoptiveltern sind dann verpflichtet, 6 Monate mit dem Kind zusammenzuleben, bevor die volle Adoption ausgesprochen wird. Vom Gericht wird erwartet, dass die Familie weiterhin in der Elfenbeinküste wohnt.
Während der sechs Monate können die leiblichen Eltern des Kindes bzw. der gesetzliche Vertreter des Kindes die Zustimmung zur Adoption widerrufen.

➤ ERITREA

Hauptstadt: Asmara
Bevölkerung: 4,4 Millionen, 42% der Bevölkerung sind jünger als 14 Jahre.
Sprache: Tigrinya, Arabisch
Religion: 50% Christen, 50% Muslime

DIPLOMATISCHE VERTRETUNG:

Deutsche Botschaft in Eritrea:
Warsay Street
Saba Development Building, Asmara
Telefon: 002911-186670
Telefax: 002911-186900

Eritreas Botschaft in der Bundesrepublik:
Stavangerstraße 18, 10439 Berlin
Telefon: 0049-03-4467460
Telefax: 0049-03-44674621

Adoptionsverfahren in Eritrea
Eritrea ist kein Mitglied des Haager Übereinkommens.

Zuständige staatliche Behörde:
Ministry of Labor and Human Welfare
P. O. Box 5252
Asmara, Eritrea

Adoptionen ins Ausland sind grundsätzlich möglich, jedoch sehr selten. Das liegt zum einen daran, dass die eritreischen Behörden in aller Regel nicht bereit sind, einer Auslandsadoption zuzustimmen. Zum anderen hängen die geringen Vermittlungszahlen auch damit zusammen, dass sich ausländische Adoptivbewerber vor einer Adoption zunächst einmal 6 Monate im Land aufhalten müssen.
Adoptivbewerber müssen zwischen 25 und 50 Jahre alt sein. Der Altersabstand zum Kind muss mindestens 21 Jahre betragen. Singles dürfen adoptieren.
Adoptionen sind in Buch II Titel IV Kapitel 11 des Zivilgesetzbuches geregelt. Danach schließen die beteiligten Parteien zunächst einen Adoptionsvertrag, der aber gerichtlich ratifiziert werden muss. Nach Art. 805 des eritreischen Zivilgesetzbuches darf eine Adoption nicht durchgeführt werden, wenn es keine guten Gründe dafür gibt und wenn sie keine Vorteile für das adoptierte Kind bietet. Es ist jedoch regelmäßig zweifelhaft, ob die Frage des Kindeswohls im eritreischen Gerichtsverfahren angemessenen geprüft wird. Die Anerkennungsfähigkeit einer in Eritrea durchgeführten Adoption stößt deshalb in der Regel auf Probleme.

➤ ESTLAND

Hauptstadt: Tallinn
Bevölkerung: 1,4 Mio. Einwohner
Sprache: Estnisch
Religion: Lutheraner, Russisch - Orthodoxe

DIPLOMATISCHE VERTRETUNG:

Deutsche Botschaft in Estland:
Toom-Kuninga 11, 15048 Tallinn
Telefon: 00372 627-5300
Telefax: 00372 627-5304

Estlands Botschaft in Deutschland:
Hildebrandstraße 5, 10785 Berlin
Telefon: 0049-30- 25 46 06 00
Telefax: 0049-30- 25 46 06 01

Adoptionsverfahren in Estland
Estland ist dem Haager Übereinkommen beigetreten.

Zuständige Staatliche Behörde:
The Ministry of Social Affairs
Gonsiori 29
15027 Tallinn

Grundsätzlich ist es möglich, als Ausländer ein Kind in Estland zu adoptieren. Allerdings gibt es lange Wartelisten einheimischer Bewerber, weshalb jährlich nur rund 20 Kinder ins Ausland vermittelt werden. Adoptionsbewerber müssen mindestens 25 Jahre alt sein. Sowohl Singles als auch Ehepaare dürfen adoptieren.

➤ FINNLAND

Hauptstadt: Helsinki
Bevölkerung: 5 Mio. Einwohner
Sprache: Finnisch, Schwedisch
Religion: 86% Lutheraner

DIPLOMATISCHE VERTRETUNG:

Deutsche Botschaft in Finnland:
Krogiuksentie 4b, FIN-00340 Helsinki
Telefon: 003589-4585-80
Telefax: 003589-4585-8258

Finnlands Botschaft in Deutschland:
Rauchstr. 1, 10787 Berlin
Telefon: 0049-30-5050-30
Telefax: 0049-30-5050-3333

Adoptionsverfahren in Finnland
Finnland ist Vertragsstaat des Haager Übereinkommens.

Zuständige staatliche Behörde:
The Finnish Board of Intercountry Adoption Affairs
Ministry of Social Affairs and Health
P.O. Box 33
FI - 00023 Government
Finland

In Finnland wurden im Jahr 2008 195 Kinder aus dem Ausland adoptiert, darunter 41 Kinder aus Thailand, 39 Kinder aus Russland und 35 Kinder aus Südafrika. Im Land selbst gibt es lange Wartelisten für Inlandsadoptionen, weshalb keine Kinder ins Ausland vermittelt werden.

➤ FRANKREICH

Hauptstadt:	Paris
Bevölkerung:	59 Mio. Einwohner
Sprache:	Französisch
Religion:	81% Katholiken

DIPLOMATISCHE VERTRETUNG:

Deutsche Botschaft in Frankreich:
13-15, Av. Franklin D. Roosevelt, F-75008 Paris
Telefon 0033 1-5383-4500
Telefax 0033 1-5383-4650

Frankreichs Botschaft in Deutschland:
Pariser Platz 5, 10117 Berlin
Telefon: 0049-30-590039-000
Telefax: 0049-30-590039-110

Adoptionsverfahren in Frankreich
Frankreich ist Vertragsstaat des Haager Übereinkommens.

Zuständige staatliche Behörde:
Service de l'Adoption Internationale (SAI), Autorité Centrale
Ministère des Affaires Etrangères et Européennes
244 boulevard Saint-Germain
75303 Paris 07 SP
France

Für Ausländer ist es sehr schwer, in Frankreich ein Kind zu adoptieren, da es im Land lange Wartelisten französischer Paare für die Adoption eines Kindes gibt und Adoptionen im Inland Vorrang vor der Adoption ins Ausland haben.

➤ GEORGIEN

Hauptstadt: Tiflis
Bevölkerung: 5 Mio. Einwohner
Sprache: Georgisch (Amtssprache)
Religion: Griechisch - Orthodoxe, Russisch - Orthodoxe

DIPLOMATISCHE VERTRETUNG:

Deutsche Botschaft in Georgien:
Telawi Str. 20 , GE-0103 Tbilissi (Tiflis)
Telefon: 0099532-447300
Telefax: 0099532-911521

Georgiens Botschaft in Deutschland:
Heinrich-Mann-Str. 32 , D-13156 Berlin
Telefon: 0049-30-4849-070
Telefax: 0049-30-4849-0720

Adoptionsverfahren in Georgien
Georgien ist Vertragsstaat des Haager Übereinkommens.

Zuständige staatliche Behörde:
The Social Service Agency
(Ministry of Health Labor and Social Affairs)
51, Iv. Javakhishvili Street
Tbilisi, 0102
Georgia

Adoptionen aus Georgien sind sehr selten, da nur wenige Kinder an Ausländer vermittelt werden. Alle zur Adoption freigegebenen Kinder werden in einer zentralen Datenbank gespeichert. Erst wenn keine georgische Familie bereit ist, das Kind zu adoptieren, kann es von Ausländern adoptiert werden.
Zur Adoption kommen meist Kinder, die wegen ihrer Behinderungen oder ihres Alters im Inland nicht vermittelt werden konnten.
Nach georgischem Recht ist die Einwilligung des leiblichen Vaters in die Adoption nur dann erforderlich, wenn er mit der Mutter verheiratet ist. Ein unverheirateter Vater hat keine Rechte.

Adoptionsbewerber müssen mindestens 16 Jahre älter als das zu adoptierende Kind sein. Die Adoption durch eine alleinstehende Person ist zulässig.
Die Adoption nach georgischem Recht hat starke Wirkungen, wenn nicht die Aufrechterhaltung von Verwandtschaftsbeziehungen beschlossen wurde.

➤ GHANA

Hauptstadt:	Accra
Bevölkerung:	21 Millionen. Das ghanaische Sozialministerium geht davon aus, dass in der Hauptstadt Accra bis zu 25.000 elternlose Kinder auf der Straße leben.
Sprache:	Die Amtssprache ist Englisch.
Religion:	Christen (60%), indigene Religionsgruppen (25%), Muslime (15%)

DIPLOMATISCHE VERTRETUNG:

Deutsche Botschaft in Ghana:
Embassy of the Federal Republic of Germany
P.O. Box 1757, Accra, Ghana
Telefon: 0023321-241082
Telefax: 0023321-2213 47

Ghanas Botschaft in der Bundesrepublik:
Stavangerstraße 19, 10439 Berlin

Telefon: 0049-30-5471490
Telefax: 0049-30-44674063

Adoptionsverfahren in Ghana
Ghana ist kein Mitglied des Haager Übereinkommens.

Das Adoptionsverfahren ist im 'Children's Act' geregelt.
Zuständig sind das Department of Social Welfare, der High Court und das Familiengericht am Wohnort des Kindes.

Für eine Adoption müssen folgende Grundvoraussetzungen erfüllt sein:
Die Adoptionsbewerber müssen mindestens 25 Jahre alt und mindestens 21 Jahre älter als das Kind sein.
Singles dürfen sich nur dann um eine Adoption bewerben, wenn sie die ghanaische Staatsbürgerschaft besitzen. Die Adoption durch einen unverheirateten Mann ist verboten.
Eine Adoption darf nur dann erfolgen, wenn sich das Kind zuvor mindestens drei Monate lang ununterbrochen in der Obhut der Adoptiveltern befunden hat. Vor Beginn dieser Pflegezeit muss eine Anzeige an die örtlich zuständige Sozialbehörde erfolgen. Das Sozialministerium kann Adoptionsbewerber von der Pflegezeit befreien, wenn dies im Interesse des Kindes ist. Es ist anzunehmen, dass von dieser Befreiungsmöglichkeit ausgiebig Gebrauch gemacht wird. Im Jahr 2008 adoptierten allein US-Amerikaner 97 Kinder in Ghana (60% mehr als im Jahr zuvor. Nur aus Äthiopien, Liberia und Nigeria adoptierten sie mehr afrikanische Kinder). Sicherlich haben nicht viele dieser Adoptiveltern zuvor mehrere Monate mit ihrem Kind zusammengelebt.
Von der Aufklärung des Kindes über die Adoption hat Ghana seine eigenen Vorstellungen. Adoptiveltern sollen ihrem Kind nur dann sagen, dass es adoptiert ist, wenn es in dessen bestem Interesse ist. Und keinesfalls, bevor es 14 Jahre alt ist (Abschnitt 72 des 'Children's Act').

➤ GRENADA

Hauptstadt: St. George's
Bevölkerung: 93 000 Einwohner
Sprache: Englisch
Religion: 60% Katholiken

DIPLOMATISCHE VERTRETUNG:

Deutsche Botschaft:
7-9 Marli Street

Port of Spain, Trinidad W.I.
Telefon: 001868-628-1630
Telefax: 001868-628-5278

Grenadas Botschaft:
Rue de Laeken 123, B-1000 Bruxelles
Telefon: 00322-223-7303
Telefax: 00322-223-7307

Adoptionsverfahren in Grenada
Grenada ist kein Vertragsstaat des Haager Übereinkommens.

Zuständige staatliche Behörde:
Grenada adoption board
Ministry of Social Services
Tanteen
St. George's, Grenada

Ein Adoptionsantrag kann durch einen in Grenada zugelassenen Anwalt gestellt werden. Es ist nur dann möglich, ein Kind aus Grenada zu adoptieren, wenn die Bewerber dort ihren ständigen Wohnsitz haben. Vor der Adoption muss das Kind mindestens 3 Monate in der Obhut der Bewerber gewesen sein.

➤ GRIECHENLAND

Hauptstadt:	Athen
Bevölkerung:	10 Mio. Einwohner
Sprache:	Griechisch
Religion:	97% Griechisch Orthodoxe

DIPLOMATISCHE VERTRETUNG:

Deutsche Botschaft in Griechenland:
Karaoli & Dimitriou 3, GR-10675 Athen
Telefon: 00301-728-5111
Telefax: 00301-728-5335

Griechenlands Botschaft in Deutschland:
Jägerstr. 54-55, 10117 Berlin
Telefon: 0049-30-2062-60
Telefax: 0049-30-2062-6444

Adoptionsverfahren in Griechenland
Griechenland ist kein Vertragsstaat des Haager Übereinkommens.

Zuständige staatliche Behörde:
Ministry of Health and Social Solidarity
Aristotelous 17
104 33 Athens
Greece

Die Adoption eines Kindes aus einem staatlichen Waisenheime ist nur dann zulässig, wenn die Adoptiveltern dauerhaft in Griechenland wohnen. Ausnahmen werden nur für Kinder mit gesundheitlichen Einschränkungen gemacht.
Adoptiveltern müssen zwischen 30 und 60 Jahre alt sein.
Die Adoption durch Singles ist zulässig.

➤ GUATEMALA

Hauptstadt: Guatemala
Bevölkerung: 11 Mio. Einwohner
46% der Bevölkerung Guatemalas lebt in extremer Armut. 70% des anbaufähigem Landes ist im Besitz von 3% der Bevölkerung. Nur 60% der Kinder ab 7 Jahren können lesen und schreiben; in ländlichen Gegenden sind 70% der Bevölkerung Analphabeten. 40% der indianischen Bevölkerung kann nicht die offizielle Landessprache Spanisch sprechen.
Sprache: Spanisch (Amtssprache)
Religion: 80% Katholiken

DIPLOMATISCHE VERTRETUNG:

Deutsche Botschaft in Guatemala:
20 Calle 6-20
Edificio Pl. Marítima
Zona 10
Ciudad de Guatemala
Telefon: 00502-2364-6700
Telefax: 00502-2333-6906

Guatemalas Botschaft in Deutschland:
Joachim-Karnatz-Allee 45-47
Ecke Paulstraße, 10557 Berlin

Telefon: 0049-30-206-4363
Telefax: 0049-30-206-43659

Adoptionsverfahren in Guatemala
Guatemala ist dem Haager Übereinkommen am 26.11.2002 beigetreten.

Zuständige staatliche Behörde:
Consejo Nacional de Adopciones (CAN)
Av. Reforma, 6-64
Edif. Plaza Corporative, Torre I, 3er nivel
Cd. de Guatemala, Zona 9
Guatemala

Mit Erklärung vom 18. Juli 2003 legte die Bundesrepublik Deutschland Einspruch gegen den Beitritt von Guatemala ein. Auch die Niederlande, Kanada, Spanien und Großbritannien legten Einspruch ein. Im Verhältnis zu diesen Ländern findet das Abkommen keine Anwendung.
Am 13. August 2003 erklärte das guatemaltekische Verfassungsgericht den Beitritt zum Übereinkommen für verfassungswidrig, da die Verfassung des Landes einen Beitritt zu einem internationalen Abkommen nicht zulasse. Guatemala bleibt jedoch durch seine Beitrittserklärung bis zu einer Kündigung nach Art. 47 HAÜ gebunden.
Im September 2008 stoppte Guatemala die Annahme neuer Adoptionsbewerbungen aus dem Ausland.
Bislang ist es dem Land nicht gelungen, ein Adoptionssystem zu etablieren, das die Gefahr von Kinderhandel weitestgehend minimiert. Die zuständigen Behörden in Deutschland stellen sich strikt gegen Adoptionen aus Guatemala. Auch die zuständigen Behörden der Schweiz haben die Zusammenarbeit mit Guatemala suspendiert.

➤ GUINEA

Hauptstadt:	Conakry
Bevölkerung:	7,5 Mio. Einwohner
Sprache:	Französisch (Amtssprache)
Religion:	95% Moslems

DIPLOMATISCHE VERTRETUNG:

Deutsche Botschaft in Guinea:
B.P. 540 , Conakry
Telefon: 00224-30411506
Telefax: 00224-30452217

Guineas Botschaft in Deutschland:
Jägerstraße 67-69, 10117 Berlin
Telefon: 0049-30-2007433-0
Telefax: 0049-30-2007433-33

Adoptionsverfahren in Guinea

Guinea ist dem Haager Übereinkommen am 1.2.2004 beigetreten. Gegen den Beitritt hat die Bundesrepublik Deutschland Einspruch eingelegt. Das Haager Übereinkommen gilt deshalb nicht im Verhältnis zu Deutschland.

In Guinea gibt es zwei Formen von Adoptionen; eine sogenannte einfache Adoption und eine Volladoption. Nur die Volladoption ist unwiderruflich.
Leben die Eltern oder ein Elternteil des Kindes noch, so ist die Einwilligung in die Adoption von ihnen zu erteilen. Sind die Eltern verstorben, muss der Familienrat (le Conseil famille) die Einwilligung in die Adoption erteilen.
Die Adoptionsbewerber müssen mindestens 35 Jahre alt sein.

➤ HAITI

Hauptstadt: Port - au - Prince

Bevölkerung: 8 Mio. Einwohner.
Haiti ist das ärmste Land der westlichen Hemisphäre
80% der Bevölkerung leben unterhalb der Armutsgrenze, 55% der Haitianer sind Analphabeten. 62 von 1000 Kindern erleben nicht ihren ersten Geburtstag. Im Korruptionsregister von Transparency International steht das Land auf Platz 177. Es gibt weltweit nur drei Länder, die noch korrupter sind.
'Jede Nation ist einzigartig' schreibt Sidney Mintz, 'aber Haiti ist eine Kategorie für sich'.

Sprache: Französisch und Kreolisch

Religion: 80% Katholiken

DIPLOMATISCHE VERTRETUNG:

Deutsche Botschaft in Haiti:
2, Impasse Claudinette
Pétionville
Port-au-Prince, Haiti
Telefon : 00509/2576131
Telefax : 00509/2574131

Botschaft Haitis in der Bundesrepublik:
Uhlandstraße 14, 10623 Berlin
Telefon: 0049-30/8855-4134
Telefax: 0049-30/8855-4135

Adoptionsverfahren in Haiti
Haiti ist kein Vertragsstaat des Haager Übereinkommens.

Zuständige staatliche Behörde:
L 'Institut Du Bien – Etre Social des Recherches (L'IBESR)
18, rue des marguerites
Port – au – Prince, Haiti

Nach Schätzungen des UN-Kinderhilfswerks Unicef werden jedes Jahr 1300 haitianische Kinder zu neuen Eltern ins Ausland vermittelt. Gemessen an der Einwohnerzahl ist Haiti damit das Land mit der zweithöchsten Zahl an Auslandsadoptionen. Kinder können nur aus Waisenhäusern adoptiert werden, die von L'IBESR hierfür autorisiert sind. Bei Ehepaaren muss mindestens einer der Ehepartner 35 Jahre oder älter sein (Art. 2 des Adoptionsdekrets) und die Ehe muss seit mindestens 5 Jahren bestehen.

Die Adoption nach haitianischem Recht hat schwache Wirkungen.

Folgende Adoptionsvermittlungsstellen sind in Haiti tätig:

Eltern für Kinder
Fritschestraße 60, 10627 Berlin
Tel: 030 - 46507571
Fax: 030 - 4614520

HELP a child
Hauptstr. 46 , 56220 Kaltenengers
Tel: 02630-956659
Fax: 02630-956632

➤ HONDURAS

Hauptstadt: Tegucigalpa
Bevölkerung: 6,3 Mio. Einwohner
Sprache: Spanisch (Amtssprache)
Religion: 90% Katholiken

DIPLOMATISCHE VERTRETUNG:

Deutsche Botschaft in Honduras:
Avenida República Dominicana # 925
Callejón Siria, Col. Lomas de Guijarro
Tegucigalpa M. D. C.
Telefon: 00504 232-3161
Telefax: 00504 239-9018

Botschaft von Honduras in Deutschland:
Cuxhavener Str. 14, 10555 Berlin
Telefon: 0049-30-3974-9711
Telefax: 0049-30-3974-9712

Adoptionsverfahren in Honduras
Honduras ist kein Vertragsstaat des Haager Übereinkommens.

Zuständige staatliche Behörde:
Instituto Hondureño del Niño y la Familia (IHNFA).
Colonia Humuya frente a Criollos,
Oficinas del RIINFA, Tegucigalpa
Tel: 00504 2353564
Fax: 00504 2353598, 2311079

Eine Adoption in Honduras ist sehr zeitaufwendig und kann bis zu einem Jahr dauern. Alle Adoptionen müssen über das IHNFA abgewickelt werden. Der Bewerber erhält von der IHNFA ein Bewerbungsformular samt einer Liste der vorzulegenden Dokumente.
Bei Ehepaaren muss mindest ein Ehepartner älter als 25 Jahre und jünger als 50 Jahre sein. Der Altersabstand zwischen dem Kind und dem jüngeren Ehepartner muss mindestens 15 Jahre betragen. Der Adoptionsantrag muss persönlich von beiden Ehepartnern in Honduras abgegeben werden.
Ausländer, die nicht ständig in Honduras leben, müssen die Bescheinigung einer von der (IHNFA) lizenzierten Vermittlungsstelle vorlegen, aus der hervorgeht, dass die Vermittlungsstelle regelmäßig das Wohlergehen des Adoptivkindes überprüft, bis es 14 Jahre alt ist.
Nach Vorlage der Bewerbung und der notwendigen Dokumente bleiben die Unterlagen bei der IHNFA, bis ein passendes Kind gefunden wird.
Es ist nicht möglich, sich ein spezielles Kind auszusuchen. Die Ablehnung eines Kindes ist möglich. Nach der zweiten Ablehnung wird die Bewerbung jedoch gestrichen.
Die Adoption nach honduranischem Recht hat die Wirkung einer Volladoption.

➤ INDIEN

Hauptstadt: Neu - Delhi
Bevölkerung: 998 Mio. Einwohner
Sprache: Hindi und Englisch (Amtssprachen)
Religion: 80% Hindus, 11% Moslems

DIPLOMATISCHE VERTRETUNG:

Deutsche Botschaft in Indien:
6, Shantipath
Chanakyapuri
Neu-Delhi 110021
Telefon: 009111-44199199
Telefax: 009111-26873117

Indiens Botschaft in der Bundesrepublik:
Tiergartenstraße 17, 10785 Berlin
Telefon: 0049-30-25795-0
Telefax: 0049-30-25795-102

Adoptionsverfahren in Indien
Indien ist dem Haager Übereinkommen beigetreten.

Zuständige staatliche Behörde:
Central Adoption Resource Agency (CARA)
West Block VIII, Wing II, Floor II
R.K. Puram
New Delhi 110 066, India

Adoptionen indischer Kinder ins Ausland sind seit Jahren rückläufig.

Jahr	Inlandsadoptionen	Auslandsadoptionen
2001	2.533	1.298
2002	2.704	1.066
2003	2.585	1.024
2004	2.294	1.021
2005	2.284	867
2006	2.409	852
2007	2.494	770
2008	2.169	821

Das Land steht Auslandsadoptionen sehr kritisch gegenüber und bemüht sich stattdessen - mit mäßigem Erfolg - um eine Zunahme der Inlandsadoptionen.
Indien ist eines der Länder, aus denen in den letzten Jahren häufig über illegale Adoptionen, Unregelmäßigkeiten, gefälschte Dokumente und kriminelle Machenschaften bei Adoptionen berichtet wurde. Adoptierte mit indischer Herkunft machen regelmäßig die Erfahrung, dass die zuständigen indischen Behörden nichts unversucht lassen, der Suche nach den leiblichen Eltern Steine in den Weg zu legen.
Gegenwärtig vermittelt keine der Vermittlungsstellen freier Träger aus Indien. Die anerkannte Auslandsvermittlungsstelle Eltern für Kinder e.V. hat die Zusammenarbeit mit Indien im April 2007 beendet. Zur Vermittlung sind nur noch die zentralen Adoptionsstellen der Landesjugendämter und die Adoptionsvermittlungsstellen der Jugendämter, sofern sie eine Einzelfallgestattung haben, befugt.

Adoptiveltern, die sich dennoch auf eine Adoption in Indien einlassen, müssen sich auf einen langen Weg gefasst machen..

„Adoptieren in Indien ist eine komplizierte Sache", schrieb die indische Zeitung Sunday Tribune. „Sie ist überladen mit legalen Anforderungen und einem komplizierten langwierigen Verfahren für diejenigen, die einem der 12 Millionen indischen Waisenkindern ein neues Zuhause geben wollen."

In Indien ist eine Adoption nur bestimmten Religionsgruppen vorbehalten. Adoptieren können nur Hindus, Buddhisten, Jainas und Sikhs unter dem 'Hindu Adoption and Maintainance Act'. Für Moslems, Christen, Parsen und Juden gilt der 'Guardians and Wards Act', der lediglich eine Art Pflegschaft vorsieht. Da die meisten Deutschen, die in Indien adoptieren, unter den Guardians und Wards Akt fallen, müssen für diese Adoptionen Nachadoptionsverfahren vor einem deutschen Vormundschaftsgericht durchgeführt werden.
In Indien wird die Zweiteilung des Adoptionsrechts mittlerweile als Hindernis für eine Ausweitung der Inlandsadoptionen erkannt und über eine Vereinheitlichung diskutiert. So wird seit Jahren darüber diskutiert, alle Adoptionen nach dem 'Juvenile Justice Act' durchzuführen. Bislang wurden diese Pläne jedoch nicht umgesetzt.

Eltern mit zwei oder mehr Kindern haben kaum Chancen auf die Vermittlung eines Kindes. Die Altersgrenze für Adoptivbewerber liegt bei 50 Jahren, für die Adoption eines Kleinkindes bei 40 Jahren.
Adoptivbewerber sollten zwischen 30 und 55 Jahre alt sein. Ehepaare dürfen ein gemeinsames Lebensalter von 90 Jahren nicht überschreiten, die Ehe muss seit mindestens 5 Jahren bestehen. Singles dürfen adoptieren, ihr zulässiges Höchstalter liegt bei 45 Jahren.

➤ INDONESIEN

Hauptstadt: Jakarta
Bevölkerung: 209 Mio. Einwohner
Sprache: Indonesisch (Amtssprache), Javanisch, Chinesisch
Religion: 89% Moslems

DIPLOMATISCHE VERTRETUNG:

Deutsche Botschaft in Indonesien:
Jalan M.H. Thamrin 1
Jakarta 10310
Telefon: 006221-3985-5000
Telefax: 006221-390-1757

Indonesiens Botschaft in Deutschland:
Lehrter Str. 16-17, 10557 Berlin
Telefon: 0049-30-4780-70
Telefax: 0049-30-4473-7142

Adoptionsverfahren in Indonesien
Indonesien ist kein Vertragsstaat des Haager Übereinkommens.
Zuständige Behörde:
Indonesian Department of Social Affairs
Jl. Salemba Raya No.28
Jakarta Pusat-10430

Das Verfahren beginnt, indem sich die Bewerber in Jakarta mit der Yayasan Sayap Ibu (Sayap Ibu Foundation), Jalan Barito II/55, Kebayoran Baru, Jakarta Selatan 12130, in Verbindung setzen und mitteilen, dass sie ein Kind adoptieren wollen. Sie werden dann zu einem Gespräch geladen, in dem sie nach ihren Gründen befragt werden.
Wenn die Foundation eine Adoption befürwortet und alle Unterlagen vorgelegt werden, wird das Gerichtsverfahren in Gang gesetzt und das Kind 6 Monate zur Probe in die Obhut der Bewerber gegeben. Nach Ablauf der Probezeit kann die Adoption erfolgen.
Indonesische Kinder können durch gemischt-nationale Ehepaare mit Wohnsitz im Ausland adoptiert werden, wenn der Ehemann (noch) die indonesische Staatsangehörigkeit besitzt.
Ausländer, die wenigstens 2 Jahre in Indonesien gelebt haben, können ebenfalls einen Antrag auf Adoption stellen.

In Indonesien tätige Vermittlungsstelle:

FiF familie international frankfurt
Monisstr. 4, 60320 Frankfurt am Main
Telefon: 069 - 95 63 64 31
Telefax: 069 - 95 63 64 33

➤ IRAN

Hauptstadt:	Teheran
Bevölkerung:	67 Mio. Einwohner
Sprache:	Persisch
Religion:	99% Moslems

DIPLOMATISCHE VERTRETUNG:

Deutsche Botschaft im Iran:
Av. Ferdowsi 324, Teheran
Telefon: 0098 21-39990000
Telefax: 0098 21-39991890

Irans Botschaft in Deutschland:
Podbielskiallee 65-67, 14195 Berlin
Telefon: 0049-30-84353-0
Telefax: 0049-30-8435-3535

Adoptionsverfahren im Iran
Der Iran ist kein Vertragsstaat des Haager Übereinkommens.

Zuständige Behörde:
Iranian Welfare Organization
Fayazbakhsh Street
PO Box 11365-9187
Tehran

Im Iran ist die Adoption erlaubt. Das liegt daran, dass unter den iranischen Moslems die schiitische Glaubensrichtung dominiert, nach der Adoptionen zulässig sind. Im Gegensatz dazu sind Adoptionen nach der sunnitischen Glaubensrichtung (z.B. Afghanistan) nicht erlaubt.
Im Iran ist eine Adoption nur dann möglich, wenn der Adoptionsbewerber iranischer Staatsbürger ist.

➤ IRLAND

Hauptstadt: Dublin
Bevölkerung: 3,7 Mio. Einwohner
Sprache: Irisch, Englisch
Religion: 90% Katholiken

DIPLOMATISCHE VERTRETUNG:

Deutsche Botschaft in Irland:
31 Trimleston Av.
Booterstown
Blackrock-Co.
IRL-Dublin
Telefon: 003531-269-3011
Telefax: 003531-269-3946

Irlands Botschaft in Deutschland:
Friedrichstr. 200, 10117 Berlin
Telefon: 0049-30-220720
Telefax: 0049-30-2207-2299

Adoptionsverfahren in Irland
Irland ist kein Mitglied des Haager Übereinkommens.

Zuständige staatliche Behörde:
Adoption Board
Shelbourne House
Shelbourne Road
Ballsbridge, Dublin 4

In Irland gibt es lange Wartelisten für Inlandsadoptionen. Es werden deshalb keine Kinder ins Ausland vermittelt.

➤ JAMAIKA

Hauptstadt: Kingston
Bevölkerung: 2,5 Mio. Einwohner
Sprache: Englisch (Amtssprache)
Religion: 56% Protestanten, 5% Katholiken, 5% Rastafari

DIPLOMATISCHE VERTRETUNG:

Deutsche Botschaft in Jamaika
10 Waterloo Road
Kingston 10
Telefon: 001876-926-6728
Telefax: 001876-929-8282

Jamaikas Botschaft in Deutschland:
Schmargendorfer Straße 32, 12159 Berlin
Telefon: 0049-30-859-94511
Telefax: 0049-30-859-94540

Adoptionsverfahren in Jamaika
Jamaika ist kein Vertragsstaat des Haager Übereinkommens.

Zuständige staatliche Behörde:
Child Development Agency (CDA)
48 Duke Street
Kingston
Jamaica
Tel: 001876-948-7206
Fax: 001876-948-7067

Sowohl Singles als auch verheiratete Paare dürfen in Jamaika adoptieren. Das Mindestalter für Adoptivbewerber beträgt 25 Jahre. Bevor ein jamaikanisches Kind adoptiert werden kann, muss es zuerst für mindestens vier Monate auf Jamaika in Adoptivpflege genommen werden. Mindestens einmal monatlich überprüft ein Mitarbeiter des Adoption Boards, ob sich das Kind bei seinen neuen Eltern wohlfühlt und sich ein Eltern-Kind-Verhältnis entwickelt. Erst nach Ablauf der Probezeit kann ein Antrag auf Adoption vor dem Familiengericht gestellt werden.
Die Adoption auf Jamaika hat starke Wirkungen.

➤ JAPAN

Hauptstadt: Tokio
Bevölkerung: 126 Mio. Einwohner
Sprache: Japanisch
Religion: 86% Schintoisten

DIPLOMATISCHE VERTRETUNG:

Deutsche Botschaft in Japan:
4-5-10 Minami-Azabu Minato-ku
Tokio 106-0047
Telefon: 0081 3-5791-7700
Telefax: 0081 3-3473-4243;

Japans Botschaft in Deutschland:
Hiroshimastr. 6, 10785 Berlin
Telefon: 0049-30-21094-0
Telefax: 0049-30-21094-222

Adoptionsverfahren in Japan
Japan ist kein Vertragsstaat des Haager Übereinkommens.
Zuständig für Adoptionen sind das Familiengericht und das örtlich zuständige Child Guidance Center.
Es werden nur Adoptionsbewerbungen akzeptiert, wenn mindestens ein Elternteil seinen dauerhaften Lebensmittelpunkt in Japan hat. Es ist deshalb nicht zulässig, wenn beide Ehepartner mit einem Touristenvisum einreisen, um zu adoptieren.

Obwohl in Japan selbst viele Paare auf ein Adoptivkind warten und Adoptionen ausländischer Kinder keine Seltenheit sind, wurden allein von US - Amerikanern jedes Jahr ca. 40 japanische Kinder adoptiert. Der Grund hierfür liegt darin, dass Kinder mit dunkler Hautfarbe oder Kinder mit Beeinträchtigungen in Japan nur sehr schwer vermittelt werden können.

➤ KAMBODSCHA

Hauptstadt: Phnom Penh
Bevölkerung: 11 Mio. Einwohner
Sprache: Khmer (Amtssprache), Französisch
Religion: 89% Buddhisten

DIPLOMATISCHE VERTRETUNG:

Deutsche Botschaft in Kambodscha:
Rue Yougoslavie 76-78
Phnom Penh
Telefon: 00855-23-216193
Telefax: 00855-23-427746

Kambodschas Botschaft in Deutschland:
Benjamin-Vogelsdorff-Str. 2, 13187 Berlin
Telefon: 0049-30-4863-7901
Telefax: 0049-30-4863-7972

Adoptionsverfahren in Kambodscha
Kambodscha ist dem Haager Übereinkommen beigetreten.

Zuständige staatliche Behörde:
Ministry of Social Affairs
Veterans and Youth Rehabilitation
N° 788, Monivong Blvd
Phnom Penh
Cambodia

Kambodscha ist am 6. April 2007 dem Haager Adoptionsübereinkommen beigetreten. Die Bundesrepublik Deutschland, Großbritannien und die Niederlande haben gegen den Beitritt Kambodschas Einspruch eingelegt. Im Verhältnis zu diesen Ländern ist das Abkommen deshalb nicht anzuwenden.

Adoptionen in Kambodscha sind durch große Unsicherheiten und Unwägbarkeiten belastet. Immer wieder gibt es Berichte darüber, dass es dem Land nicht gelingt, ein sauberes und transparentes Adoptionssystem aufzubauen und Kinderhandel effektiv zu bekämpfen.
Zahlreiche Länder, darunter Deutschland und die USA, haben deshalb die Zusammenarbeit mit Kambodscha im Bereich der Internationalen Adoptionen gestoppt.
Mit einer baldigen Aufhebung des Adoptionsstopps ist nicht zu rechnen.
Über Änderungen informieren wir auf unserer Internetseite www.adoptionsinfo.de

➤ KASACHSTAN

Hauptstadt: Astana
Bevölkerung: 16 Mio. Einwohner
Sprache: Kasachisch (Amtssprache), Russisch
Religion: 50% Moslems, 50% Christen

DIPLOMATISCHE VERTRETUNG:

Deutsche Botschaft in Kasachstan:
ul. Kosmonawtow 62
Mikrodistrikt Chubary, 010000 Astana.

Telefon: 0077172-791200
Telefax: 0077172-791213

Kasachstans Botschaft in Deutschland:
Nordendstr. 14-17 , 13156 Berlin
Telefon: 0049-30-4700-7111
Telefax: 0049-30-4700-7125

Adoptionsverfahren in Kasachstan
Kasachstan ist kein Vertragsstaat des Haager Übereinkommens.

Zuständige staatliche Behörde:
Ministry of Education
Committee on Guardianship and Care
83 Kenesary Street
Astana, Kazakhstan 010000

Das Adoptionsrecht der Republik Kasachstan ist im Gesetz über Ehe und Familie von 1998 geregelt. Zwischen 1999 und 2007 wurden 6791 Kinder von Ausländern adoptiert. Sowohl Singles als auch verheiratete Paare können adoptieren. Es gibt keine Altersbeschränkung, alleinstehende Bewerber müssen jedoch 16 Jahre älter als das Kind sein. Obwohl kein Höchstalter festgelegt ist, fällt es Bewerbern, die älter als 60 Jahre sind, oft schwer, ein Kind vermittelt zu bekommen.
Adoptivbewerber, die sich für eine Adoption eines kasachischen Kindes interessieren, setzen sich mit einer zugelassenen Vermittlungsstelle in Verbindung und stellen mit deren Hilfe alle erforderlichen Dokumente zusammen. Dann werden die Dokumente bei der Botschaft eingereicht und gehen von dort ans Außenministerium, dann ans Erziehungsministerium und von dort an die entsprechenden lokalen Behörden.
Sobald von dort die Zustimmung erteilt wurde, wird den Bewerbern ein entsprechendes Visum erteilt, mit dem sie für eine Adoption ins Land einreisen dürfen. Es handelt sich dabei um ein spezielles Adoptionsvisum, das nur vom kasachischen Erziehungsministerium bzw. dessen Unterbehörden erteilt wird. Es ist streng verboten, nur mit einem Touristenvisum bzw. einem Businessvisum einzureisen und dann eine Adoption zu betreiben.
Nach der Ankunft in Kasachstan lassen sich die Bewerber bei der Vormundschaftsbehörde registrieren und lernen dann ihr Kind im Kinderheim kennen.
Vor der Adoption müssen die Eltern zusammen mit dem Kind mindestens zwei Wochen in Kasachstan verbracht haben. Dann bekommen sie den Termin zur Gerichtsverhandlung, der etwa 10 Tage später stattfindet. Adoptiveltern sind also etwa 3-4 Wochen für die Adoption im Land.
Bis der Adoptionsbeschluss rechtskräftig wird und die Ausreisedokumente für das Kind vorliegen, vergehen weitere 3-4 Wochen. Es obliegt den Adoptiveltern zu entscheiden, ob sie auch in dieser Zeit bei ihrem Kind in Kasachstan bleiben oder ob sie nach Hause zurückkehren.
Bei einer Adoption nach kasachischem Recht handelt es sich um eine Volladoption.

In Kasachstan tätige Adoptionsvermittlungsstellen:

Zentrum für Adoptionen e. V.
Sophienstr. 12
76530 Baden-Baden
Tel.: 07221-949206
Fax: 07221-949208

Zukunft für Kinder e. V.
Benzstraße. 6
68794 Oberhausen-Rheinhausen
Tel.: 07254-77680
Fax: 07254-776815

FiF familie international frankfurt
Monisstr. 4
60320 Frankfurt am Main
Telefon: 069 - 95 63 64 31
Telefax: 069 - 95 63 64 33

➤ KENIA

Hauptstadt: Nairobi
Bevölkerung: 31 Mio. Einwohner.
Nach Schätzungen leben etwa 300.000 Kinder auf der Straße.
Die durchschnittliche Lebenserwartung beträgt 47 Jahre.
Sprache: Kisuaheli (Amtssprache), Englisch
Religion: 60% Naturreligionen, 24% Katholiken

DIPLOMATISCHE VERTRETUNG:

Deutsche Botschaft in Kenia:
Ludwig Krapf House,
Riverside Drive 113, Nairobi
Telefon: 00254-20-426 21 00
Telefax: 00254-20-426 21 29

Botschaft Kenias in der Bundesrepublik:
Markgrafenstr. 63, D-10969 Berlin
Telefon: 0049-30-2592-660
Telefax: 0049-30-2592-6650

Adoptionsverfahren in Kenia
Kenia ist dem Haager Übereinkommen beigetreten.

Zuständige staatliche Behörde:
Adoption Committee
Office of the Vice-President and
Ministry of Home Affairs
Department of Children's Services
P.O. Box 46205 - 00100, Nairobi

Eine Adoption in Kenia richtet sich nach dem Children's Act von 2002. Bei Ehepaaren muss mindestens ein Ehepartner zwischen 25 und 65 Jahre alt sein. Der Altersabstand zum Kind muss mindestens 21 Jahre betragen.
Ausländische Adoptionsbewerber müssen nachweisen, dass sie von den zuständigen Behörden an ihrem Wohnort für geeignet erachtet werden, ein Kind zu adoptieren. Weiterhin müssen sie das zuständige Gericht in Kenia davon überzeugen, dass das Land, in dem das Kind zukünftig aufwachsen soll, dem Aufenthalt des Kindes zustimmt.
Singles dürfen adoptieren, jedoch unverheiratete Männer keine Mädchen und unverheiratete Frauen keine Jungen (Nr. 158 II Children's Act). Obwohl das Gesetz die Adoption durch Singles zulässt, werden alleinstehende Männer nicht und alleinstehende Frauen nur in Ausnahmefällen akzeptiert. Der Adoptionsantrag kann erst dann gestellt werden, wenn die Bewerber zuvor 3 Monate lang mit dem Kind in Kenia zusammengelebt haben und in dieser Zeit von einer anerkannten Adoptionsstelle bewertet und beurteilt worden sind.
Es können Kinder adoptiert werden, die in Kenia wohnhaft sind, es ist nicht nötig, dass sie auch die kenianische Staatsbürgerschaft haben (Nr. 157 Children's Act). Kinderschutzorganisationen beklagen, dass diese Regelung dazu führt, dass Kinder aus Uganda und dem Sudan zu Adoptionszwecken ins Land gebracht werden.

In Kenia tätige Vermittlungsstellen:

Evangelischer Verein Rheinland
Einbrunger Straße 66, 40489 Düsseldorf
Tel: 0211 - 4087950
Fax: 0211 - 4089526

HELP a child
Hauptstr. 46 , 56220 Kaltenengers
Tel: 02630-956659
Fax: 02630-956632

Eltern für Afrika
Frölichstr. 10 1/2, 86150 Augsburg
Telefon: 0821 - 51 99 66
Telefax: 0821 - 15 74 94

➤ KOLUMBIEN

Hauptstadt: Bogotá
Bevölkerung: 42 Mio. Einwohner
Sprache: Spanisch (Amtssprache)
Religion: 96% Katholiken

DIPLOMATISCHE VERTRETUNG:

Deutsche Botschaft in Kolumbien:
Cra. 69, No 43 B - 44, piso 7
Edificio World Business Port
Bogotá, D. C.Carrera
Telefon: 00571-423 2600
Telefax: 00571-429 3145

Kolumbiens Botschaft in Deutschland:
Kurfürstenstr. 84, D-10787 Berlin
Telefon: 0049-30-2639-610
Telefax: 0049-30-2639-6125

Adoptionsverfahren in Kolumbien
Kolumbien ist Vertragsstaat des Haager Übereinkommens.

Zuständige staatliche Behörde:
Instituto Colombiano de Bienestar Familiar (ICBF)
Dirección General y Subdirección de Intervenciones Directas
Avenida Carrera 68 Numero 64 - C - 75
Bogotá

Gegenwärtig können in Kolumbien mehr als 61.000 Kinder nicht bei ihren Eltern aufwachsen. Im Jahr 2008 waren es noch 54.000 Kinder und im Jahr zuvor 48.000 Kinder. Bei mehr als 70% dieser Kinder geht das ICBF davon aus, dass eine Rückkehr in die leibliche Familie möglich ist. Für ca. 8.500 Kinder besteht diese Hoffnung jedoch nicht, für sie werden Adoptivfamilien gesucht.

Durchschnittlich werden in Kolumbien pro Jahr ca. 3000 Kinder adoptiert, davon mehr als die Hälfte von Ausländern. Die meisten Adoptionen gab es im Jahr 2007. In diesem Jahr fanden 1175 Kinder in einer kolumbianischen und 1902 Kinder in einer ausländischen Familie ein neues Zuhause.

Für eine Adoption müssen folgende Grundvoraussetzungen erfüllt sein:

- Die Adoptiveltern müssen mindestens 25 Jahre alt sein und physisch, psychisch und wirtschaftlich in der Lage sein, für das adoptierte Kind zu sorgen.
- Bei 1-2 jähriger Ehedauer sollte der Nachweis erbracht werden, dass die Beziehung bereits längerfristig besteht.
- Im Ausland lebende kolumbianische Staatsangehörige werden nicht bevorzugt behandelt.
- Jüngere Kinder werden an jüngere Bewerber vermittelt. Es bestehen folgende Abstufungen:
  25 – 38-Jährige adoptieren Kinder zwischen 0 und 2 Jahren
  39 – 41-Jährige adoptieren Kinder zwischen 3 und 4 Jahren
  42 - 44-Jährige adoptieren Kinder zwischen 5 und 6 Jahren
  45-Jährige und älter adoptieren Kinder ab 7 Jahren.
- Nach kolumbianischem Recht ist die Anwesenheit beider Adoptivbewerber erforderlich, wenn die Adoption dem Familienrichter vorgelegt wird. Nachdem beide Bewerber vor dem Familiengericht erschienen sind, kann ein Bewerber wieder nach Hause zurückkehren. Der im Land verbleibende Ehepartner sollte sich auf einen zwei- bis sechswöchigen Aufenthalt in Kolumbien einstellen.

Alleinstehende Männer und Frauen dürfen in Einzelfällen adoptieren, jedoch nur Kinder, die mindestens 7 Jahre alt sind. Die Adoption durch homosexuelle Bewerber ist nach einem Urteil des kolumbianischen Gerichtshofs aus dem Jahr 2009 zulässig.

Die Wartezeit für das Kind hängt von dem Alter des zukünftigen Adoptivkindes ab. In Kolumbien werden vor allem Kinder ab 7 Jahren zur Adoption freigegeben. Die Dauer bis zum Vorliegen des Kindervorschlags reduziert sich proportional zum Alter des künftigen Adoptivkindes und liegt bei 7 - jährigen Kindern gegenwärtig bei unter einem Jahr. Es kann mit folgenden Wartezeiten gerechnet werden:

Alter des Kindes	Wartezeit
0 - 12 Monate	42 Monate
13 - 24 Monate	42 Monate
2 - 3 Jahre	39 Monate
3 - 4 Jahre	36 Monate
4 - 5 Jahre	30 Monate
5 - 6 Jahre	25 Monate
6 Jahre	19 Monate
7 Jahre	8 Monate

Eine Adoption in Kolumbien hat starke Wirkungen.

In Kolumbien ist folgende Adoptionsvermittlungsstelle tätig:
AdA
Asesoría de Adopciones - Adoptionsberatung e.V.
Kapuzinerstr. 25
80337 München
Tel.: 089-26 94 97 61
Fax: 089-26 94 97 59

➤ KOSOVO

Hauptstadt: Pristina.
Bevölkerung: ca.1,7 Mio.
Sprache: Albanisch, Serbisch
Religion: Islam, Katholizismus und serbische Orthodoxie

DIPLOMATISCHE VERTRETUNG:

Deutsche Botschaft im Kosovo:
Azem Jashanica 17
Dragodan II, 10000
Pristina ISR Plaza,
340 Nizami Str.
AZ 1000 Baku
Telefon: 00381 38-254500
Telefax: 00381 38-254536

Kosovos Botschaft in Deutschland :
Wallstraße 65, 10179 Berlin
Telefon: 0049-030-24047 690
Telefax: 0049-030-24047 6929

Adoptionsverfahren im Kosovo

Der Kosovo ist kein Mitglied im Haager Übereinkommen.

Die Voraussetzungen einer Adoption sind im Familiengesetz von 2006 geregelt. Nach Artikel 160 des Gesetzes darf eine Adoption erst dann ausgesprochen werden, wenn das Kind zuvor eine angemessene Zeit mit den Adoptionsbewerbern zusammengelebt hat. Die genaue Zeitdauer wird vom Familiengericht festgelegt, darf jedoch 3 Monate nicht überschreiten.
Das Mindestalter für die Adoptiveltern liegt bei 21 Jahren.

Nach Artikel 179 des Familiengesetzes kann nur adoptieren, wer dauerhaft im Kosovo lebt. Ausnahmen gelten dann:

- wenn für das Kind im Kosovo keine Adoptiv- oder Pflegeeltern gefunden werden können,
- und/oder wenn das Kind besondere Bedürfnisse hat und eine spezielle Behandlung braucht, die im Kosovo nicht erhältlich ist,
- und die zuständigen Sozialbehörden die Adoption ins Ausland befürworten.

Die Adoption wird direkt beim örtlich zuständigen Gericht beantragt.

➤ KROATIEN

Hauptstadt: Zagreb
Bevölkerung: 4,5 Mio. Einwohner
Sprache: Kroatisch (Amtssprache), Serbisch
Religion: 77% Katholiken, Serbisch Orthodoxe, Moslems

DIPLOMATISCHE VERTRETUNG:

Deutsche Botschaft in Kroatien:
Ul. grada Vukovara 64
10000 Zagreb
Telefon: 003851- 630 01 00
Telefax: 003851- 615 55 36

Kroatiens Botschaft in Deutschland:
Ahornstr. 4, 10787 Berlin
Telefon: 0049-30-21 91 55 14
Telefax: 0049-30-23 62 89 65

Adoptionsverfahren in Kroatien

Kroatien ist kein Vertragsstaat des Haager Übereinkommens.

Zuständige staatliche Behörde:
Ministarstvo Rada i Socialne Skrbi (Ministerium für Arbeit und Sozialwesen) Prisavlje 1410000 Zagreb

Grundsätzlich ist es zwar möglich, ein Kind in Kroatien zu adoptieren. Es müssen nach kroatischem Recht jedoch ausgesprochen starke Gründe dafür sprechen, da prinzipiell immer die Inlandsadoption Vorrang hat.
Jede Adoption ins Ausland muss vom Ministerium für Sozialwesen befürwortet werden.

In der Praxis ist es fast unmöglich, diese Zustimmung zu erhalten, da die Zahl der auf eine Adoption wartenden kroatischen Paare die Zahl der zu adoptierenden Kinder weit übersteigt.
Die Bewerbung muss beim Zentrum für Sozialwesen (Centar za Socialni Skrb) der Stadt eingereicht werden, in der das Kind adoptiert werden soll.

In Kroatien tätige Vermittlungsstelle:
FiF familie international frankfurt
Monisstr. 4 , 60320 Frankfurt am Main
Telefon: 069 - 95 63 64 31
Telefax: 069 - 95 63 64 33

➤ LETTLAND

Hauptstadt: Riga
Bevölkerung: 2,3 Millionen, 59% Letten, 29% Russen
Sprache: Lettisch
Religion: evangelisch – lutherisch, katholisch.

DIPLOMATISCHE VERTRETUNG:

Deutsche Botschaft in Lettland:
Raina Bulv. 13
1050 Riga
Telefon: 00371-7085100
Telefax: 00371-7085148

Lettlands Botschaft in Deutschland:
Reinerzstraße 40/41, 14193 Berlin
Telefon: 0049-30-826002-22
Telefax: 0049-30-826002-33

Adoptionsverfahren in Lettland
Lettland ist Vertragsstaat des Haager Übereinkommens.

Zuständige staatliche Behörde:
Ministry for Children and Family Affairs
Zigfrida Annas Meierovica boulevard 14
Riga, LV-1050
Latvia

Sowohl verheiratete Paare als auch Singles dürfen adoptieren. Das Mindestalter für Bewerber beträgt 25 Jahre. Der Altersunterschied zum Kind muss mindestens 18 Jahre betragen, es gibt kein Höchstalter für Adoptionsbewerber.
Nach dem lettischen Familiengesetz darf eine Adoption nur dann ausgesprochen werden, wenn zuvor eine Eltern - Kind - Beziehung entstanden ist. Das zuständige Gericht kann deshalb die Antragsteller dazu verpflichten, vor der Adoption erst einige Zeit mit dem Kind einen Haushalt in Lettland zu teilen. Die Bemessung der erforderlichen Zeit steht im Ermessen des zuständigen Richters. In der Regel beschränkt sich jedoch der 2. Aufenthalt auf ca. 3-4 Wochen.

Da die Bewerberzahlen im eigenen Land stark angestiegen sind und es mittlerweile auch in Lettland Wartelisten für gesunde Kinder bis 4 Jahre gibt, nimmt die Zentrale Adoptionsbehörde Lettlands gegenwärtig nur noch Adoptionsanträge aus dem Ausland entgegen, die Kinder mit folgenden Merkmalen betreffen:

- drei oder mehr Kinder der gleichen Familie,
- Kinder, die älter als zehn Jahre sind,
- Kinder mit schweren gesundheitlichen Problemen oder schweren geistigen oder körperlichen Enwicklungsbeeinträchtigungen,
- Kinder, welche vom Gericht zur internationalen Adoption freigegeben wurden und für welche bislang keine ausländischen Adoptiveltern gefunden werden konnten.

In Lettland tätige Vermittlungsstelle:
Parents Child Bridge
Erstinformation / Auslandskontakte
Bonhoefferstr. 17
69123 Heidelberg
Tel: 06221- 83 942-0
Fax: 06221- 83 31 38

➤ LIBERIA

Hauptstadt:	Monrovia
Bevölkerung:	3,5 Millionen
Sprache:	Mande, Kru, Englisch
Religion:	Christen (40%), Muslime (20%), Animisten

DIPLOMATISCHE VERTRETUNG:

Deutsche Botschaft in Liberia:
Tubman Boulevard
Monrovia
Telefon: 00231-6438365

Liberias Botschaft in Deutschland:
Kurfürstenstraße 84
10787 Berlin
Telefon: 0049-30-36391194
Telefax: 0049-30-26394893

Adoptionsverfahren in Liberia
Liberia ist kein Mitglied des Haager Übereinkommens.

Zuständige staatliche Behörde:
Ministry of Jusitice
P.O. Box 0123
Ashmun Street Monrovia
Republic of Liberia

In den letzten Jahren sind zahlreiche Kinder aus Liberia von Ausländern adoptiert worden.
Wie in einem Bericht der Vereinten Nationen aus dem Jahr 2007 festgestellt wurde, gibt es für diese Adoptionen keine zentrale Aufsicht und das ganze Adoptionswesen ist mangelhaft und entspricht nicht internationalen Standards. Es ist deshalb nicht gewährleistet, dass es sich bei einem adoptierten Kind nicht um ein Kind handelt, das zuvor entführt oder verkauft wurde.
Zahlreiche Länder (etwa Großbritannien und Kanada) erkennen deshalb Adoptionsbeschlüsse aus Liberia nicht mehr an.
Am 26. Januar 2009 hat die Regierung von Liberia alle Auslandsadoptionen wegen 'Missmanagement' gestoppt.

➤ LITAUEN

Hauptstadt: Wilna
Bevölkerung: 3,7 Mio. Einwohner
Sprache: Litauisch (Amtsprache), Russisch
Religion: 83% Katholiken

DIPLOMATISCHE VERTRETUNG:

Deutsche Botschaft in Litauen:
Sierakausko Gatve 24/8
03105 Vilnius
Telefon: 00370-210 64 00
Telefax: 00370-210 64 46

Botschaft Litauens in der Bundesrepublik:
Charitestraße 9
10117 Berlin
Telefon: 0049-30 89 06 81 0
Telefax: 0049-30 89 06 81 115

Adoptionsverfahren in Litauen
Litauen ist dem Haager Übereinkommen beigetreten.

Zuständige staatliche Behörde:
State Child Rights Protection and Adoption Service under
the Ministry of Social Security and Labour
Sodu str. 15
LT-03211 Vilnius
Lithuania

Eine Adoption in Litauen ist unter folgenden Grundvoraussetzungen möglich:

- Die Adoptionsbewerber müssen jünger als 50 Jahre sein. Der Altersunterschied zwischen den Eltern und dem Kind muss mindestens 18 Jahre betragen.
- Geschwister werden nur zusammen vermittelt, es sei denn eine gemeinsame Vermittlung ist aus gesundheitlichen Gründen nicht möglich oder die Geschwister sind bereits seit einiger Zeit in getrennten Einrichtungen untergebracht.
- Adoptionen durch alleinstehende Bewerber sind nur in Ausnahmefällen möglich.

Eine Adoption nach litauischem Rechts hat starke Wirkungen

In Litauen ist folgende Adoptionsvermittlungsstelle tätig:
Sozialdienst katholischer Frauen
Referat Kinder- und Jugendhilfe - Auslandsadoption -
Agnes-Neuhaus-Str. 5, 44135 Dortmund
Tel.: 0231 - 557026-0
Fax: 0231 - 557026-60

➤ MADAGASKAR

Hauptstadt: Antananarivo
Bevölkerung: 17,5 Mio. Einwohner
Sprache: Malagasy, Französisch
Religion: 52% madagassischer Glauben (Monotheismus, Ahnenverehrung), 51% Christen

DIPLOMATISCHE VERTRETUNG:

Deutsche Botschaft in Madagaskar:
101, Rue du Pasteur Rabeony Hans (Ambodirotra)
Antananarivo 101
Telefon: 00261 20 - 222 38 02
Telefax: 00261 20- 222 66 27

Botschaft Madagaskars in der Bundesrepublik:
Seepromenade 92
14612 Falkensee (Brandenburg)
Telefon: 0049-3322-231 40
Telefax: 0049-3322-231 429

Adoptionsverfahren in Madagaskar
Madagaskar ist dem Haager Übereinkommen beigetreten.

Zuständige staatliche Stelle:
Madame Le Coordinateur de l'Autorité centrale pour Adoption
Direction de la Protection de la Famille et de l'Enfance
Ministère de la Santé et du Planning Familial
Ambohijatovo - Porte 401, Antanarivo

Für eine Adoption in Madagaskar gelten folgende Grundvoraussetzungen:

- Adoptionen sind nur durch verheiratete Paare möglich. Wenn ein Ehepartner vor Abschluss des Adoptionsverfahrens stirbt, kann der andere Ehepartner das Kind nicht adoptieren. Eine bestimmte Ehedauer ist nicht vorgeschrieben.
- Mindestens einer der Ehepartner muss älter als 30 Jahre sein.
- Adoptionsbewerber dürfen nicht mehr als 3 Kinder haben.
- Sobald der Adoptionsantrag gestellt ist, muss mindestens einer der Ehepartner nach Madagaskar kommen und einen Monat lang mit dem Kind zusammenleben.
- Adoptionsbewerber müssen sich gegenüber der madagassischen Adoptionsbehörde verpflichten, bis zum 18. Lebensjahr des Kindes regelmäßige Entwicklungsberichte zu schicken.

➤ MALAWI

Hauptstadt: Lilongwe
Bevölkerung: 11. Mio. Einwohner
Sprache: Chichewa und Englisch (Amtssprachen)
Religion: 75% Christen, Naturreligionen

DIPLOMATISCHE VERTRETUNG:

Deutsche Botschaft in Malawi:
Convention Drive (Capital City)
Lilongwe 3
Telefon: 002651-77 25 55
Telefax: 002651-77 02 50

Malawis Botschaft in Deutschland:
Westfälische Straße 86, 10709 Berlin
Telefon: 0049-30-84 31 54-0
Telefax: 0049-30-84 31 54 30

Adoptionsverfahren in Malawi
Malawi ist kein Vertragsstaat des Haager Übereinkommens.

Zuständige staatliche Behörde:
Ministry of Women and Child Development
Gemini House
Private Bag 330
Lilongwe 3

Adoptivbewerber müssen selbst ein Kind in einem Waisenhaus finden. Danach beauftragen sie einen Rechtsanwalt, bei Gericht einen Antrag auf Adoption zu stellen. Vom Gericht wird ein Sozialarbeiter als sogenannter 'Guardian ad Litem' eingesetzt. Von diesem werden die Voraussetzungen für die Adoption überprüft und ein Bericht an das Gericht verfasst.

Nur Ausländer, die ihren Aufenthaltsort in Malawi haben, dürfen adoptieren.

Section 3 (5) Adoption and Children Act:
An adoption order shall not be made in favour of any applicant, who is not resident in Malawi or in respect of any infant (child) who is not so resident.

Als jedoch die Sängerin Madonna im Jahr 2006 ihren Sohn David und drei Jahre später ihre Tochter Merci in Malawi adoptierte, war diese Vorschrift letztlich kein Hindernis, obwohl sie sich jeweils nur kurze Zeit vor Ort aufgehalten hatte.
Im ersten Adoptionsverfahren urteilte der zuständige Richter am High Court, Andrew Nyirenda, die Vorschrift sei in Zusammenhang mit anderen Vorschriften zu sehen.
Zum einen verpflichte die Verfassung den Staat, besonders für Kinder zu sorgen. Zum anderen werde auch in der Konvention über die Rechte von Kindern und in der Afrikanischen Charta über die Rechte und das Wohlergehen von Kindern ausdrücklich ausgeführt, dass der Staat in seinen Entscheidungen die Interessen der Kinder zu berücksichtigen habe.
Der Begriff 'Aufenthaltsort' sei zwar in Lexika definiert, aber so der Richter: 'Ehrlich gesagt hätte ich keine Probleme mit den Beschreibungen in diesen Lexika, wenn es für die Umstände, unter denen unsere Kinder leben und die Frage, wie man diese Umstände verbessert, auch Handbücher und Lexika gäbe.'
Letztlich gehe es bei der Frage des Aufenthaltsortes nur darum, das Kind zu schützen.
Die Realität der Kinder in Malawi sei, dass viele Kinder in entsetzlichen Umständen leben, mit zu wenig Nahrung, zu wenig Erziehung, zu wenig Hygiene und zu wenig Gesundheitsversorgung.
Dem Adoptionsantrag für David sei deshalb stattzugeben.

Im Juni 2009, als es in einem weiteren Verfahren um die Adoption ihrer Tochter Mercy ging, schlossen sich andere Richter am High Court dieser Argumentation an.
Keine malawische Familie habe sich bisher um die Adoption von Mercy bemüht und es sei keinerlei Versuch unternommen worden, sie in einer Pflegefamilie unterzubringen.
Artikel 21 der Afrikanischen Charta über die Rechte und das Wohlergehen von Kindern würden den Staat aber ausdrücklich verpflichten, eine Auslandsadoption in Erwägung zu ziehen, wenn ein Kind nicht einer inländischen Adoptivfamilie oder einer Pflegefamilie untergebracht werden kann.
Es gebe auch keinerlei Anhaltspunkte dafür, dass Mercy zukünftig ein schlechtes Leben habe.
Jedes Kind habe ein Recht zu lieben, geliebt zu werden und ein Recht darauf, mit Liebe, Zuneigung und materieller Sicherheit aufzuwachsen. Das sei nur dann möglich, wenn ein Kind in einer Familie aufwachse. Es sei zwar am besten, wenn ein Kind diese Bedingungen in seiner leiblichen Familie finde. Wenn das aber nicht möglich sei und auch keine Verwandten zur Verfügung stünden, sei eine Adoption die beste Lösung. Denn dann habe das Kind die Möglichkeit, unter der liebenden Fürsorge und Pflege seiner Adoptiveltern aufwachsen zu können.
In einem Kinderheim gebe es kein Familienleben, keine Liebe, keine Zuneigung. Allzu oft müssten die Kinder ein Leben führen, das von Mittellosigkeit, Hunger, Mangelernährung und Krankheiten geprägt sei.

Es spreche daher alles dafür, Madonna die Adoption zu erlauben, obwohl sie ihren Aufenthaltsort nicht in Malawi habe.

➤ MALAYSIA

Hauptstadt: Kuala Lumpur
Bevölkerung: 22 Mio. Einwohner
Sprache: Englisch, Chinesisch
Religion: 60% Moslems

DIPLOMATISCHE VERTRETUNG:

Deutsche Botschaft in Malaysia:
26th Floor, Menara Tan & Tan, 207 Jalan Tun Razak
50400 Kuala Lumpur
Telefon: 00603-21 70 96 66
Telefax: 00603-21 61 98 00

Botschaft Malaysias in der Bundesrepublik:
Klingelhöfer Str. 6, 10785 Berlin
Telefon: 0049-30-88 574 90
Telefax: 0049-30-88 574 950

Adoptionsverfahren in Malaysia
Malaysia ist kein Vertragsstaat des Haager Übereinkommens.

In Malaysia gibt es zwei Arten von Adoptionen: Die Adoption moslemischer Kinder und die Adoption nicht-moslemischer Kinder. Adoptionsbewerber, die keine Moslems sind, dürfen kein moslemisches Kind adoptieren. Für beide Arten von Adoptionen gilt, dass eine Antragstellung nur dann zulässig ist, wenn die Adoptionsbewerber seit mindestens zwei Jahren in Malaysia leben und arbeiten. Es ist auch erforderlich, dass sich Adoptionsbewerber während des ganzen Adoptionsprozesses in Malaysia aufhalten müssen. Das kann sehr lange dauern.

Adoption eines moslemischen Kindes:
Die Adoption richtet sich dem Adoption Act von 1952 und den einschlägigen Sharia Gesetz. Adoptionsbewerber finden ihr Kind entweder selbst oder durch Vermittlung des Social Welfare Department (Tingkat 21-24, Menara Tun Ismail Mohamed Ali, Jalan Raja Laut, 50562 Kuala Lumpur). Anschließend nehmen sie es für mindestens 2 Jahre in Pflege. Nach dieser Zeit wenden sie sich an das National Registration Department Malaysia (Ministry of Home Affairs Lot 2G5, Precinct 2, Federal Government Administrative Centre, 62100 Federal Territory of Putrajaya) und beantragen dort die Adoption. Falls keine schriftliche Einwilligungserklärung der leiblichen Eltern vorliegt, wendet sich das Registration Department an das Social Welfare Department.

Adoption eines nicht-moslemischen Kindes:
Die Adoption richtet sich nach dem Adoption Act von 1952. Adoptieren können Ehepaare und Singles, alleinstehende Männer dürfen allerdings nur Jungen adoptieren. Wenn die Adoptionsbewerber nicht mit dem Kind verwandt sind, liegt das Mindestalter bei 25 Jahren, ansonsten bei 21 Jahren.
Adoptionsbewerber müssen selbst ihr Kind finden, Adoptionsvermittlungsstellen gibt es nicht. Zuständige Behörde für die Adoption ist die Family and Children's Division (Family & Children's Division, Social Welfare Department, Ministry of National Unity & Social Welfare Development, 14th Floor, Wisma Shen, 50100 Kuala Lumpur, Malaysia

➤ MALI

Hauptstadt: Bamako
Bevölkerung: 12,3 Millionen
Sprache: Französisch (Amtssprache), Bambara, Fulani, Songhai
Religion: Islam (90%)

DIPLOMATISCHE VERTRETUNG:

Deutsche Botschaft in Mali:
Badalabougou Est
rue 14, porte 334, Bamako
Telefon: 00223-2 22 32 99
Telefax: 00223-2 22 96 50

Malis Botschaft in der Bundesrepublik:
Kurfürstendamm 72, 10709 Berlin
Telefon: 0049-30-3199883
Telefax: 0049-30-31998848

Adoptionsverfahren in Mali
Mali ist dem Haager Übereinkommen beigetreten.

Zuständige staatliche Behörde:
Direction Nationale de la Promotion de l'Enfant et de la Famille
Rue 394, Porte 107, Bamako, Torokorabougou
BP: 2688, Bamako

Bei Ehepaaren muss mindestens einer der Partner 30 Jahre alt sein. Unverheiratete Frauen dürfen ebenfalls adoptieren, wenn sie älter als 30 Jahre sind. Unverheiratete Männer werden nicht akzeptiert.

In Mali tätige Vermittlungsstellen:

HELP a child
Hauptstr. 46
56220 Kaltenengers
Tel: 02630-956659
Fax: 02630-956632

Eltern für Afrika
Frölichstr. 10 1/2
86150 Augsburg
Telefon: 0821 - 51 99 66
Telefax: 0821 - 15 74 94

➤ MAROKKO

Hauptstadt:	Rabat
Bevölkerung:	28 Mio. Einwohner
Sprache:	Arabisch (Amtssprache)
Religion:	93% Moslems

DIPLOMATISCHE VERTRETUNG:

Deutsche Botschaft in Marokko:
7 Zankat Madnine
10000 Rabat
Telefon: 00212537-218600
Telefax: 00212537-706851

Marokkos Botschaft in Deutschland:
Niederwallstr. 39, 10117 Berlin
Telefon: 0049-30-2061-240
Telefax: 0049-30-2061-2420

Adoptionsverfahren in Marokko
Marokko ist kein Vertragsstaat des Haager Übereinkommens.

Nach dem marokkanischen Gesetzbuch ist die gewöhnliche Adoption ´null und nichtig und erzeugt keine Wirkungen der Abstammung`. Marokko kennt allerdings die Kafala, bei der sich die Annehmenden verpflichten, dem Kind Schutz, Erziehung und Unterhalt im selben Umfang wie bei einem leiblichen Kind zu gewähren. Nach Übertragung der

Kafala müssen Adoptivbewerber beim Familiengericht in Deutschland einen Adoptionsantrag stellen und die Adoption in Deutschland durchführen.

➤ MAZEDONIEN

Hauptstadt: Skopje
Bevölkerung: 2 Mio. Einwohner
Sprache: Mazedonisch (Amtssprache), Albanisch
Religion: 65% Mazedonisch – Orthodoxe, 30% Moslems

DIPLOMATISCHE VERTRETUNG:

Deutsche Botschaft in Mazedonien:
59, Ul. Lerinska, Skopje
Telefon: 003892- 309 39 00
Telefax: 003892- 309 38 99

Mazedoniens Botschaft in Deutschland:
Königsallee 2, 14193 Berlin
Telefon: 0049-30-8906-9522
Telefax: 0049-30-8954-1194

Adoptionsverfahren in Mazedonien

Mazedonien ist dem Haager Übereinkommen beigetreten.

Zuständige staatliche Behörde:
The Ministry of Labor and Social Affairs
Commission for establishing adoption
1000, str. „Dame Gruev" no. 14
Skopje
The former Yugoslav Republic of Macedonia

Das Familiengesetz Mazedoniens erlaubt Adoptionen in der Regel nur Staatsbürgern Mazedoniens. Nur in Ausnahmefällen findet eine Vermittlung ins Ausland statt, wenn dies für das Kind von besonderem Nutzen ist. Für eine Auslandsadoption ist die vorherige Zustimmung des Ministeriums für Arbeit und Sozialpolitik erforderlich.
Verheiratete Paare werden bevorzugt. Es gilt ein Höchstalter von 45 Jahren.

In Mazedonien tätige Vermittlungsstelle:
FiF familie international frankfurt
Monisstr. 4

60320 Frankfurt am Main
Telefon: 069 - 95 63 64 31
Telefax: 069 - 95 63 64 33

➤ MEXIKO

Hauptstadt: Mexiko
Bevölkerung: 99 Mio. Einwohner
Sprache: Spanisch (Amtssprache)
Religion: 90% Katholiken

DIPLOMATISCHE VERTRETUNG:

Deutsche Botschaft in Mexiko:
Horacio No. 1506
Col. Los Morales Sección Alameda
Deleg. Miguel Hidalgo
11530 México D.F.
Telefon: 005255-52 83 22 00
Telefax: 005255-52 81 25 88

Botschaft Mexikos in der Bundesrepublik:
Klingelhöferstr. 3, 10785 Berlin
Telefon: 0049-30-26 93 23-0
Telefax: 0049-30-26 93 23-700

Adoptionsverfahren in Mexiko
Mexiko ist Vertragsstaat des Haager Übereinkommens.

Zuständige staatliche Behörde:
Ministry of Foreign Relations
Ricardo Flores Magón No 1, Ala „A", 2o piso,
Colonia Nonoalco Tlatelolco
Delegación Cuauhtemoc
06995 Mexiko
Distrito Federal

Die mexikanischen Adoptionsgesetze verlangen, dass eine Adoption nur dann ausgesprochen wird, wenn Adoptionsbewerber und Kind zunächst drei Wochen in Mexiko zusammengelebt haben. In der Praxis können aus den drei Wochen aber auch mehrere Monate werden. Adoptionsbewerber sollten sich deshalb darauf einstellen, zumindest

drei Monate in Mexiko zu verbringen.
Das Mindestalter für Adoptionsbewerber beträgt 25 Jahre, der Altersabstand zum Kind muss mindestens 17 Jahre betragen. Die Adoption durch Singles ist zwar aber erlaubt, aber unwahrscheinlich.

➤ MOLDAWIEN

Hauptstadt: Chisinau
Bevölkerung: 4,5 Mio. Einwohner
Sprache: Moldawisch (Amtssprache), Russisch
Religion: Russisch - Orthodoxe

DIPLOMATISCHE VERTRETUNG:

Deutsche Botschaft in Moldawien:
Strada M. Cibotari 35
2012 Chisinau
Telefon: 0037322-20 06 00
Telefax: 0037322-234680

Botschaft Moldawiens in der Bundesrepublik:
Gotlandstr. 16, 10439 Berlin
Telefon: 0049-30-4465-2970
Telefax: 0049-30-4465-2972

Adoptionsverfahren in Moldawien
Moldawien ist dem Haager Übereinkommen beigetreten.

Zuständige staatliche Behörde:
The Ministry of Education and Science of the Republic of Moldova
1, Piata Marii Adunari Nationale
Chisinau MD-2033
Republic of Moldova
Tel: 0037322-32727
Fax: 0037322-33348

1,4% aller moldawischen Kinder leben in einem Kinderheim, wobei in über 80% die Ursache darin liegt, dass den Eltern die finanziellen Mittel fehlen, ihre Kinder selbst zu erziehen.

Die Adoptiveltern müssen zwischen 25 und 50 Jahre alt sein. Sowohl verheiratete Paare als auch Singles dürfen adoptieren.

Die Daten aller Kinder, die adoptiert werden können, werden zuerst vom Gesundheitsministerium im moldawischen Adoptionsregister gespeichert. Eine Auslandsadoption wird dann möglich, wenn das Kind innerhalb einer Frist von sechs Monaten nicht an moldawische Bewerber vermittelt werden konnte.
Nach Angaben des Ministeriums für Sozialen Schutz wurden im Jahr 2007 knapp 100 Kinder von Ausländern adoptiert. Im Jahr 2008 waren es 64 Kinder. Pro Jahr werden ca. 300 Kinder im Inland vermittelt.

Die Adoption in Moldawien hat starke Wirkungen.

➤ MONGOLEI

Hauptstadt: Ulan Bator
Bevölkerung: 2,7 Mio. Einwohner
Sprache: Mongolisch (Amtssprache), Russisch
Religion: 90% Buddhisten (Lamaisten)

DIPLOMATISCHE VERTRETUNG:

Deutsche Botschaft in der Mongolei:
Baga Toiruu-2
Straße der Vereinten Nationen
14201 Ulan Bator
Telefon: 0097611-323325
Telefax: 0097611-323905
Botschaft der Mongolei in Deutschland:
Dietzgenstraße 31, 10439 Berlin
Telefon: 0049-30-47 48 06-0
Telefax: 0049-30-47 48 06-16

Adoptionsverfahren in der Mongolei
Die Mongolei ist dem Haager Übereinkommen beigetreten.

Zuständige staatliche Behörde:
Ministry of Social Welfare and Labour
Population and Social Welfare Department
Ulaan Baatar
Mongolia

Die Mongolei hat eine Fläche von 1,5 Millionen Quadratkilometern, aber eine Bevölkerungszahl, die unter der von Berlin liegt. Schon deshalb sind Auslandsadoptionen selten. Alleinstehende Frauen dürfen adoptieren.
Die Adoptierenden dürfen nicht älter als 60 Jahre sein und bei der Adoption eines Kindes über 7 Jahre muss dessen Einwilligung erfolgen.
Die Adoptiveltern sind verpflichtet, das Kind über sein Herkunftsland und, wenn möglich, über seine leiblichen Eltern aufzuklären.

In der Mongolei tätige Vermittlungsstelle:
Eltern für Kinder
Fritschestraße 60, 10627 Berlin
Tel: 030 - 46507571
Fax: 030 - 4614520

➤ NAMIBIA

Hauptstadt: Windhuk
Bevölkerung: 2 Millionen
Sprache: Afrikaans, Deutsch
Religion: Christen (90%), Stammesglauben (10%)

DIPLOMATISCHE VERTRETUNG:

Deutsche Botschaft in Namibia:
Sanlam Centre, 6th Floor,
Independence Ave
Windhoek, Namibia
Telefon: 0026461-27 31 00
Telefax: 0026461-22 29 81

Namibias Botschaft in der Bundesrepublik:
Reichstraße 17, 14052 Berlin
Telefon: 0049-30-2540950
Telefax: 0049-30-25409555

Adoptionsverfahren in Namibia
Namibia ist kein Mitglied des Haager Übereinkommens.

Die Adoption eines Kindes ist nach namibischem Recht nur dann zulässig, wenn mindestens einer der Adoptionsbewerber die namibische Staatsangehörigkeit besitzt (§ 71 Abs. 2 lit f des Childrens Act, No. 33).

Im Jahr 2004 hat der Oberste Gerichtshof Namibias diese Bestimmung für verfassungswidrig erklärt, da eine Auslandsadoption in manchen Fällen die beste Lösung für ein Kind sei. Gesetzliche Regelungen für Vermittlungen ins Ausland fehlen jedoch bislang.

➤ NEPAL

Hauptstadt: Kathmandu
Bevölkerung: 24 Mio. Einwohner.
70% der Kinder unter 5 Jahren leiden an Unterernährung. Dreitausend Kinder sterben jedes Jahr an Krankheiten, die ihre Ursache darin haben, dass wegen Mangelernährung zu wenig Vitamin A mit der Nahrung aufgenommen wird. 40% der Nepalesen leben unter der Armutsgrenze. 40% der Staatsausgaben werden mit ausländischen Hilfsgeldern bestritten. Die politische Lage in Nepal ist sehr instabil, so dass sich die Voraussetzungen für Adoptionen immer wieder ändern.
Sprache: Nepali (Amtssprache)
Religion: 90% Hindus

DIPLOMATISCHE VERTRETUNG:

Deutsche Botschaft in Nepal:
Gyaneshwar
P.O. Box 226
Kathmandu
Telefon: 009771-441 27 86
Telefax: 009771-441 68 99

Botschaft Nepals in der Bundesrepublik:
Guerickestr. 27, 10587 Berlin
Telefon: 0049-30-34359-92022
Telefax: 0049-30-34359-906

Adoptionsverfahren in Nepal

Nepal ist dem Haager Übereinkommen am 28.April 2009 beigetreten. Bei Drucklegung dieses Buches war noch nicht bekannt, wann das Übereinkommen in Kraft treten wird und welche Stelle als Zentrale Behörde benannt wird.
Neue Informationen auf www.adoptionsinfo.de

Adoptionen in Nepal sind seit Jahren überaus problematisch. Einerseits gibt es keinen Zweifel daran, dass eine Auslandsadoption für viele nepalesische Kinder die einzige Möglichkeit ist, in einer Familie aufzuwachsen. Andererseits ist das nepalesische Adop-

tionssystem sehr anfällig für Korruption und andere Unregelmäßigkeiten. Die Deutsche Botschaft in Katmandu fasste die Situation in einem Bericht vom 9. Februar 2007 in folgende Worte: „Die Botschaften der EU- und Schengen-Staaten sind sich einig, dass in Nepal das Adoptionsgeschäft zu einer wichtigen Einkommensquelle für Einzelne geworden ist. Die in den Verfahren produzierten Unterlagen sind häufig Gefälligkeitsbescheinigungen, die inhaltlich unkorrekt sind. Gewisse Polizeidienststellen vor Ort arbeiten mit Adoptionsvermittlern zusammen und stellen auf Wunsch mit passendem Datum Polizeiberichte zum Auffinden 'verlassener' Kinder aus."
Auch eine im August 2008 veröffentlichte Studie von Unicef und Terre des Hommes (Studie unter: www.adoptionsinfo.de/Nepal2008.pdf) lassen Adoptionen aus Nepal ebenfalls in keinem guten Licht erscheinen.
Es bleibt deshalb abzuwarten, ob der Beitritt zum Haager Übereinkommen eine Verbesserung der Situation bringt.

In Nepal sind folgende Adoptionsvermittlungsstellen tätig:

Parents Child Bridge
Erstinformation / Auslandskontakte
Bonhoefferstr. 17, 69123 Heidelberg
Tel: 06221- 83 9420
Fax: 06221- 83 3138

HELP a child
Hauptstr. 46
56220 Kaltenengers
Tel: 02630-956659
Fax: 02630-956632

➤ NICARAGUA

Hauptstadt: Managua
Bevölkerung: 5 Mio. Einwohner
Sprache: Spanisch (Amtssprache)
Religion: 93% Katholiken

DIPLOMATISCHE VERTRETUNG:

Deutsche Botschaft in Nicaragua:
Apartado Postal 29, Managua
Telefon: 00505 266-3917
Telefax: 00505 266-7667

Nicaraguas Botschaft in Deutschland:
Joachim-Karnatz-Allee 45, 10557 Berlin
Telefon: 0049-30-206-4380
Telefax: 0049-30-2248-7891

Adoptionsverfahren in Nicaragua
Nicaragua ist kein Vertragsstaat des Haager Übereinkommens.

Zuständige staatliche Behörde:
Mi Familia (Ministry of the Family)
De ENEL Central, 100 mts. Al sur, Managua

Adoptionen sind grundsätzlich möglich. Da Waisen jedoch in der Regel im Großfamilienverbund integriert werden, werden nur wenige Kinder zur Adoption freigegeben.
Adoptionsbewerber müssen entweder nicaraguanische Staatangehörige sein oder ihren ständigen Aufenthalt in Nicaragua haben und planen im Land zu bleiben, bis das Kind 21 Jahre alt ist. Bisweilen wird jedoch auf die Erfüllung dieser Voraussetzungen verzichtet.
Adoptionen werden vor dem nicaraguanischen Familienministerium eingeleitet, das über eine Abteilung für den Schutz von Kindern verfügt. Adoptiert werden können nur Minderjährige, die Waisen sind und/oder für verlassen erklärt wurden.
Es gibt keine speziellen Familiengerichte im nicaraguanischen Rechtssystem. Die Gerichtsverfahren sind sehr langwierig.
Adoptionsbewerber müssen zwischen 25 und 40 Jahre alt sein. Singles dürfen adoptieren.
Eine Adoption in Nicaragua hat starke Wirkungen.

➤ NIGERIA

Hauptstadt:	Abuja
Bevölkerung:	110 Mio. Einwohner
Sprache:	Englisch (Amtssprache), Kwa, Hausa
Religion:	50% Moslems, 28% Protestanten, 15% Katholiken

DIPLOMATISCHE VERTRETUNG:

Deutsche Botschaft in Nigeria:
9 Lake Maracaibo Close
Maitama, Abuja - F.C.T.
Abuja
Telefon: 002349-413 09 62
Telefax: 002349-413 09 49

Nigerias Botschaft in Deutschland:
Neue Jakobstraße 4, 10179 Berlin
Telefon: 0049-30-212300
Telefax: 0049-30- 21230212

Adoptionsverfahren in Nigeria
Nigeria ist kein Vertragsstaat des Haager Übereinkommens.

Jeder nigerianische Bundesstaat hat sein eigenes Adoptionsgesetz. Den unterschiedlichen Regelungen ist jedoch gemeinsam, dass die Adoption beim zuständigen Gericht (Magistrate Court) beantragt wird.
Vom Gericht wird dann ein Verfahrenspfleger bestellt, der die Voraussetzungen der Adoption prüft, Hausbesuche durchführt und dem Gericht einen Bericht abgibt. Darüber hinaus verlangt das nigerianische Recht, dass die Adoptionsbewerber das Kind zunächst in Nigeria zur Pflege aufnehmen, damit eine Eltern - Kind Beziehung entsteht. Wie lange diese Pflegezeit dauern muss, unterscheidet sich von Bundesstaat zu Bundesstaat.
Adoptionen aus Nigeria sind in den letzten Jahren stark angestiegen. Wurden etwa im Jahr 2007 noch 33 nigerianische Kinder von US – Amerikanern adoptiert, waren es ein Jahr später schon 149 Kinder.

➤ PAKISTAN

Hauptstadt:	Islamabad
Bevölkerung:	172 Mio. Einwohner
Sprache:	Urdu, Englisch
Religion:	96% Moslems

DIPLOMATISCHE VERTRETUNG:

Deutsche Botschaft in Pakistan:
Ramna 5
Diplomatic Enclave
Islamabad
Telefon: 009251-2279430
Telefax: 009251-2279436

Pakistans Botschaft in Deutschland:
Schaperstraße 29, 10719 Berlin
Telefon: 0049-30- 212440
Telefax: 0049-30- 21244210

Adoptionsverfahren in Pakistan
Pakistan ist kein Vertragsstaat des Haager Übereinkommens.

Das pakistanische Recht kennt nur die Möglichkeit, ein Kind über eine sogenannte Kafala bei sich aufzunehmen. Voraussetzung hierfür ist, dass die aufnehmenden Eltern Moslems sind und bei verheirateten Paaren die Ehe seit mindestens drei Jahren besteht. Es ist nach pakistanischem Recht nicht möglich, ein Kind über eine Volladoption an Kindes statt anzunehmen. Das Schleswig - Holsteinische Oberlandesgericht hat hierzu entschieden, dass es mit den wesentlichen Grundsätzen des deutschen Rechts unvereinbar und 'unerträglich' sei, wenn eine Rechtsanwendung die Möglichkeit, Kinder zu adoptieren, von vornherein verwehre. Es hat deshalb eine Adoption aus Pakistan durch in Deutschland lebende Pakistaner zugelassen.
(OLG Schleswig-Holstein, Beschluss vom 13.09.2007, Az. 2 W 227/06)

Wer sich für eine Adoption aus Pakistan interessiert, setzt sich mit einer der folgenden Organisationen in Verbindung:

Bilquis Edhi Adoption Centre
c/o Edhi Foundation
Rangila Street Boulton,
Market Mithadar, Karachi 74000
www.edhifoundation.com
Anjuman Kashana-e-Itfal-o-Naunehal
Survey No. 8/3,
Stadium Road,
Karachi 74800

➤ PANAMA

Hauptstadt: Panama
Bevölkerung: 3 Mio. Einwohner
Sprache: Spanisch (Amtssprache)
Religion: 97% Katholiken

DIPLOMATISCHE VERTRETUNG:

Deutsche Botschaft in Panama:
Calle 53 E
Urbanizacion Marbella
Edificio World Trade Center No. 20
Panama

Telefon: 00507-263-7733
Telefax: 00507-223-6664

Panamas Botschaft in Deutschland:
Joachim-Karnatz-Allee 45, 10787 Berlin
Telefon: 0049-30-2260-5811
Telefax: 0049-30-2260-5812

Adoptionsverfahren in Panama
Panama ist Vertragsstaat des Haager Übereinkommens.

Zuständige staatliche Behörde:
Ministerio de Desarrollo Social
Dirección Nacional de Niñez y Adolescencia
Av. Ricardo J. Alfaro - Edison Plaza
4 Piso
Ap. 680 - 50 El Dorado, Panama

Für eine Adoption in Panama müssen folgende Grundvoraussetzungen erfüllt sein:

- Paare müssen seit mindestens zwei Jahren verheiratet sein.
- Männer dürfen nicht älter als 45 Jahre und Frauen nicht älter als 40 Jahre sein.
- Geschwister werden nur gemeinsam vermittelt.
- Zwischen den zukünftigen Adoptiveltern und ihrem Kind muss ein Mindestabstand von 18 Jahren bestehen.

➤ PARAGUAY

Hauptstadt:	Asunción
Bevölkerung:	5,4 Mio. Einwohner
Sprache:	Spanisch und Guarani (Amtssprachen)
Religion:	96% Katholiken

DIPLOMATISCHE VERTRETUNG:

Deutsche Botschaft in Paraguay:
Avenida Venezuela 241
Asunción
Telefon: 0059521-2140-09
Telefax: 0059521-2863

Paraguays Botschaft in Deutschland:
Hardenbergstraße 12, 10623 Berlin
Telefon: 0049-30-31 99 86 12
Telefax: 0049-30-31 99 86 17

Adoptionsverfahren in Paraguay
Paraguay ist Mitglied im Haager Übereinkommen.

Adoptivbewerber müssen zwischen 25 und 50 Jahre alt sein. Ehepaare müssen seit mindestens 3 Jahren verheiratet sein. Alleinstehende Männer dürfen nicht adoptieren. Seit einigen Jahren vermittelt Paraguay keine Kinder mehr ins Ausland.

➤ PERU

Hauptstadt: Lima
Bevölkerung: 26 Mio. Einwohner.
Peru gehört zu den zwölf ärmsten Nationen der Welt. 54 % der Peruaner leben unter der internationalen Armutsgrenze, 15 % leben in extremer Armut.
Sprache: Spanisch, Ketschua
Religion: 92% Katholiken

DIPLOMATISCHE VERTRETUNG:

Deutsche Botschaft in Peru:
Av. Arequipa 4202-4210
Lima 18 ,Miraflores
Lima
Telefon: 00511-212 50 16
Telefax: 00511-422 64 75

Botschaft Perus in der Bundesrepublik:
Mohrenstraße 42
10117 Berlin
Telefon: 0049- 30 - 20 6410-3
Telefax: 0049- 30 - 20 6410-77

Adoptionsverfahren in Peru
Peru ist Mitglied im Haager Übereinkommen

Zentrale staatliche Behörde:
Secretaría Nacional de Adopciones
Ministerio de la Mujer y Desarrollo Social
Jirón Camaná 616
7mo Piso, Lima 1, Peru

- Es kommen nur verlassene Kinder zur Adoption. Die Verlassenheit muss gerichtlich festgestellt werden.
- Adoptionen, bei denen Adoptivbewerber direkt mit den leiblichen Eltern in Kontakt treten, sind verboten. Das Gleiche gilt für Versuche von Adoptivbewerbern, selbst nach einem Kind zu suchen.
- Das Höchstalter für Adoptionsbewerber beträgt 5 Jahre. Die Adoption durch Singles ist zulässig.
- Für die Adoption müssen beide Adoptivbewerber nach Peru reisen und dort durchschnittlich 30 Tage bleiben.

Vermittlungszahlen peruanischer Kinder 1995 - 2008

Jahr	2002	2003	2004	2005	2006	2007	2008
Land/ Gesamt	**90**	**170**	**187**	**273**	**294**	**225**	**239**
Deutschland	3	3	3	2	5	6	6
Australien	0	0	0	0	0	1	0
Belgien	3	3	3	1	1	3	3
Kanada	1	0	0	1	3	0	1
Dänemark	5	2	3	1	4	3	4
Spanien	32	35	39	60	31	19	29
USA	9	11	12	14	19	20	18
Frankreich	3	1	1	4	1	1	3
Holland	2	4	1	2	2	0	0
England	0	0	0	0	0	1	0
Irland	0	0	0	0	0	0	1
Italien	17	31	21	53	79	84	66
Luxemburg	1	1	3	2	3	0	5

Anerkannte Adoptionsvermittlungsstelle für Peru ist:
Eltern für Kinder
Fritschestraße 60, 10627 Berlin
Tel: 030 - 46507571
Fax: 030 – 4614520

➤ PHILIPPINEN

Hauptstadt: Manila
Bevölkerung: 75 Mio. Einwohner
Sprache: Philipo (Amtssprache), Englisch
Religion: 85% Katholiken

DIPLOMATISCHE VERTRETUNG:

Deutsche Botschaft auf den Philippinen:
25/F Tower II, RCBC Plaza
6819 Ayala Ave.
0707 Makati City
Metro Manila
Telefon: 00632-702 30 00
Telefax: 00632-702 30 15

Botschaft der Philippinen:
Uhlandstr. 97, 10715 Berlin
Telefon: 0049-30-864-9500
Telefax: 0049-30-873-2551

Adoptionsverfahren auf den Philippinen
Die Philippinnen sind Mitglied im Haager Übereinkommen.

Zuständige staatliche Behörde:
Philippines Intercountry Adoption Board (ICAB)
No 2 Chicago Street corner Ermin Garcia St.
Barangay Pinagkaisahan Cubao
Quezon City
Philippines

Die Adoptionsbewerber müssen zwischen 27 und 47 Jahre alt sein.
Bei der Adoption durch ein Ehepaar muss die Ehe seit mindestens einem Jahr bestehen (im Falle einer früheren Scheidung fünf Jahre).
Bewerbungen alleinstehender Bewerber werden zwar angenommen, haben aber schlechtere Chancen auf Vermittlung.
Es ist zulässig, dass Singles Kinder adoptieren. Vermittelt werden jedoch nur Kinder über 6 Jahren mit kleineren physischen oder größeren psychischen Einschränkungen.
Nach philippinischem Recht (Philippine AIDS Prevention and Control Act) ist es nicht zulässig, systematisch alle Kinder, die zur Adoption freigegeben werden, auf eine HIV-Infektion zu testen. Ein Test darf nur dann durchgeführt werden, wenn bestimmte Verdachtsmomente vorliegen.

Die Adoptiveltern sind verpflichtet, in den ersten sechs Monaten nach Ankunft des Kindes drei Berichte über die Entwicklung des Kindes an die Zentrale Adoptionsbehörde der Philippinen zu übersenden.
Für Bewerber, die offen für Kinder mit besonderen Bedürfnissen sind und /oder Bereitschaft zeigen, ein Kind mit körperlichen/gesundheitlichen Problemen oder seelischen Belastungen aufzunehmen, erhöhen sich die Vermittlungschancen.
Es ist seitens der Philippinen nicht möglich, einen Wunsch bezüglich des Geschlechtes des Kindes zu äußern.
Bewerbungen von philippinisch-deutschen Paaren werden bevorzugt behandelt.
Seit Mai 2009 werden nur noch Bewerbungen für Kinder angenommen, die älter als 3 Jahre sind.

Auf den Philippinen tätige Vermittlungsstelle:

FiF familie international frankfurt
Monisstr. 4
60320 Frankfurt am Main
Telefon: 069 - 95 63 64 31
Telefax: 069 - 95 63 64 33

➤ POLEN

Hauptstadt: Warschau
Bevölkerung: 39 Mio. Einwohner
Sprache: Polnisch
Religion: 91% Katholiken

DIPLOMATISCHE VERTRETUNG:

Deutsche Botschaft in Polen:
ul. Jazdow 12
PL-00-467 Warschau
Telefon: 0048 22-584 17 00
Telefax: 0048 22- 584 17 39

Botschaft Polens in der Bundesrepublik:
Lassenstr. 19-21, 14193 Berlin
Telefon: 0049-30-22 31 30
Telefax: 0049-30-22 31 32 55

Adoptionsverfahren in Polen
Polen ist Vertragsstaat des Haager Übereinkommens.

Zuständige staatliche Behörde:
Ministerstwo Pracy i Polityki Spolecznej
(Ministry of Labour and Social Policy)
Ul. Nowogrodzka 1/3/5
00-513 Warszawa 7, Poland

Da es auch in Polen mehr adoptionswillige Eltern als zur Adoption stehende Kinder gibt, sind Vermittlungen ins Ausland eher selten. In erster Linie werden deshalb Eltern für Kinder mit gesundheitlichen Beschwerden gesucht oder für Geschwister, die gemeinsam zur Adoption freigegeben werden. Gesunde Säuglinge oder Kleinkinder werden nur selten ins Ausland vermittelt.

Eine Adoption ist unter folgenden Voraussetzungen möglich:

- Ehepaare müssen seit mindestens 5 Jahren verheiratet sein.
- Eine Altersbegrenzung ist gesetzlich nicht festgelegt. Der Altersunterschied zum Kind soll jedoch maximal 40 Jahre betragen.
- Katholische Bewerber werden bevorzugt.
- Singles dürfen adoptieren.

In Polen ist folgende Adoptionsvermittlungsstelle tätig:
Parents Child Bridge
Erstinformation / Auslandskontakte
Bonhoefferstr. 17, 69123 Heidelberg
Tel: 06221- 83 94 20
Fax: 06221- 83 31 38

➤ RUANDA

Hauptstadt: Kigali
Bevölkerung: 7,2 Mio. Einwohner
Sprache: Kinyarwanda, Französisch
Religion: 50% Christen, 10% Moslems

DIPLOMATISCHE VERTRETUNG:

Deutsche Botschaft in Ruanda:
8 Rue de Bugarama
Kigali

Telefon: 00250-57 52 22
Telefax: 00250-57 72 67

Ruandas Botschaft in Deutschland:
Jägerstraße 67-69, 10117 Berlin
Telefon: 0049-030-20916590
Telefax: 0049-030-209165959

Adoptionsverfahren in Ruanda
Ruanda ist kein Vertragsstaat des Haager Übereinkommens.

Zuständige staatliche Behörde:
MIGEPROF
Ministry of Gender and Family Promotion
Kigali City
Rwanda
Telefon: 0250-0252-587128
Telefax: 0250-0252-587127

In der Regel gilt für Adoptionen aus Ruanda ein Höchstalter von 35 Jahren. In den meisten Fällen wird eine Ehedauer von mindestens 5 Jahren verlangt. Bewerber mit mehr als einer früheren Scheidung, alleinstehende Männer und homosexuelle Bewerber werden nicht berücksichtigt.
Darüber hinaus richtet sich der Ablauf einer Auslandsadoption nach der von der zuständigen Ministerin im MIGEPROF, Frau Mujawamariya Jeanne d'Arc am 23. April 2009 herausgegebenen Richtlinie.
Danach werden zunächst alle Kindervorschläge für eine Auslandsadoption von den hierfür zugelassenen Heimen oder den zuständigen Kommunalbehörden dem MIGEPROF gemeldet.
Adoptionsbewerber wenden sich mit einem Bewerbungsschreiben (Letter of Application) direkt an das MIGEPROF.

Das Bewerbungsschreiben muss im Anhang folgende Angaben enthalten:
- Angabe des Familienstandes und Angabe der Dauer der Ehe
- Angabe bereits vorhandener Kinder und deren Alter
- Angabe von Vorstrafen
- Kopie der Geburtsurkunden
- Kopien der Reisepässe
- Einkommensnachweise
- Einwilligung des Ehegatten
- Einwilligung der erwachsenen Kinder
- Ärztliche Atteste (nicht älter als 3 Monate)
- Ein von einer staatlichen Behörde oder einer zugelassenen Vermittlungsstelle verfasster Adoptionseignungsbericht

Wenn die Bewerber aus einem Land sind, das Mitglied im Haager Übereinkommen ist, ist die Zustimmung der Zentralen Adoptionsbehörde beizufügen.
Empfehlungsschreiben (Letter of Recommendation) der Ruandischen Botschaft.
Schriftliche Zustimmung desjenigen, der im Falle des Todes beider Adoptiveltern die Vormundschaft für das Kind übernehmen würde.
Alle Dokumente müssen notariell beglaubigt und von der Ruandischen Botschaft überbeglaubigt werden.
Wenn der Adoption nach der Beurteilung durch das MIGEPROF keine Einwände entgegenstehen, wird ein sogenannter 'Letter of Non objection' erstellt. Dann nimmt der zuständige Beamte beim MIGEPROF Kontakt zu einem Kinderheim aus und übermittelt die Daten der Adoptionsbewerber. Anschließend werden die entsprechenden Kindervorschläge an die Stelle übermittelt, die den Adoptionseignungsbericht verfasst hat.
Die Adoptionsbewerber informieren dann das MIGEPROF schriftlich darüber, für welchen Kindervorschlag sie sich entschieden haben.
Dann wird auf Antrag der Adoptionsbewerber die Adoption ausgesprochen.
Die Stelle, die den Adoptionseignungsbericht verfasst hat, berichtet MIGEPROF nach sechs Monaten, nach einem Jahr und nach zwei Jahren über die Entwicklung des Kindes.
Nach der ausdrücklichen Festlegung der Richtlinie ist die Tätigkeit von Vermittlungsstellen in Ruanda untersagt.

➤ RUMÄNIEN

Hauptstadt: Bukarest
Bevölkerung: 22,5 Mio. Einwohner
Sprache: Rumänisch
Religion: 89% Rumänisch - Orthodoxe

DIPLOMATISCHE VERTRETUNG:

Deutsche Botschaft in Rumänien:
Strada Av. Cpt. Gheorghe Demetriade 6 – 8
011849 Bukarest
Telefon: 00401-202 98 30
Telefax: 00401-230 58 46

Botschaft Rumäniens in der Bundesrepublik:
Dorotheenstraße 62 - 66, 10117 Berlin
Telefon: 0049-30-21 23 92 02
Telefax: 0049-30-21 23 93 99

Adoptionsverfahren in Rumänien
Rumänien ist Mitglied im Haager Übereinkommen.

Zuständige staatliche Behörde:
Comitetul Român Pentru Adoptii
(The Romanian Committee for Adoptions)
29, Muzeul Zambaccian Street
district 1
Bucharest 011872
Romania

Nach Art. 39 des Gesetzes Nr. 273/2004, welches am 1. Januar 2005 in Rumänien in Kraft getreten ist, sind internationale Adoptionen von rumänischen Kindern nur noch durch im Ausland lebende Großeltern der betreffenden Kinder möglich.
Chris Smith, der stellvertretende Vorsitzende der Helsinki Kommission für den Adoptionsstopp in Rumänien hat das Gesetz so kommentiert: 'Das rumänische Gesetz basiert auf der falschen Annahme, dass eine Institution oder sogar eine Pflegefamilie einem Aufwachsen des Kindes in einer Adoptivfamilie im Ausland vorzuziehen sind. Jedes Jahr werden auf diese Weise 8000 weitere rumänische Kinder zu einem Leben ohne Liebe verurteilt. Das ist zweifellos ein Verstoß gegen Menschenrechte.'

Anerkannte Vermittlungsstelle für Rumänien:
Children and Parents
Alt-Haarener-Str. 147, 52080 Aachen
Tel: 0241 - 1691439
Fax: 0241 - 9609202

➤ RUSSLAND

Hauptstadt:	Moskau
Bevölkerung:	147 Mio. Einwohner. Ca. 2,5 Millionen Kinder leben in Russland auf der Straße. Viele davon sind keine Waisen, sondern wurden von ihren Eltern im Stich gelassen.
Sprache:	Russisch
Religion:	24% Russisch – Orthodoxe, 14% Moslems

DIPLOMATISCHE VERTRETUNG:

Deutsche Botschaft in Russland:
Mosfilmowskaja 56
119285 Moskau

Telefon 007 95 - 937-9500
Telefax: 007 95 - 938-2354

Botschaft Russlands in der Bundesrepublik:
Unter den Linden 63-65, 10117 Berlin
Telefon: 0049-30-229-111029
Telefax: 0049-30-229-9397

Adoptionsverfahren in Russland
Die Russische Föderation ist kein Mitglied des Haager Übereinkommens.

Zentrale Adoptionsbehörde in Russland ist das:
Ministry of Education and Science
No. 11 Tverskaya Street
Moskau, Russia 125993 GSP 3
Tel: 011-7-095-229-6610

Kinder können dann von Ausländern adoptiert werden, wenn sie zuerst einen Monat lang in der lokalen Datenbank, einen Monat lang in der regionalen Datenbank und 6 Monate lang in der staatlichen Datenbank gespeichert waren und in dieser Zeit keine neuen russischen Eltern gefunden haben.

Zur Adoption in Russland sind zwei Aufenthalte erforderlich. Beim ersten sieht man das Kind und reicht ein sogenanntes 'Dossier' bei Gericht ein (alle Adoptionsunterlagen für die Gerichtsverhandlung).
Nachdem man einen Termin zur Gerichtsverhandlung bekommen hat, reist man zum zweiten Aufenthalt nach Russland. Nach der Gerichtsverhandlung und dem Ausspruch der Adoption müssen 10 Tage vergangen sein, bevor der Beschluss rechtskräftig wird.

In Russland tätige Adoptionsvermittlungsstellen:

Global Adoption Germany
Gartenstr. 1 A
65375 Oestrich Winkel
Tel: 202 - 747 33 61
Fax: 202 - 747 33 74

Parents Child Bridge
Erstinformation / Auslandskontakte
Bonhoefferstr. 17
69123 Heidelberg
Tel: 06221- 83 942 0
Fax: 06221- 83 31 38

Zentrum für Adoptionen
Sophienstr. 12, 76530 Baden-Baden
Tel: 07221 - 949206
Fax: 07221 – 949208

Zukunft für Kinder
Benzstraße. 6, 68794 Oberhausen-Rheinhausen
Tel: 07254 - 77680
Fax: 07254 - 776815

➤ SAMBIA

Hauptstadt: Lusaka
Bevölkerung: 10,4 Millionen
Sprache: Amtssprache Englisch
Religion: überwiegend Christen

DIPLOMATISCHE VERTRETUNG:

Deutsche Botschaft in Sambia:
United Nations Avenue
Stand No. 5209, Lusaka
Telefon: 002601-250644
Telefax: 002601-254014

Sambias Botschaft in der Bundesrepublik:
Axel-Springer-Straße 54a, D-10117 Berlin
Telefon: 0049-30-206 29 40
Telefax: 0409-30-206 29 419

Adoptionsverfahren in Sambia

Sambia ist kein Mitglied des Haager Übereinkommens.

Adoptionen sind grundsätzlich möglich und im 'Adoption Act' geregelt.
Die Adoption wird entweder vom High Court oder vom Juvenile Court ausgesprochen.

Es sind folgende Grundvoraussetzungen zu erfüllen:

- Adoptionsbewerber müssen sich seit mindestens 12 Monaten in Sambia aufhalten
- Adoptionsbewerber müssen das Kind vor der Adoption 3 Monate lang in Sambia in Pflege nehmen.

- Adoptivbewerber müssen mindestens 25 Jahre alt sein.
- Singles dürfen adoptieren, allerdings ist die Adoption eines Mädchens durch einen alleinstehenden Mann verboten.

➤ SAUDI - ARABIEN

Hauptstadt: Riad
Bevölkerung: 21 Mio. Einwohner
Sprache: Arabisch
Religion: 98% Moslems

DIPLOMATISCHE VERTRETUNG:

Deutsche Botschaft in Saudi - Arabien:
Diplomatic Quarter Riad 11693
Telefon: 009661-488-0700
Telefax: 009661-488-0660

Saudi - Arabiens Botschaft in Deutschland:
Tiergartenstraße 33-34
D-10785 Berlin
Telefon: 0049-30-8892-500
Telefax: 0049-30-8892-5179

Adoptionsverfahren in Saudi - Arabien
Saudi - Arabien ist kein Vertragsstaat des Haager Übereinkommens.
Die Basis des Saudischen Rechtssystems ist eine strenge Interpretation des Islamischen Gesetzes, der Sharia. Nach diesem Rechtssystem sind Adoptionen verboten. Die Adoption eines Kindes in Saudi - Arabien ist deshalb nicht möglich.

➤ SENEGAL

Hauptstadt: Dakar
Bevölkerung: 11 Millionen
Sprache: Amtssprache Französisch
Religion: Moslems (90%)

DIPLOMATISCHE VERTRETUNG:

Deutsche Botschaft im Senegal:
20, Avenue Pasteur
Angle Rue Mermoz, Senegal
Telefon: 00221-8894884
Telefax: 00221-8225299

Senegals Botschaft in der Bundesrepublik:
Dessauer Straße 28/29, 10927 Berlin
Telefon: 0049-30-8562190
Telefax: 0049-30-85621921

Adoptionsverfahren im Senegal

Der Senegal ist kein Mitglied im Haager Übereinkommen.
Adoptionsverfahren im Senegal sind langwierig und kompliziert.

Es sind folgende Grundvoraussetzungen zu erfüllen:

- Bei der Adoption durch ein Ehepaar muss mindestens einer der Ehegatten über 30 Jahre sein. Die Ehe muss seit mindestens 5 Jahren bestehen.
- Bei der Adoption durch eine unverheiratete Person muss der Adoptierende über 35 Jahre alt sein.
- Adoptierende müssen mindestens 15 Jahre älter als das Kind sein.
- Ehepartner dürfen zum Zeitpunkt der Adoption kein aus ihrer Ehe stammendes Kind haben (adoptierte Kinder sind kein Hindernis). Eine Ausnahmebewilligung kann beim Staatspräsidenten beantragt werden.
- Es können nur Kinder adoptiert werden, die verlassen sind oder deren Eltern der Adoption wirksam zugestimmt haben.

➤ SERBIEN

Hauptstadt: Belgrad
Bevölkerung: 7,5 Mio. Einwohner
Sprache: Serbisch (Amtssprache)
Religion: 80% Serbisch – Orthodoxe, 10% Katholiken

DIPLOMATISCHE VERTRETUNG:

Deutsche Botschaft in Serbien:
Ulica Kneça Milosa 76
YU-11000 Belgrad

Telefon: 00381 11-3064300
Telefax: 00381 11-3064303

Serbiens Botschaft in Deutschland:
Taubertstr. 18, 14193 Berlin
Telefon: 0049-30-895-7700
Telefax: 0049-30-825-2206

Adoptionsverfahren in Serbien
Serbien ist kein Vertragsstaat des Haager Übereinkommens.

Serbien erlaubt Adoptionen nur in ganz außergewöhnlichen Fällen. In der Praxis führt dies dazu, dass lediglich Anträge auf Stiefvateradoption Aussicht auf Erfolg haben.

➤ SIMBABWE

Hauptstadt: Harare
Bevölkerung: 12,6 Millionen.
Bis zu einem Drittel der Bevölkerung ist HIV - positiv.
Innerhalb der letzten 10 Jahre ging die durchschnittliche Lebenserwartung von 55 auf 35 Jahre zurück.
Sprache: Shona, Ndebele, Englisch
Religion: 50% Anhänger einer Mischung aus Christentum und Naturreligionen, 25% Christen

DIPLOMATISCHE VERTRETUNG:

Deutsche Botschaft in Simbabwe:
Embassy of the Federal Republic of Germany,
30, Ceres Road, Avondale
Harare, Simbabwe
Telefon: 002634-308655
Telefax: 002634-303455

Simbabwes Botschaft in der Bundesrepublik:
Kommandantenstraße 80, 10117 Berlin
Telefon: 0049-30-2062263
Telefax: 0049-30-20455062

Adoptionsverfahren in Simbabwe
Simbabwe ist kein Mitglied des Haager Übereinkommens.

Zuständige staatliche Behörde:
Ministry of Labour and Social Welfare
Harare Central District
Social Welfare Office
P.O. Box CY 562
Causeway, Harare, Zimbabwe

Nach dem Children's Protection and Adoption Act werden alle Kinder, für die neue Eltern gesucht werden, in ein Adoptionsregister eingetragen.
Adoptionsbewerber müssen entweder die simbabwische Staatsbürgerschaft besitzen oder ihren dauerhaften Aufenthalt in Simbabwe haben. Das zuständige Ministerium kann hiervon Ausnahmen erteilen.
Adoptionen ins Ausland werden jedoch von den örtlichen Behörden nicht unterstützt. Es ist daher nahezu unmöglich, ein Kind in Simbabwe zu adoptieren.

➤ SINGAPUR

Hauptstadt: Singapur
Bevölkerung: 4,8 Mio. Einwohner.
Sprache: Malaiisch, Chinesisch
Religion: Buddhismus (43,2 Prozent), Islam, Taoismus

DIPLOMATISCHE VERTRETUNG:

Deutsche Botschaft in Singapur:
50 Raffles Place
12-00 Singapore Land Tower
Singapore 048623
Telefon: 0065-65336002
Telefax: 0065-65331132

Singapurs Botschaft in Deutschland:
Friedrichstraße 200, 10117 Berlin
Telefon: 0049-30-2263430
Telefax: 0049-30-22634355

Adoptionsverfahren in Singapur
Singapur ist kein Mitglied des Haager Übereinkommens

Ausländer sind nur dann zur Adoption eines Kindes berechtigt, wenn sie über eine dauerhaften Aufenthaltsberechtigung oder eine Arbeitsberechtigung (employment pass) verfügen.

Adoptiveltern müssen mindestens 25 Jahre alt sein. Der Altersabstand zum Kind muss mindestens 21 Jahre betragen. Die Adoption durch Singles ist zwar erlaubt, jedoch ausgesprochen selten. Unverheiratete Männer dürfen keine Mädchen adoptieren.
Es kommt teilweise vor, dass Kinder von den Philippinen oder aus Malaysia nach Singapur gebracht werden, um dort an ausländische Paare vermittelt zu werden. Hier ist zu beachten, dass es bei der Anerkennung von Adoptionsentscheidungen aus Singapur zu Schwierigkeiten kommen kann, wenn die Herkunft des Kindes nicht geklärt werden kann.

➤ SLOWAKEI

Hauptstadt: Bratislava
Bevölkerung: 5,4 Mio. Einwohner
Sprache: Slowakisch
Religion: 60% römisch - katholisch

DIPLOMATISCHE VERTRETUNG:

Deutsche Botschaft in der Slowakei:
Hviezdoslavovo nám. 10
SK-81303 Bratislava
Telefon: 004212-59204400
Telefax: 004212-54419634

Botschaft der Slowakei in Deutschland:
Friedrichstraße Str. 60, D-10117 Berlin
Telefon: 0049-30-8892620
Telefax: 0049-30-88926222

Adoptionsverfahren in der Slowakei

Die Slowakei ist Vertragsstaat des Haager Übereinkommens.

Die zuständige Behörde ist:
Centrum pre medzinárodnoprávnu ochranu detí a mládeže
(Centre for International Legal Protection of Children and Youth)
Špitálska 8
P.O.Box 57
814 99 Bratislava

Eine Adoption in der Slowakei ist langwierig und kann mehrere Jahre dauern.
Bei den Kindern, die zur Adoption vermittelt werden, handelt es sich fast ausschließlich

um Romakinder. Da die meisten Kinder im eigenen Land untergebracht werden können, werden lediglich vereinzelt ältere Kinder und/oder Kinder mit besonderen Bedürfnissen ins Ausland vermittelt.

Für die Slowakei zugelassene Vermittlungsstelle:

FiF familie international frankfurt
Monisstr. 4, 60320 Frankfurt am Main
Telefon: 069 - 95 63 64 31
Telefax: 069 - 95 63 64 33

➤ SRI LANKA

Hauptstadt: Colombo
Bevölkerung: 19 Mio. Einwohner
Sprache: Singhalesisch, Tamil
Religion: 70% Buddhisten, 16% Hindus, 9% Moslems

DIPLOMATISCHE VERTRETUNG:

Deutsche Botschaft in Sri Lanka:
40 Alfred House Av.
Colombo 3
Telefon: 009411-2580431
Telefax: 009411-2580440

Botschaft Sri Lankas in der Bundesrepublik:
Niklasstr. 19, 14163 Berlin
Telefon: 0049-30-80909749
Telefax: 0049-30-80909757

Adoptionsverfahren in Sri Lanka
Sri Lanka ist Vertragsstaat des Haager Übereinkommens.

Zuständige staatliche Behörde:
D.M.S. Abayagunawardana
The Commissioner of Probation & Child Care Services
Department of Probation and Child Care Services
2nd floor, LHP Building No 150A
Nawala Road
NUGEGODA, Sri Lanka

Pro Jahr werden nur wenige Kinder ins Ausland vermittelt. Paare, die bereits ein Kind aus Sri Lanka adoptiert haben, werden bevorzugt. Das Mindestalter für Adoptionsbewerber beträgt 25 Jahre, die vorgeschriebene Ehedauer 4 Jahre (außer bei Sterilität). Adoptionen durch Singles sind nicht möglich. Vorrang haben kinderlose Paare und Familien, die bereits ein Kind aus Sri Lanka adoptiert haben.
Wer als Ausländer seinen ständigen Wohnsitz auf Sri Lanka hat, darf nicht adoptieren.

Entwicklung der Inlands- und Auslandsadoption in Sri Lanka		
Jahr	Auslandsadoptionen	Inlandsadoptionen
1991	789	407
1995	105	540
2000	43	846
2005	57	1.002

Die Adoption nach dem Recht Sri Lankas hat starke Wirkungen.

In Sri Lanka tätige Adoptionsvermittlungsstelle:
Eltern für Kinder
Fritschestraße 60, 10627 Berlin
Tel: 030 - 46507571
Fax: 030 - 4614520

➤ SÜDAFRIKA

Hauptstadt: Pretoria
Bevölkerung: 40 Mio. Einwohner.
4,5 Millionen Südafrikaner sind HIV - positiv. Ca. 40% der Schwarzen ernähren sich von Gelegenheitstätigkeiten. 25% sind obdachlos oder leben in einfachen Hütten. Die durchschnittliche Lebenserwartung beträgt 47,5 Jahre.
Sprache: Englisch, Afrikaans, Ndebele
Religion: 79% Christen, Moslems, Hindus

DIPLOMATISCHE VERTRETUNG:

Deutsche Botschaft in Südafrika:
180 Blackwood St.
Arcadia 0083
Pretoria

Telefon: 002712-427-8900
Telefax: 002712-343-9401

Botschaft Südafrikas in der Bundesrepublik:
Tiergartenstraße 18, D-10785 Berlin
Telefon: 0049-30-220730
Telefax: 0049-30-22073190

Adoptionsverfahren in Südafrika
Südafrika ist dem Haager Übereinkommen beigetreten:

Die zuständige Behörde ist:
Department of Social Development
HSRC Building, North wing,
134 Pretorius Street, Pretoria
Tel: 002712-3127500
Fax: 002712-3127943

Adoptionen in Südafrika richten sich nach dem im Juni 2006 in Kraft getretenen Children's Act (Act No 38 of 2005).
Danach dürfen Kinder von Ehepaaren, Lebenspartnerschaften und Singles adoptiert werden.

Adoptiveltern müssen geeignet sein („adoptive parents must be fit and proper"), die volle Verantwortung für ein Kind zu übernehmen. Eine Adoption darf nicht wegen fehlender finanzieller Mittel der Adoptivbewerber verweigert werden.
Nach einer Erhebung der African Social Security Agency's (SASSA) lebten 2008 genau 494.992 südafrikanische Kinder in Pflegefamilien und Heimen.

Die südafrikanische Regierung versucht deshalb seit langem, mehr Kinder in Adoptivfamilien unterzubringen. Da jedoch staatliche Unterstützung nur dann gewährt wird, wenn ein Kind in Pflege genommen wird, sind viele Südafrikaner zu einer Adoption nicht bereit.
Bei den aus Südafrika ins Ausland vermittelten Kindern handelt es sich meist um dunkelhäutige Jungen bis zu einem Jahr.

Entwicklung der Inlands- und Auslandsadoption in Südafrika

Jahr	Auslandsadoptionen	Inlandsadoptionen
2004	308	1.886
2005	232	1.991
2006	203	2.120
2007	260	2.055
2008	231	1.682

olgende Adoptionsvermittlungsstellen sind in Südafrika tätig:

Evangelischer Verein für Adoptions- und Pflegekindervermittlung
Einbrunger Straße 66
40489 Düsseldorf
Tel: 0211 - 4087950
Fax: 0211 - 4089526

FiF familie international frankfurt
Monisstr. 4
60320 Frankfurt am Main
Telefon: 069 - 95 63 64 31
Telefax: 069 - 95 63 64 33
(Stiefkind- und Verwandtenadoptionen)

➤ SUDAN

Hauptstadt:	Khartoum
Bevölkerung:	29 Mio. Einwohner
Sprache:	Arabisch (Amtssprache), Englisch
Religion:	70% Moslems, Katholiken, Protestanten, Naturreligionen

DIPLOMATISCHE VERTRETUNG:

Deutsche Botschaft im Sudan:
53 Baladia Street
Block No. 8 D
Plot No. 2
Khartoum
Telefon: 00249183-777990
Telefax: 00249183-777622

Sudans Botschaft in Deutschland:
Kurfürstendamm 151, 10709 Berlin
Telefon: 0049-30-8906980
Telefax: 0049-30-89409693

Adoptionsverfahren im Sudan
Der Sudan ist kein Vertragsstaat des Haager Übereinkommens.

Es gibt keine zentrale Stelle, die für Adoptionen zuständig ist.

Nach dem am 10. Februar 2009 veröffentlichten Child Act für den Südsudan ist ein Adoptionsantrag bei Gericht einzureichen. Das Mindestalter für Adoptionsbewerber beträgt 25 Jahre. Ein alleinstehender Mann darf kein Mädchen und eine alleinstehende Frau keinen Jungen adoptieren. Das Gericht kann allerdings bei Vorliegen besonderer Voraussetzungen von dieser Regelung Abstand nehmen. Homosexuelle Bewerber werden nicht akzcptiert.

Ausländer dürfen ein Kind adoptieren, wenn sie nach Nr. 90 Child Act:

- seit mindestens drei Jahren im Südsudan leben,
- seit mindestens einem Jahr das Kind in Pflege haben,
- keine Vorstrafen haben,
- einen von einer Heimatbehörde ausgestellten positiven Adoptionseignungsbericht besitzen,
- das Gericht davon überzeugen können, dass der südsudanesische Adoptionsbeschluss von den Behörden im Land der Adoptiveltern anerkannt wird,
- das Gericht davon überzeugen können, dass das Adoptivkind ins Land der Adoptiveltern einreisen darf und dort dauerhaft bleiben darf.

➤ SÜDKOREA

Hauptstadt: Seoul
Bevölkerung: 46,5 Mio. Einwohner
Sprache: Koreanisch
Religion: 30% Christen, 23% Buddhisten, 14% Konfuzianer

DIPLOMATISCHE VERTRETUNG:

Deutsche Botschaft in Südkorea:
Yongsan-Gu,
Dongbingo-Dong 308-5
Seoul 140-230
Telefon: 00822-748-4114
Telefax: 00822-748-4161

Botschaft Südkoreas in der Bundesrepublik:
Schöneberger Ufer 89/91, D-10785 Berlin,
Telefon: 0049-30-26065-0
Telefax: 0049- 30-26065-51

Adoptionsverfahren in Südkorea

Südkorea ist kein Mitglied des Haager Übereinkommens

Zuständige staatliche Behörde:
Population & Children's Policy
Anyang Construction Tower 3rd Fl.
1112-1 Dalan Dong, Tongan Gu,
Anyang

In den letzten 50 Jahren wurden fast 160.000 südkoreanische Kinder von Ausländern adoptiert, davon 2.352 Kinder nach Deutschland. Das Land hat sich jedoch zum Ziel gesetzt, Auslandsadoptionen innerhalb der nächsten Jahre komplett einzustellen. Gegenwärtig hat keine der in Deutschland tätigen Adoptionsvermittlungsstellen die Zulassung für Südkorea.

➤ SYRIEN

Hauptstadt: Damaskus
Bevölkerung: 16 Mio. Einwohner
Sprache: Arabisch (Amtssprache)
Religion: 90% Moslems

DIPLOMATISCHE VERTRETUNG:

Deutsche Botschaft in Syrien:
Abdulmunem Al-Riad Street
Corner Ebla Street
Malki Damaskus
Telefon: 0096311-37900000
Telefax: 0096311-3323812

Syriens Botschaft in Deutschland:
Rauchstraße 25, 10787 Berlin
Telefon: 0049-30-501770
Telefax: 0049-30-50177311

Adoptionsverfahren in Syrien
Syrien ist kein Vertragsstaat des Haager Übereinkommens.
Für Ausländer ist es nicht möglich, in Syrien ein Kind zu adoptieren.

➤ TADSCHIKISTAN

Hauptstadt: Duschanbe
Bevölkerung: 7,2 Millionen
Sprache: Tadschikisch
Religion: Islam

DIPLOMATISCHE VERTRETUNG:

Deutsche Botschaft in Tadschikistan:
ul. Somoni 59/1
734064 Duschanbe
Telefon: 00992 43 - 377 30 00
Telefax: 00992 43 - 377 30 80

Botschaft Tadschikistans in Deutschland:
Otto-Suhr-Allee 84, 10585 Berlin
Telefon: 0049-30-3479300
Telefax: 0049-30-34793029

Adoptionsverfahren in Tadschikistan
Tadschikistan ist kein Mitglied des Haager Übereinkommens.

Zwischen 1999 und 2005 wurden 20 Kinder von Ausländern adoptiert. Im April 2006 stellte das Land alle weiteren Auslandsadoptionen ein.

➤ TAIWAN

Hauptstadt: Taipeh
Bevölkerung: 22,5 Millionen
Sprache: Taiwanesisch, Mandarin
Religion: Buddhisten und Taoisten (93%), Christen (4,5%)

DIPLOMATISCHE VERTRETUNG:

Deutsche Botschaft in Taiwan:
Deutsches Institut
4th Floor, No. 2
Minsheng East Road, Sec. 3
Taipei 104, Taiwan

Telefon: 008862-25016188
Telefax: 008862-25016139

Taiwans Botschaft in Deutschland:
Es gibt keine diplomatische Vertretung Taiwans in Deutschland.

Adoptionsverfahren in Taiwan
Taiwan ist kein Vertragsstaat des Haager Übereinkommens.

Zuständige staatliche Behörde:
Children's Bureau (Er Tong Ju), Ministry of Interior
7F, No. 503 Li-Ming Road, Section 2
Nantun, Taichung 408, Taiwan

Adoptionen werden in Taiwan durch den Civil Code (Family and Children Welfare Act in Book VI) geregelt.
Danach beträgt das Höchstalter für Adoptiveltern 55 Jahre. Sie müssen mindestens 20 Jahre älter als das Kind sein.
Adoptionen ins Ausland werden vom Cathwel Service (No. 155, Sec. 2, BeiShen Road, Shenkeng, Taipei Hsien(222) Taiwan, R.O.C.) abgewickelt. Dort liegt das Höchstalter für Adoptionsbewerber bei 45 Jahren.

Für Auslandsadoptionen aus Taiwan gilt:

- Es werden vor allem Kinder im Schulalter und beeinträchtigte Kinder vermittelt.
- Es kommen mehr Jungen als Mädchen zur Adoption.
- Es handelt sich oftmals um offene Adoptionen, bei denen die Herkunftseltern und die leiblichen Eltern in Kontakt bleiben.

In Taiwan tätige Vermittlungsstelle:
Parents Child Bridge
Erstinformation / Auslandskontakte
Bonhoefferstr. 17, 69123 Heidelberg
Tel: 06221- 83 94 20
Fax: 06221- 83 31 38

➤ TANSANIA

Hauptstadt: Dadoma
Bevölkerung: 36,7 Millionen
Sprache: Swahili, Englisch
Religion: Christen (45%), Muslime (35%), Animisten (20%)

DIPLOMATISCHE VERTRETUNG:

Deutsche Botschaft in Tansania:
Umoja House
Mirambo Street/Garden Ave., 2nd Floor
Daressalam
Telefon: 0025522-211740915
Telefax: 0025522-2112944

Tansanias Botschaft in der Bundesrepublik:
Eschenallee 11, 14050 Berlin
Telefon: 0049-30-3030800
Telefax: 0049-30-30308020

Adoptionsverfahren in Tansania

Tansania ist kein Mitglied im Haager Übereinkommen.

Zuständige staatliche Behörde:
Department of Social Welfare
4th Floor NSSF Building
Corner of Morogoro and Bibi Mohameed Streets
P.O. Box 1949
Daressalaam

In Tansania kann nur adoptieren, wer dauerhaft im Land lebt (Nachweis mit Resident's Pass oder Depentent's Pass).
Eine Adoption kann erst beantragt werden, wenn die Adoptionsbewerber das Kind zunächst 3 Monate lang in Tansania zur Pflege genommen haben. Hierfür wird zunächst beim örtlich zuständigen District Social Welfare Officer ein entsprechendes Formular ausgefüllt (Application form for a child for foster care).
Der District Welfare Officer nimmt dann Kontakt zu den Behörden im Herkunftsland der Adoptiveltern auf. Erst wenn die tansanische Behörde mehrere Gespräche mit den Adoptivbewerbern geführt hat und mindestens ein Hausbesuch durchgeführt worden ist, wird zusammen mit den Bewerbern ein Kind ausgewählt, das dann zur Pflege aufgenommen wird. Nach Ablauf der dreimonatigen Pflegezeit verfasst der District Welfare Officer eine Empfehlung, die er an den Commissioner of Social Welfare übermittelt. Die Adoptivbewerber beantragen dann mit Unterstützung eines tansanischen Anwalts einen Adoptionsbeschluss bei Gericht.
Nach der Adoption muss für das Kind bei der Registration, Insolvency and Trusteeship Agency (Kipalapala Street, Daressalaam) eine neue Geburtsurkunde beantragt werden.
Unverheiratete Männer können keine Mädchen adoptieren.

➤ THAILAND

Hauptstadt: Bangkok
Bevölkerung: 61 Mio. Einwohner
Sprache: Thai (Amtssprache)
Religion: 95% Buddhisten

DIPLOMATISCHE VERTRETUNG:

Deutsche Botschaft in Thailand:
9, South Sathorn
Rd. Bangkok 10120
Telefon: 0066 2-287-9000
Telefax: 0066 2-287-1776

Botschaft Thailands in der Bundesrepublik:
Lepsiusstr. 64-66, 12163 Berlin
Telefon: 0049-30-794810
Telefax: 0049-30-7948-1511

Adoptionsverfahren in Thailand
Thailand ist Mitglied im Haager Übereinkommen.

Zuständige staatliche Behörde:
Child Adoption Center
Department of Social Development & Welfare
Ministry of Social Development & Human Security
255 Ratjavithi Road
Bangkok 10400

Für eine Adoption müssen folgende Grundvoraussetzungen erfüllt sein:

- Die Adoptionsbewerber müssen mindestens 25 Jahre alt sein. Das thailändische Gesetz legt kein Höchstalter fest, jedoch ist es für über 40-Jährige in der Regel nicht möglich, ein Kind unter 4 Jahren zu adoptieren. Der Altersunterschied zum Kind muss mindestens 15 Jahre betragen.

Adoptionen durch Singles sind möglich.
Es wird verlangt, dass beide Elternteile nach Thailand reisen, um das Kind abzuholen. Stark übergewichtige Bewerber werden von der thailändischen Adoptionsbehörde abgelehnt.

Nach erfolgreicher Antragstellung wird das Kind zunächst zur Pflege aufgenommen. Die Pflegephase beträgt in der Regel sechs Monate und kann auch in Deutschland abge-

leistet werden, wo sie von der deutschen Adoptionsvermittlungsstelle überwacht wird. Erst nach Ablauf der Pflegezeit kann die endgültige Adoption ausgesprochen werden.
Im Fall von Verwandtenadoptionen verzichtet die thailändische Adoptionsbehörde in den meisten Fällen auf die Pflegephase.
Da nach thailändischem Recht die Verbindungen zu den leiblichen Eltern nicht gelöst werden, handelt es sich um eine Adoption mit schwachen Wirkungen.

In Thailand sind folgende Adoptionsvermittlungsstellen tätig:

Parents Child Bridge
Erstinformation / Auslandskontakte
Bonhoefferstr. 17
69123 Heidelberg
Tel: 06221- 83 9420
Fax: 06221- 83 31 38

Eltern für Kinder
Fritschestraße 60
10627 Berlin
Tel: 030 - 46507571
Fax: 030 - 4614520

FiF familie international frankfurt
Monisstr. 4
60320 Frankfurt am Main
Telefon: 069 - 95 63 64 31
Telefax: 069 - 95 63 64 33
(Für Stiefkind- und Verwandtenadoptionen)

➤ TSCHAD

Hauptstadt:	N'Djamena
Bevölkerung:	9,8 Millionen
Sprache:	Arabisch, Französisch (Amtssprache)
Religion:	Muslime (55%), Christen, Anhänger von Naturreligionen

DIPLOMATISCHE VERTRETUNG:

Deutsche Botschaft im Tschad:
Av. Félix Eboué, N'Djamena
N'Djamena

Telefon: 00235-516202
Telefax: 00235-514800

Die Botschaft des Tschads:
Lepsiusstraße 114, 12165 Berlin
Telefon: 0049-30- 31991620
Telefax: 0049-30- 319916220

Adoptionsverfahren im Tschad
Der Tschad ist kein Mitglied des Haager Übereinkommens.

Auslandsadoptionen sind im Tschad nicht zulässig.

➤ TSCHECHISCHE REPUBLIK

Hauptstadt: Prag
Bevölkerung: 10 Mio.
Sprache: Tschechisch
Religion: 40% Katholiken, 40% ohne Konfession

DIPLOMATISCHE VERTRETUNG:

Deutsche Botschaft in Tschechien:
Vlaská 19
Malá Strana
CZ-11801 Prag 1
Telefon: 00420 2-5711-3111
Telefax: 00420 2-5753-4056

Tschechiens Botschaft in Deutschland:
Wilhelmstr. 44
10117 Berlin
Telefon: 0049-30-226-380
Telefax: 0049-30-229-4033

Adoptionsverfahren in Tschechien
Tschechien ist Vertragsstaat des Haager Übereinkommens.

Zuständige staatliche Behörde:
Urad pro Mexinarodnepravni ochranu deti
(The Office of International Legal Protection of Children)

Benesova 22
60200 Brno
Czech Republic

Die Zahl der Adoptionsnachfragen aus dem Ausland übersteigt die Zahl der adoptierbaren Kinder bei weitem. Kinder werden nur dann ins Ausland vermittelt, wenn die Betreuung durch eine Ersatzfamilie (Adoptivfamilie, Pflegefamilie) in der Tschechischen Republik nicht sichergestellt werden kann.
Bei den ins Ausland vermittelten Kindern handelt es sich in der Regel um dunkelhäutige Romakinder.
Ein Höchst- bzw. Mindestalter für Adoptiveltern ist gesetzlich nicht festgelegt. Der Altersabstand zum Kind soll aber 'angemessen' sein.

In Tschechien sind folgende Adoptionsvermittlungsstellen tätig:

AdA
Kapuzinerstr. 25
80337 München
Tel.: 089-26 94 97 61
Fax: 089-26 94 97 59

Parents Child Bridge
Erstinformation / Auslandskontakte
Bonhoefferstr. 17
69123 Heidelberg
Tel: 06221-83 9420
Fax: 06221-83 3138

FiF familie international frankfurt
Monisstr. 4 , 60320 Frankfurt am Main
Telefon: 069 - 95 63 64 31
Telefax: 069 - 95 63 64 33

➤ TUNESIEN

Hauptstadt: Tunis
Bevölkerung: 9,5 Mio. Einwohner
Sprache: Arabisch
Religion: 99% Moslems

DIPLOMATISCHE VERTRETUNG:

Deutsche Botschaft in Tunesien:
1 Rue el Hamra
Mutuelleville, 1002 Tunis (Belvédère)
Telefon: 0021671-786-455
Telefax: 0021671-788-242

Tunesiens Botschaft in Deutschland:
Lindenallee 16, 14050 Berlin
Telefon: 0049-30-3641070
Telefax: 0049-30-30820683

Adoptionsverfahren in Tunesien
Tunesien ist kein Vertragsstaat des Haager Übereinkommens.

Nach den einschlägigen Vorschriften des tunesischen Zivilrechts (58-27, Artikel 8 bis 16) müssen die Adoptionsbewerber keiner bestimmten Glaubensrichtung angehören. Es entspricht jedoch ständiger Rechtsprechung in Tunesien, dass Nichtmoslems keine Kinder adoptieren können. Eine Adoptionsvermittlung erfolgt nur an Bewerber mit tunesischer Staatsangehörigkeit.

➤ TÜRKEI

Hauptstadt: Ankara
Bevölkerung: 69,6 Millionen Einwohner
Sprache: Türkisch
Religion: 99,8% Muslime

DIPLOMATISCHE VERTRETUNG:

Deutsche Botschaft in der Türkei:
114 Atatürk Bulvari
06540 Kavaklidere-Ankara
Telefon: 0090312-4555100
Telefax: 0090312-4555337

Botschaft der Türkei in Deutschland:
Rungestraße 9, 10179 Berlin
Telefon: 0049-30-275850
Telefax: 0049-30-27 59 09 15

Adoptionsverfahren in der Türkei
Die Türkei ist Vertragsstaat des Haager Übereinkommens.

Zuständige staatliche Behörde:
The Prime Ministry of the Republic of Turkey
General Directorate for Social Services and Child Protection Institution
Department for Child Services
Anafartalar Cad. No:70
Ulus/Ankara

Eine Adoption ist unter folgenden Voraussetzungen möglich:

- Das Mindestalter für Adoptivbewerber beträgt 30 Jahre. Eine Ausnahme besteht für verheiratete Paare, deren Ehe seit mindestens fünf Jahren besteht.
- Adoptiveltern müssen mindestens 18 Jahre älter als ihr Kind sein.
- Jeder Adoption geht nach § Art 305 des türkischen Zivilgesetzbuches eine einjährige Pflege- und Erziehungszeit voraus, die auch im Ausland absolviert werden kann.
- Zur Adoption ist die Zustimmung beider leiblicher Elternteile erforderlich. Die Zustimmungspflicht entfällt, wenn der Elternteil nicht in der Lage ist, für das Kind zu sorgen, unbekannt oder nicht geschäftsfähig ist.

Für Säuglinge und Kleinkinder können meist problemlos im Land selbst Adoptiveltern gefunden werden, weshalb vor allem Kinder ab 3 Jahren und Kinder mit besonderen Bedürfnissen ins Ausland vermittelt werden.

Bei den meisten Adoptionen türkischer Kinder nach Deutschland handelt es sich um Adoptionen durch in Deutschland lebende Türken. Auch in diesen Fällen sind die Bestimmungen des Haager Übereinkommens anzuwenden. Deshalb gilt auch für diese Adoptionen, dass sie zwingend in Deutschland gestartet werden und von einer Vermittlungsstelle begleitet werden müssen. Dies gilt auch dann, wenn ein verwandtes Kind adoptiert wird. In vielen Fällen gelingt es im Ausland lebenden Türken, vor türkischen Gerichten ein Kind zu adoptieren, ohne dass das im Haager Übereinkommen vorgeschrieben Verfahren eingehalten wurde. Diese Adoptionen stoßen im deutschen Anerkennungsverfahren auf große Probleme. So hat etwa das Amtsgericht Köln am 14.1.2008 die Anerkennung einer türkischen Adoptionsentscheidung abgelehnt, weil die Voraussetzungen des Haager Übereinkommens nicht eingehalten worden waren. Darüber hinaus gilt auch für Adoptionen aus der Türkei, dass sie in Deutschland nur anerkannt werden können, wenn sie dem Kindeswohl diesen. Das Amtsgericht Karlsruhe hatte im Jahr 2007 über einen Fall zu entscheiden, in dem ein kinderloses, in Deutschland lebendes türkisches Ehepaar in der Türkei das Kind der Schwester der Ehefrau adoptiert hatte. Grund für die Adoption war die Kinderlosigkeit der Adoptiveltern und nicht das Wohl des Kindes. Aus diesem Grund wurde die Adoption vom Amtsgericht Karlsruhe nicht anerkannt.

In der Türkei zugelassene Vermittlungsstelle:
FiF familie international frankfurt
Monisstr. 4
60320 Frankfurt am Main
Telefon: 069 - 95 63 64 31
Telefax: 069 - 95 63 64 33

➤ TURKMENISTAN

Hauptstadt:	Aschgabat
Bevölkerung:	4,4 Mio. Einwohner
Sprache:	Turkmenisch (Amtssprache), Russisch
Religion:	Meist Moslems

DIPLOMATISCHE VERTRETUNG:

Deutsche Botschaft in Turkmenistan:
Hotel „Ak Altyn"
74 40 00 Aschgabat
Telefon: 0099312-363515
Telefax: 0099312-363522

Turkmenistans Botschaft in Deutschland:
Langobardenallee 14
14052 Berlin
Telefon: 0049-30-3010-2452
Telefax: 0049-30-3010-2453

Adoptionsverfahren in Turkmenistan

Turkmenistan ist kein Vertragsstaat des Haager Übereinkommens.

Zuständige staatliche Behörde:
Bürgermeisteramt der zuständigen Stadt.

Die Adoption richtet sich nach Art 218 ff. des Marriage and Family Code. Für Ausländer ist es erforderlich, vor der Adoption eine Erlaubnis des turkmenischen Erziehungsministers zu erlangen.

Darüber hinaus existieren keine spezifischen Vorschriften, welche die Adoption durch Ausländer regeln würde. Dies führt dazu, dass der Ablauf des Verfahrens kaum vorhersehbar ist und sich auch während der Adoption laufend Änderungen ergeben können.

Adoptivbewerber müssen selbst in einem der zahlreichen Waisenheime ein Kind finden, das sie adoptieren können. Nach Artikel 12 des Gesetzes über Heirat und Familie müssen bestimmte Unterlagen für die Adoption vorgelegt werden. Obwohl dieses Gesetz sich nur auf Adoptionen durch Turkmenen bezieht, wird es üblicherweise auch auf Ausländer angewendet. Erforderlich sind demnach:

- Gesundheitsbescheinigungen
- Eine Bescheinigung, aus der hervorgeht, wie viele Mitglieder die Familie hat.
- Bescheinigung des Arbeitgebers über die charakterlichen Eigenschaften des Bewerbers.
- Pässe
- Heiratsurkunden
- Beschäftigungsnachweise, Verdienstbescheinigungen
- Meldebescheinigung
- Bescheinigung darüber, dass den Bewerbern zu keinem Zeitpunkt ihr elterliches Sorgerecht aberkannt worden ist.
- Eine Stellungnahme zur Frage, warum die Bewerber adoptieren wollen.
- Kopie der Geburtsurkunde des Kindes
- Gesundheitszeugnis des Kindes
- Eine Erklärung, warum das Kind adoptiert werden kann (z.B. Tod der Eltern).

Alle Unterlagen müssen ins Russische übersetzt und notariell beglaubigt werden. Danach werden alle Unterlagen beim Außenministerium Turkmenistans eingereicht. Dieses leitet die Unterlagen an das Erziehungsministerium weiter. Das Erziehungsministerium wendet sich nun in offiziellen Schreiben an das Justizministerium mit der Bitte um rechtliche Unterstützung und an das Bürgermeisteramt der Stadt, in der das Kind lebt. Das Justizministerium schickt seine Stellungnahme an das Bürgermeisteramt.
Vom Bürgermeister wird dann eine Sitzung einberufen, zu der auch die Adoptionsbewerber geladen werden und in der entschieden wird, ob die Adoption ausgesprochen werden kann.

Beim positivem Entscheid wird ein Dekret erlassen, das an das Amt für Bevölkerungsstatistik (ZAGS) geschickt wird, um eine neue Geburtsurkunde für das Kind zu beantragen. In dieser Urkunde werden dann die Adoptiveltern als Eltern eingetragen. Ein Pass und eine Ausreiseerlaubnis für das Kind werden beantragt.

➤ UGANDA

Hauptstadt: Kampala
Bevölkerung: 27,2 Millionen
Sprache: Luganda, Englisch (Amtssprache)
Religion: römisch- katholisch, anglikanisch

DIPLOMATISCHE VERTRETUNG:

Deutsche Botschaft in Uganda:
15 Philip Road, Kololo
Kampala
Uganda
Telefon: 0025641-501111
Telefax: 0025641-501115

Ugandas Botschaft in der Bundesrepublik:
Axel-Springer-Straße 54a, 10117 Berlin
Telefon: 0049-03-24047556
Telefax: 0049-03-24047557

Adoptionsverfahren in Uganda
Uganda ist kein Mitglied des Haager Übereinkommens.

Zuständige staatliche Behörde:
Department of Youth and Child Affairs
Ministry of Gender, Labor and Social Development
Simbamanyo House, Plot 2
Lumumba Avenue, Kampala

Die Adoption in Uganda ist geregelt im Teil 4 des Uganda Children's Act von 2004.
Danach müssen Adoptiveltern mindestens 25 Jahre alt sein, der Altersabstand zum Kind muss mehr als 21 Jahre betragen.
Singles dürfen adoptieren, allerdings - von Ausnahmefällen abgesehen - kein Kind des anderen Geschlechts.
Auslandsadoptionen dürfen nur dann stattfinden, wenn die ausländischen Bewerber zuvor mindestens 3 Jahre lang in Uganda gelebt und das Kind mindestens 36 Monate betreut haben.
Darüber hinaus müssen alle Bewerber ein Führungszeugnis, einen Adoptionseignungsbericht ihrer Heimatbehörde und die behördliche Zustimmung zur Einreise des Kindes vorlegen.
Das Verfahren beginnt, indem die Adoptionsbewerber beim High Court den Antrag stellen, ein bestimmtes Kind zu adoptieren. Der Antrag sollte persönlich abgegeben werden. Dann muss der zuständige Sozialarbeiter (Probation and Social Welfare Officer) dem Antrag zustimmen.
Nach erfolgter Adoption erfolgt eine Registrierung in Kampala (Registrar General's Office in the ministry of Justice and Constitutional Affairs).
Die Adoptionsakte wird vom ugandischen Außenministerium verwahrt und ist dort später für das Kind einsehbar.
Neben der Adoption kennt das ugandische Recht auch die Möglichkeit, vor dem High Court eine Vormundschaft für das Kind zu beantragen. Hierfür gibt es praktisch keine

gesetzlichen Bestimmungen, die die Voraussetzungen näher ausgestalten. Das Gericht entscheidet hier auf einer Fall-zu-Fall Basis. Da die Vormundschaft gegenüber der Adoption erheblich unkomplizierter ist, wählen viele ausländische Bewerber die Möglichkeit, das Kind nach Übertragung der Vormundschaft mitzunehmen und dann die Adoption in ihrer Heimat zu durchzuführen. Nach einer Untersuchung aus dem Jahr 2007 gibt es dreimal so viele Vormundschaften wie Adoptionen. Zwischen 2002 und 2006 wurde in 169 Fällen die Adoption und in 437 Fällen die Vormundschaft ausgesprochen. Von Deutschen wurden 6 Kinder adoptiert und für 6 Kinder wurde die Vormundschaft übernommen.

➤ UKRAINE

Hauptstadt:	Kiew
Bevölkerung:	51 Mio. Einwohner. Nach Schätzungen leben etwa 60.000 Waisen oder Kinder, deren Eltern das Sorgerecht entzogen worden ist, in ukrainischen Kinderheimen.
Sprache:	Ukrainisch
Religion:	überwiegend Orthodoxe

DIPLOMATISCHE VERTRETUNG:

Deutsche Botschaft in der Ukraine:
Wul. Bohdana Chmelnyzkoho 25
01901 Kiew
Telefon: 0038044-217-6800
Telefax: 0038044-247-6818

Botschaft der Ukraine in der Bundesrepublik:
Albrechtstr. 26, 10117 Berlin
Telefon: 004930-28887220
Telefax: 004930-2888-7163

Adoptionsverfahren in der Ukraine
Die Ukraine ist kein Vertragsstaat des Haager Übereinkommens.

Zuständige staatliche Behörde:
State Department for Adoptions and Protection of Rights of the Child (SDAPRC)
14 Desyatynna str.
Kyiv 01025, Ukraine
www.ditu.gov.ua

Für die Adoption in der Ukraine gelten seit dem 1.12.08 folgende Bedingungen:

- Der Altersabstand zwischen Kind und Adoptiveltern darf höchstens 45 Jahre betragen (Das gilt auch für Ehepaare, bei denen ein Partner älter als 45 Jahre alt ist).
- Singles dürfen seit 2008 nicht mehr adoptieren.
- Der Sozialbericht soll folgende Punkte beinhalten:

  Heimatadresse, Lebensumstände (Zahl der Zimmer, Größe der Wohnung, Lebensbedingungen für das adoptierte Kind), Lebenslauf der Eltern, Größe der Familie, Zahl der vorhandenen Kinder, Einstellung der Bewerber zur Adoption. Der Sozialbericht muss auch Empfehlungen beinhalten, wie viele Kinder adoptiert werden können, wie alt sie sein dürfen und in welchem gesundheitlichen Zustand sie sein sollen. Weitere Ausführungen sind erforderlich hinsichtlich der Zahl der Kinder, die adoptiert werden können und dem Alter der Adoptivkinder. Aus dem Sozialbericht soll dabei deutlich hervorgehen, dass es sich um die Empfehlungen des zuständigen Sozialarbeiters / der zuständigen Sozialarbeiterin handelt und es sich nicht nur um die Wünsche der Adoptivfamilie handelt.
- Das SDAPRC hat das Recht, eine Registrierung von Bewerbern abzulehnen, wenn zum Zeitpunkt der Einreichung der Bewerbung in der Zentralen Adoptionsdatei der Ukraine kein Kind registriert ist, das den Empfehlungen des Sozialberichts entspricht.
- Die Adoptivbewerber müssen sich zur Registrierung des Kindes bei der zuständigen ukrainischen Auslandsvertretung verpflichten und sich außerdem verpflichten, in den ersten drei Jahren jährliche Entwicklungsberichte abzugeben und dann bis zur Vollendung des 18. Lebensjahres des Kindes alle drei Jahre einen Entwicklungsbericht zu übersenden. Die Mitarbeiter der ukrainischen Auslandsvertretung sollen die Möglichkeit erhalten, mit dem Adoptivkind in Kontakt zu treten.

Das SDAPRC verlangt zwei Exemplare der notariell beglaubigten Heiratsurkunde.

Die Nachweise der Wohnverhältnisse müssen in notariell beglaubigter Form vorgelegt werden. Das SDAPRC bevorzugt folgende Bewerbungen:

- Wenn die Bewerber mit dem Kind verwandt sind,
- wenn ein biologisches Geschwister eines bereits adoptierten Kindes adoptiert werden soll,
- wenn sich Adoptivbewerber für ein Kind bewerben, das unter Krankheiten leidet.

In der Ukraine sind folgende anerkannte Adoptionsvermittlungsstellen tätig:

Children and Parents
Alt-Haarener-Str. 147, 52080 Aachen
Tel.: 0241 - 1691439
Fax: 0241 - 9609202

Global Adoption Germany
Markt 14
65375 Oestrich Winkel
Tel.: 0202 - 747 33 61
Fax: 0202 - 747 33 74

Zukunft für Kinder
Benzstraße. 6
68794 Oberhausen-Rheinhausen
Tel.: 07254 - 77680
Fax: 07254 - 776815

➤ UNGARN

Hauptstadt: Budapest
Bevölkerung: 10 Mio. Einwohner
Sprache: Ungarisch (Amtssprache)
Religion: 65% Katholiken, 20% Calvinisten

DIPLOMATISCHE VERTRETUNG:

Deutsche Botschaft in Ungarn:
Úri utca 64-66
H-1014 Budapest
Telefon: 0036-1-488-3500
Telefax: 0036-1-488-3505

Botschaft Ungarns in der Bundesrepublik:
Unter den Linden 74 - 76, 10117 Berlin
Telefon: 0049-30-203100
Telefax: 0049-30-2291314

Adoptionsverfahren in Ungarn
Ungarn ist dem Haager Übereinkommen beigetreten.

Zuständige staatliche Behörde:
Ministry of Social Affairs and Labour
Child and Youth Protection Department
Alkotmány u. 3
1054 BudapestHungary
In Ungarn selbst gibt es für Kinder unter 6 Jahren hinreichend Bewerber, so dass solche

Kinder in der Regel nicht ins Ausland vermittelt werden. Für ausländische Bewerber besteht deshalb so gut wie keine Möglichkeit zur Adoption eines gesunden Kindes unter 6 Jahren. Möglichkeiten bestehen bei der Adoption kranker Kinder und Geschwisterkinder im Alter zwischen 3-9 Jahren.
Für das Jahr 2009 hat Ungarn keine Anträge auf Adoption eines gesunden Kindes unter 8 Jahren angenommen. Darüber hinaus wurden keine Anträge von Einzelpersonen angenommen.

In Ungarn tätige Vermittlungsstelle:
Global Adoption Germany
Markt 14
65375 Oestrich Winkel
Tel: 202 - 747 33 61
Fax: 202 - 747 33 74

➤ URUGUAY

Hauptstadt: Montevideo
Bevölkerung: 3,4 Mio. Einwohner
Sprache: Spanisch
Religion: 80% Katholiken, Protestanten, Juden

DIPLOMATISCHE VERTRETUNG:

Deutsche Botschaft in Uruguay:
La Cumparsita 1417-1435
Plaza Alemania
11200 Montevideo
Telefon: 005982-902-5222
Telefax: 005982-902-3422

Uruguays Botschaft in Deutschland:
Budapester Straße 39
107877 Berlin
Telefon: 0049-30-2639-016
Telefax: 0049-30-2639-0170

Adoptionsverfahren in Uruguay
Uruguay ist Mitglied im Haager Übereinkommen.

Zuständige staatliche Behörde:
Instituto del Niño y el Adolescente del Uruguay
Departamento de legitimación adoptiva y adopción
Rio Branco 1394
Montevideo, Uruguay

Adoptionsbewerber müssen älter als 30 Jahre, seit mindestens 5 Jahren verheiratet und mindestens 15 Jahre älter als das Kind sein. Die Bewerber müssen mindestens 6 Monate mit dem Kind in Uruguay zusammenleben (Art. 153 Código de la Niñez y la adolescencia).

➤ USA

Hauptstadt: Washington D.C.
Bevölkerung: 298 Millionen
Sprache: Englisch
Religion: 54% protestantisch, 25% römisch - katholisch

DIPLOMATISCHE VERTRETUNG:

Deutsche Botschaft in USA:
4645 Reservoir Road
N.W., Washington
D.C. 20007-1998
Telefon: 001202-2988140
Telefax: 001202-2984249

Botschaft der USA in Deutschland:
Pariser Platz 2, 10117 Berlin
Telefon: 0049-30-83050
Telefax: 0049-30- 83051050

Adoptionsverfahren in den USA
Die USA sind dem Haager Übereinkommen beigetreten.

Zuständige staatliche Behörde:
U.S. Central Authority for Intercountry Adoptions
CA/OCS/CI
2201 C. Street, N.W.
Washington, DC 20520-2818
Jedes Jahr werden zahlreiche US-amerikanische Kinder von Ausländern adoptiert. Aller-

dings können vor allem kleine Kinder problemlos im Land vermittelt werden. Es werden deshalb vor allem Eltern für ältere und behinderte Kinder gesucht.
Seit dem zum 1. April 2008 wirksamen Beitritt des Landes müssen alle Adoptionen von einer anerkannten Vermittlungsstelle begleitet werden. Da keine der in Deutschland zugelassenen Vermittlungsstellen aus den USA vermittelt, sind allein die zentralen Adoptionsstellen der Landesjugendämter und eventuell örtliche Jugendämter mit einer speziellen Gestattung zu einer Adoptionsvermittlung berechtigt.

➤ USBEKISTAN

Hauptstadt: Taschkent
Bevölkerung: 24 Mio. Einwohner
Sprache: Usbekisch (Amtssprache)
Religion: Überwiegend Moslems

DIPLOMATISCHE VERTRETUNG:

Deutsche Botschaft in Usbekistan:
Scharaf-Raschidow-Kutschassi 15, Taschkent
Telefon: 0099871-1208440
Telefax: 0099871-1206693

Botschaft Usbekistans in der Bundesrepublik:
Perleberger Straße 62, 10559 Berlin
Telefon: 0049-30-394098-0
Telefax: 0049-30-39409862

Adoptionsverfahren in Usbekistan

Usbekistan ist kein Mitglied des Haager Übereinkommens.

Zuständig für das Adoptionsverfahren sind das Erziehungsministerium und das örtliche Bürgermeisteramt (Hokimiat).
Der Altersunterschied zwischen dem Kind und seinen Eltern muss mindestens 15 Jahre sein. Die Adoption durch Alleinstehende ist zulässig.
Adoptionsbewerber müssen selbst in einem Heim ein Kind finden. Dann reichen sie eine schriftliche Bewerbung beim Hokimiat ein, die folgende Informationen enthält: Wohnort der Bewerber, Ehestand, Angaben über bereits vorhandene Kinder, Passkopien, Heiratsurkunde und ärztliche Atteste, aus denen hervorgeht, dass die Bewerber gesund sind, an keinen ansteckenden Krankheiten leiden und nicht drogen- oder alkoholabhängig sind.
Eine Adoption nach usbekischem Recht hat starke Wirkungen.

➤ VENEZUELA

Hauptstadt: Caracas
Bevölkerung: 24 Mio. Einwohner
Sprache: Spanisch (Amtssprache)
Religion: 94% Katholiken, 5% Protestanten

DIPLOMATISCHE VERTRETUNG:

Deutsche Botschaft in Venezuela:
Avenida Eugenio Mendoza y Avenida José Angel Lamas
Edif. La Castellana
La Castellana
Caracas
Telefon: 0058-212-219-2500
Telefax: 0058-212-261-0641

Venezuelas Botschaft in Deutschland:
Schillstraße 9 - 10, 10785 Berlin
Telefon: 0049-30-8322400
Telefax: 0049-30-83224020

Adoptionsverfahren in Venezuela
Venezuela ist Vertragsstaat des Haager Übereinkommens.

Zuständige staatliche Behörde:
Ministerio del Poder Popular para Relaciones Exteriores
Oficina de Relaciones Consulares
Torre Ministerio del Poder Popular para Relaciones Exteriores
Esquina de Conde a Carmelitas, Piso 2
Caracas 1010
Venezuela

Es werden nur sehr wenige venezolanische Kinder von Ausländern adoptiert. Die Behörden Venezuelas verlangen, dass das Kind vor der Adoption erst ein Jahr mit seinen zukünftigen Eltern in Venezuela zusammengelebt haben muss.
Das Mindestalter für Adoptionsbewerber beträgt 25 Jahre, ein Höchstalter ist nicht festgelegt. Auch Alleinstehende können adoptieren.

Eine Adoption nach venezolanischem Recht hat starke Wirkungen.

➤ VEREINIGTE ARABISCHE EMIRATE

Hauptstadt: Abu Dhabi
Bevölkerung: 2,4 Mio. Einwohner
Sprache: Arabisch (Amtssprache), Englisch
Religion: 97% Moslems

DIPLOMATISCHE VERTRETUNG:

Deutsche Botschaft in den Vereinigten Arabischen Emiraten:
The Towers at the Trade Center
Abu Dhabi
Telefon: 009712-6446693
Telefax: 009712-6446942

Botschaft der Vereinigten Arabischen Emirate in Deutschland:
Hiroshimastraße 18 - 20, D-10785 Berlin
Telefon: 0049-30 -516516
Telefax: 0049-30 -51651900

Adoptionsverfahren in den Vereinigten Arabischen Emiraten

Die Vereinigten Arabischen Emirate sind kein Vertragsstaat des Haager Übereinkommens. Es ist nicht zulässig, in den Vereinigten Arabischen Emiraten ein Kind zu adoptieren.

➤ VIETNAM

Hauptstadt: Hanoi
Bevölkerung: 79 Mio. Einwohner
Sprache: Vietnamesisch (Amtssprache), Englisch, Französisch
Religion: 55% Buddhisten, 6% Katholiken

DIPLOMATISCHE VERTRETUNG:

Deutsche Botschaft in Vietnam:
29, Tran Phu
Hanoi
Telefon: 00844-384302 45
Telefax: 00844-53630108

Botschaft Vietnams in der Bundesrepublik:
Elsenstr. 3, 12435 Berlin
Telefon: 0049-30-53630108
Telefax: 0049-30-53630200

Adoptionsverfahren in Vietnam
Vietnam ist kein Mitglied des Haager Übereinkommens.

Zuständige staatliche Behörde:
Vietnam Ministry of Justice
International Child Adoption Agency
Add. 25A Cat Linh Str.
Ba Dinh Dist.
Hanoi.
Vietnam

Die Adoption vietnamesischer Kinder richtet sich nach dem Dekret 68/2002/ND-CP. Danach ist eine Adoption nur zulässig, wenn die Adoptionsbewerber aus einem Land kommen, das mit Vietnam ein bilaterales Adoptionsabkommen geschlossen hat oder zusammen mit Vietnam Mitglied eines internationalen Adoptionsabkommens ist (Ausnahmen bestehen für Kinder, die mit den Adoptionsbewerbern verwandt sind).

Adoptionsbewerber aus anderen Ländern können nur dann adoptieren, wenn sie mindestens sechs Monate in Vietnam gelebt haben und ein Kind adoptieren, das

- Vollwaise ist,
- Halbweise ist und sein anderer Elternteil unbekannt ist oder
- behindert ist.

Deutschland hat mit Vietnam (im Gegensatz zur Schweiz) kein Adoptionsabkommen geschlossen. Adoptionen sind deshalb zurzeit nicht möglich.

Für Vietnam ist folgende Adoptionsvermittlungsstelle zugelassen:

AdA
Asesoría de Adopciones - Adoptionsberatung e.V.
Kapuzinerstr. 25
80337 München
Tel: 089 - 26 94 97 61
Fax: 089 - 26 94 97 59

➤ WEISSRUSSLAND (REPUBLIK BELARUS)

Hauptstadt: Minsk
Bevölkerung: 10 Mio. Einwohner
Sprache: Weißrussisch, Russisch
Religion: 60% Russisch – Orthodoxe, 9% Katholiken

DIPLOMATISCHE VERTRETUNG:

Deutsche Botschaft in Weißrussland:
Ul. Sacharowa 26
220034 Minsk
Telefon: 0037517-2175900
Telefax: 0037517-2368552

Weißrusslands Botschaft in Deutschland:
Am Treptower Park 32/33, 12435 Berlin
Telefon: 0049-30-5363590
Telefax: 0049-30-53635923

Adoptionsverfahren in Weißrussland
Weißrussland ist Mitglied im Haager Übereinkommen.

Zuständige staatliche Behörde:
The National Center of Adoption
Ministry of Education of the Republic of Belarus
Platonova Street, 22, Minsk 220071

Grundsätzlich können verheiratete Paare und Singles adoptieren. Die Adoptiveltern müssen mindestens 16 Jahre älter als das Kind sein.
Es ist ausgesprochen selten, dass ein weißrussisches Kind von Ausländern adoptiert wird.
Im April 2009 hat das belarussische Bildungsministerium darauf hingewiesen, dass auf der Liste von Kindern, die für eine Auslandsadoption in Frage kommen, momentan keine Einträge vorhanden sind. Das habe folgende Gründe:
Insgesamt befänden sich mit stark abnehmender Tendenz in Belarus noch ca. 7.000 Kinder in Kinderheimen. Der Rückgang der Zahl von Heimkindern sei der staatlichen Politik zu verdanken, die auf Pflegefamilien setze. Eltern schlössen mit dem Staat einen Vertrag ab und würden als Angestellte dafür bezahlt, dass sie bis zu 10 Kinder in ihre Familie aufnehmen. Über staatliche Gehälter hinaus bekämen solche Pflegefamilien Einfamilienhäuser oder große Wohnungen und zahlreiche sonstige Sozialleistungen. Adoptionsbedürftige Kinder im Vorschul- und Grundschulalter gebe es deshalb so gut wie nicht.

Weitere Informationen

PFAD - Bundesverband der Pflege- und Adoptivfamilien
Geisbergstraße 16, 10777 Berlin
Tel: 030-94879423 , Fax: 030-47985031
E - Mail: info@pfad-bv.de
Internet: www.pfad-bv.de
Der Pfad ist ein bundesweiter Zusammenschluss der Landesverbände von Pflege- und Adoptivfamilien

Bundesarbeitsgemeinschaft für Kinder in Adoptiv- und Pflegefamilien
Preuschwitzer Str. 55d, 95445 Bayreuth
Tel: 0921-460 95 23, Fax: 0921-460 94 74
E - Mail: info@kiap.de
Internet: www.kiap.de

EiA Elterninitiative Adoption
Massenbach 61, 91792 Ellingen
Tel: 03212-1032960, Fax: 03212-1032960
E - Mail: Vorstand@EiA-online.de
Internet: www.EiA-online.de

Weiterführende Literatur

Adoption – Alles was man wissen muss
Herbert Riedle, Barbara Gillig – Riedle, Brigitte Riedle
TiVan Verlag, ISBN: 3980866017

Pflegekinder – Alles was man wissen muss
Katrin Ferber - Bauer, Herbert Riedle, Barbara Gillig-Riedle
TiVan Verlag, ISBN: 3980866040

Weiterführende Internetadressen

www.adoption.de
umfangreiche Informationen über das Thema Adoption.
Kontaktbörse für Adoptionsbewerber

www.adoptionsinfo.de
www.pflegekinderinfo.de
Internetseite der Autoren dieses Ratgebers

Gesetz über Wirkungen der Annahme als Kind nach ausländischem Recht (Adoptionswirkungsgesetz - AdWirkG)

§ 1 Anwendungsbereich

Die Vorschriften dieses Gesetzes gelten für eine Annahme als Kind, die auf einer ausländischen Entscheidung oder auf ausländischen Sachvorschriften beruht. Sie gelten nicht, wenn der Angenommene zur Zeit der Annahme das 18. Lebensjahr vollendet hatte.

§ 2 Anerkennungs- und Wirkungsfeststellung

(1) Auf Antrag stellt das Familiengericht fest, ob eine Annahme als Kind im Sinne des § 1 anzuerkennen oder wirksam und ob das Eltern-Kind-Verhältnis des Kindes zu seinen bisherigen Eltern durch die Annahme erloschen ist.

(2) Im Falle einer anzuerkennenden oder wirksamen Annahme ist zusätzlich festzustellen,

1. wenn das in Absatz 1 genannte Eltern-Kind-Verhältnis erloschen ist, dass das Annahmeverhältnis einem nach den deutschen Sachvorschriften begründeten Annahmeverhältnis gleichsteht,
2. andernfalls, dass das Annahmeverhältnis in Ansehung der elterlichen Sorge und der Unterhaltspflicht des Annehmenden einem nach den deutschen Sachvorschriften begründeten Annahmeverhältnis gleichsteht.

Von der Feststellung nach Satz 1 kann abgesehen werden, wenn gleichzeitig ein Umwandlungsausspruch nach § 3 ergeht.

(3) Spricht ein deutsches Familiengericht auf der Grundlage ausländischer Sachvorschriften die Annahme aus, so hat es die in den Absätzen 1 und 2 vorgesehenen Feststellungen von Amts wegen zu treffen. Eine Feststellung über Anerkennung oder Wirksamkeit der Annahme ergeht nicht.

§ 3 Umwandlungsausspruch

(1) In den Fällen des § 2 Abs. 2 Satz 1 Nr. 2 kann das Familiengericht auf Antrag aussprechen, dass das Kind die Rechtsstellung eines nach den deutschen Sachvorschriften angenommenen Kindes erhält, wenn

1. dies dem Wohl des Kindes dient,
2. die erforderlichen Zustimmungen zu einer Annahme mit einer das Eltern-Kind-Verhältnis beendenden Wirkung erteilt sind und
3. überwiegende Interessen des Ehegatten oder der Kinder des Annehmenden oder des Angenommenen nicht entgegenstehen.

Auf die Erforderlichkeit und die Erteilung der in Satz 1 Nr. 2 genannten Zustimmungen finden die für die Zustimmungen zu der Annahme maßgebenden Vorschriften sowie Artikel 6 des Einführungsgesetzes zum Bürgerlichen Gesetzbuche entsprechende Anwendung. Auf die Zustimmung des Kindes ist zusätzlich § 1746 Abs. 1 Satz 1 bis 3, Abs. 2 und 3 des Bürgerlichen Gesetzbuchs anzuwenden. Hat der Angenommene zur Zeit des Beschlusses nach Satz 1 das 18. Lebensjahr vollendet, so entfällt die Voraussetzung nach Satz 1 Nr. 1.

(2) Absatz 1 gilt in den Fällen des § 2 Abs. 2 Satz 1 Nr. 1 entsprechend, wenn die Wirkungen der Annahme von den nach den deutschen Sachvorschriften vorgesehenen Wirkungen abweichen.

§ 4 Antragstellung; Reichweite der Entscheidungswirkungen

(1) Antragsbefugt sind

1. für eine Feststellung nach § 2 Abs. 1
   a) der Annehmende, im Fall der Annahme durch Ehegatten jeder von ihnen,
   b) das Kind,
   c) ein bisheriger Elternteil oder
   d) das Standesamt, das nach § 27 Abs. 1 des Personenstandsgesetzes für die Fortführung der Beurkundung der Geburt des Kindes im Geburtenregister oder nach § 36 des Personenstandsgesetzes für die Beurkundung der Geburt des Kindes zuständig ist;
2. für einen Ausspruch nach § 3 Abs. 1 oder Abs. 2 der Annehmende, annehmende Ehegatten nur gemeinschaftlich.

Von der Antragsbefugnis nach Satz 1 Nr. 1 Buchstabe d und e ist nur in Zweifelsfällen Gebrauch zu machen. Für den Antrag nach Satz 1 Nr. 2 gelten § 1752 Abs. 2 und § 1753 des Bürgerlichen Gesetzbuchs.

(2) Eine Feststellung nach § 2 sowie ein Ausspruch nach § 3 wirken für und gegen alle. Die Feststellung nach § 2 wirkt jedoch nicht gegenüber den bisherigen Eltern. In dem Beschluss nach § 2 ist dessen Wirkung auch gegenüber einem bisherigen Elternteil auszusprechen, sofern dieser das Verfahren eingeleitet hat oder auf Antrag eines nach Absatz 1 Satz 1 Nr. 1 Buchstabe a bis c Antragsbefugten beteiligt wurde. Die Beteiligung eines bisherigen Elternteils und der erweiterte Wirkungsausspruch nach Satz 3 können in einem gesonderten Verfahren beantragt werden.

§ 5 Zuständigkeit und Verfahren

(1) Über Anträge nach den §§ 2 und 3 entscheidet das Familiengericht, in dessen Bezirk ein Oberlandesgericht seinen Sitz hat, für den Bezirk dieses Oberlandesgerichts; für den Bezirk des Kammergerichts entscheidet das Amtsgericht Schöneberg. Für die internationale und die örtliche Zuständigkeit gelten die §§ 101 und 187 Abs. 1, 2 und 4 des Gesetzes über das Verfahren in Familiensachen und in den Angelegenheiten der freiwilligen Gerichtsbarkeit entsprechend.

(2) Die Landesregierungen werden ermächtigt, die Zuständigkeit nach Absatz 1 Satz 1 durch Rechtsverordnung einem anderen Familiengericht des Oberlandesgerichtsbezirks oder, wenn in einem Land mehrere Oberlandesgerichte errichtet sind, einem Familiengericht für die Bezirke aller oder mehrerer Oberlandesgerichte zuzuweisen. Sie können die Ermächtigung auf die Landesjustizverwaltungen übertragen.

(3) Das Familiengericht entscheidet im Verfahren der freiwilligen Gerichtsbarkeit. Die §§ 167 und 168 Abs. 1 Satz 1, Abs. 2 bis 4 des Gesetzes über das Verfahren in Familiensachen und in den Angelegenheiten der freiwilligen Gerichtsbarkeit sind entsprechend anzuwenden. Im Verfahren nach § 2 wird ein bisheriger Elternteil nur

nach Maßgabe des § 4 Abs. 2 Satz 3 und 4 angehört. Im Verfahren nach § 2 ist das Bundesamt für Justiz als Bundeszentralstelle für Auslandsadoption, im Verfahren nach § 3 sind das Jugendamt und die zentrale Adoptionsstelle des Landesjugendamtes zu beteiligen.

(4) Auf die Feststellung der Anerkennung oder Wirksamkeit einer Annahme als Kind oder des durch diese bewirkten Erlöschens des Eltern-Kind-Verhältnisses des Kindes zu seinen bisherigen Eltern, auf eine Feststellung nach § 2 Abs. 2 Satz 1 sowie auf einen Ausspruch nach § 3 Abs. 1 oder 2 oder nach § 4 Abs. 2 Satz 3 findet § 197 Abs. 2 und 3 des Gesetzes über das Verfahren in Familiensachen und in den Angelegenheiten der freiwilligen Gerichtsbarkeit entsprechende Anwendung. Im Übrigen unterliegen Beschlüsse nach diesem Gesetz der Beschwerde; sie werden mit ihrer Rechtskraft wirksam. § 4 Abs. 2 Satz 2 bleibt unberührt.

Übereinkommen über den Schutz von Kindern und die Zusammenarbeit auf dem Gebiet der internationalen Adoption
(sog. Haager Übereinkommen vom 29. Mai 1993)

Die Unterzeichnerstaaten dieses Übereinkommens -
in der Erkenntnis, dass das Kind zur vollen und harmonischen Entfaltung seiner Persönlichkeit in einer Familie und umgeben von Glück, Liebe und Verständnis aufwachsen sollte,
unter Hinweis darauf, dass jeder Staat vorrangig angemessene Maßnahmen treffen sollte, um es dem Kind zu ermöglichen, in seiner Herkunftsfamilie zu bleiben,
in der Erkenntnis, dass die internationale Adoption den Vorteil bieten kann, einem Kind, für das in seinem Heimatstaat keine geeignete Familie gefunden werden kann, eine dauerhafte Familie zu geben,
überzeugt von der Notwendigkeit, Maßnahmen zu treffen, um sicherzustellen, dass internationale Adoptionen zum Wohl des Kindes und unter Wahrung seiner Grundrechte stattfinden, und die Entführung und den Verkauf von Kindern sowie den Handel mit Kindern zu verhindern,
in dem Wunsch, zu diesem Zweck gemeinsame Bestimmungen festzulegen, die von den Grundsätzen ausgehen, die in internationalen Übereinkünften anerkannt sind, insbesondere dem Übereinkommen der Vereinten Nationen vom 20. November 1989 über die Rechte des Kindes und der Erklärung der Vereinten Nationen über die sozialen und rechtlichen Grundsätze für den Schutz und das Wohl von Kindern unter besonderer Berücksichtigung der Aufnahme in eine Pflegefamilie und der Adoption auf nationaler und internationaler Ebene (Resolution 41/85 der Generalversammlung vom 3. Dezember 1986) - haben die folgenden Bestimmungen vereinbart:

Kapitel I
Anwendungsbereich des Übereinkommens

Artikel 1

Ziel des Übereinkommens ist es,

a) Schutzvorschriften einzuführen, damit internationale Adoptionen zum Wohl des Kindes und unter Wahrung seiner völkerrechtlich anerkannten Grundrechte stattfinden;

b) ein System der Zusammenarbeit unter den Vertragsstaaten einzurichten, um die Einhaltung dieser Schutzvorschriften sicherzustellen und dadurch die Entführung und den Verkauf von Kindern sowie den Handel mit Kindern zu verhindern;

c) in den Vertragsstaaten die Anerkennung der gemäß dem Übereinkommen zustande gekommenen Adoptionen zu sichern.

Artikel 2

(1) Das Übereinkommen ist anzuwenden, wenn ein Kind mit gewöhnlichen Aufenthalt von einem Vertragsstaat ("Heimatstaat") in einen anderen Vertragsstaat ("Aufnahmestaat") gebracht worden ist, wird oder werden soll, entweder nach seiner Adoption im Heimatstaat durch Ehegatten oder eine Person mit gewöhnlichem Aufenthalt im Aufnahmestaat oder im Hinblick auf eine solche Adoption im Aufnahme- oder Heimatstaat.

(2) Das Übereinkommen betrifft nur Adoptionen, die ein dauerhaftes Eltern-Kind-Verhältnis begründen.

Artikel 3

Das Übereinkommen ist nicht mehr anzuwenden, wenn die in Artikel 17 Buchstabe c vorgesehenen Zustimmungen nicht erteilt wurden, bevor das Kind das achtzehnte Lebensjahr vollendet hat.

Kapitel II
Voraussetzungen internationaler Adoptionen

Artikel 4

Eine Adoption nach dem Übereinkommen kann nur durchgeführt werden, wenn die zuständigen Behörden des Heimatstaats

a) festgestellt haben, dass das Kind adoptiert werden kann;

b) nach gebührender Prüfung der Unterbringungsmöglichkeiten für das Kind im Heimatstaat entschieden haben, dass eine internationale Adoption dem Wohl des Kindes dient;

c) sich vergewissert haben,

1. dass die Personen, Institutionen und Behörden, deren Zustimmung zur Adoption notwendig ist, soweit erforderlich beraten und gebührend über die

Wirkungen ihrer Zustimmung unterrichtet worden sind, insbesondere darüber, ob die Adoption dazu führen wird, dass das Rechtsverhältnis zwischen dem Kind und seiner Herkunftsfamilie erlischt oder weiterbesteht;

2. dass diese Personen, Institutionen und Behörden ihre Zustimmung unbeeinflusst in der gesetzlich vorgeschriebenen Form erteilt haben und diese Zustimmung schriftlich gegeben oder bestätigt worden ist;
3. dass die Zustimmungen nicht durch irgendeine Zahlung oder andere Gegenleistung herbeigeführt worden sind und nicht widerrufen wurden und
4. dass die Zustimmung der Mutter, sofern erforderlich, erst nach der Geburt des Kindes erteilt worden ist, und

d) sich unter Berücksichtigung des Alters und der Reife des Kindes vergewissert haben,
   1. dass das Kind beraten und gebührend über die Wirkungen der Adoption und seiner Zustimmung zur Adoption, soweit diese Zustimmung notwendig ist, unterrichtet worden ist;
   2. dass die Wünsche und Meinungen des Kindes berücksichtigt worden sind;
   3. dass das Kind seine Zustimmung zur Adoption, soweit diese Zustimmung notwendig ist, unbeeinflusst in der gesetzlich vorgeschriebenen Form erteilt hat und diese Zustimmung schriftlich gegeben oder bestätigt worden ist und
   4. dass diese Zustimmung nicht durch irgendeine Zahlung oder andere Gegenleistung herbeigeführt worden ist.

Artikel 5

Eine Adoption nach dem Übereinkommen kann nur durchgeführt werden, wenn die zuständigen Behörden des Aufnahmestaats

a) entschieden haben, dass die künftigen Adoptiveltern für eine Adoption in Betracht kommen und dazu geeignet sind,
b) sich vergewissert haben, dass die künftigen Adoptiveltern soweit erforderlich beraten worden sind, und
c) entschieden haben, dass dem Kind die Einreise in diesen Staat und der ständige Aufenthalt dort bewilligt worden sind oder werden.

Kapitel III
Zentrale Behörden und zugelassene Organisationen

Artikel 6

(1) Jeder Vertragsstaat bestimmt eine Zentrale Behörde, welche die ihr durch dieses Übereinkommen übertragenen Aufgaben wahrnimmt.

(2) Einem Bundesstaat, einem Staat mit mehreren Rechtssystemen oder einem Staat, der aus autonomen Gebietseinheiten besteht, steht es frei, mehrere Zentrale Behörden zu bestimmen und deren räumliche und persönliche Zuständigkeit festzulegen. Macht ein Staat von dieser Möglichkeit Gebrauch, so bestimmt er die Zentrale

Behörde, an welche Mitteilungen und Übermittlungen an die zuständige Zentrale Behörde in diesem Staat gerichtet werden können.

Artikel 7

Die Zentralen Behörden arbeiten zusammen und fördern die Zusammenarbeit der zuständigen Behörden ihrer Staaten, um Kinder zu schützen und die anderen Ziele des Übereinkommens zu verwirklichen.

(2) Sie treffen unmittelbar alle geeigneten Maßnahmen, um

a) Auskünfte über das Recht ihrer Staaten auf dem Gebiet der Adoption zu erteilen und andere allgemeine Informationen, wie beispielsweise statistische Daten und Musterformblätter, zu übermitteln;

b) einander über die Wirkungsweise des Übereinkommens zu unterrichten und Hindernisse, die seiner Anwendung entgegenstehen, soweit wie möglich auszuräumen.

Artikel 8

Die Zentralen Behörden treffen unmittelbar oder mit Hilfe staatlicher Stellen alle geeigneten Maßnahmen, um unstatthafte Vermögens- oder sonstige Vorteile im Zusammenhang mit einer Adoption auszuschließen und alle den Zielen des Übereinkommens zuwiderlaufenden Praktiken zu verhindern.

Artikel 9

Die Zentralen Behörden treffen unmittelbar oder mit Hilfe staatlicher Stellen oder anderer in ihrem Staat ordnungsgemäß zugelassener Organisationen alle geeigneten Maßnahmen, um insbesondere

a) Auskünfte über die Lage des Kindes und der künftigen Adoptiveltern einzuholen, aufzubewahren und auszutauschen, soweit dies für das Zustandekommen der Adoption erforderlich ist;

b) das Adoptionsverfahren zu erleichtern, zu überwachen und zu beschleunigen;

c) den Aufbau von Diensten zur Beratung während und nach der Adoption in ihrem Staat zu fördern;

d) Berichte über allgemeine Erfahrungen auf dem Gebiet der internationalen Adoption auszutauschen;

e) begründete Auskunftsersuchen anderer Zentraler Behörden oder staatlicher Stellen zu einem bestimmten Adoptionsfall zu beantworten, soweit das Recht ihres Staates dies zulässt.

Artikel 10

Die Zulassung erhalten und behalten nur Organisationen, die darlegen, dass sie fähig sind, die ihnen übertragenen Aufgaben ordnungsgemäß auszuführen.

Artikel 11

Eine zugelassene Organisation muss

a) unter Einhaltung der von den zuständigen Behörden des Zulassungsstaats festgelegten Voraussetzungen und Beschränkungen ausschließlich gemeinnützige Zwecke verfolgen;

b) von Personen geleitet und verwaltet werden, die nach ihren ethischen Grundsätzen und durch Ausbildung oder Erfahrung für die Arbeit auf dem Gebiet der internationalen Adoption qualifiziert sind, und

c) in bezug auf ihre Zusammensetzung, Arbeitsweise und Finanzlage der Aufsicht durch die zuständigen Behörden des Zulassungsstaats unterliegen.

Artikel 12

Eine in einem Vertragsstaat zugelassene Organisation kann in einem anderen Vertragsstaat nur tätig werden, wenn die zuständigen Behörden beider Staaten dies genehmigt haben.

Artikel 13

Jeder Vertragsstaat teilt die Bestimmung der Zentralen Behörden und gegebenenfalls den Umfang ihrer Aufgaben sowie die Namen und Anschriften der zugelassenen Organisationen dem Ständigen Büro der Haager Konferenz für Internationales Privatrecht mit.

Kapitel IV
Verfahrensrechtliche Voraussetzungen der internationalen Adoption

Artikel 14

Personen mit gewöhnlichem Aufenthalt in einem Vertragsstaat, die ein Kind mit gewöhnlichem Aufenthalt in einem anderen Vertragsstaat adoptieren möchten, haben sich an die Zentrale Behörde im Staat ihres gewöhnlichen Aufenthalts zu wenden.

Artikel 15

(1) Hat sich die Zentrale Behörde des Aufnahmestaats davon überzeugt, dass die Antragsteller für eine Adoption in Betracht kommen und dazu geeignet sind, so verfasst sie einen Bericht, der Angaben zur Person der Antragsteller und über ihre rechtliche Fähigkeit und ihre Eignung zur Adoption, ihre persönlichen und familiären Umstände, ihre Krankheitsgeschichte, ihr soziales Umfeld, die Beweggründe für die Adoption, ihre Fähigkeit zur Übernahme der mit einer internationalen Adoption verbundenen Aufgaben sowie die Eigenschaften der Kinder enthält, für die zu sorgen sie geeignet wären.

(2) Sie übermittelt den Bericht der Zentralen Behörde des Heimatstaats.

Artikel 16

(1) Hat sich die Zentrale Behörde des Heimatstaats davon überzeugt, dass das Kind adoptiert werden kann, so

a) verfasst sie einen Bericht, der Angaben zur Person des Kindes und darüber, dass es adoptiert werden kann, über sein soziales Umfeld, seine persönliche und familiäre Entwicklung, seine Krankheitsgeschichte einschließlich derjenigen seiner Familie sowie besondere Bedürfnisse des Kindes enthält;

b) trägt sie der Erziehung des Kindes sowie seiner ethnischen, religiösen und

kulturellen Herkunft gebührend Rechnung;
c) vergewissert sie sich, dass die Zustimmungen nach Artikel 4 vorliegen, und
d) entscheidet sie, insbesondere aufgrund der Berichte über das Kind und die künftigen Adoptiveltern, ob die in Aussicht genommene Unterbringung dem Wohl des Kindes dient.

(2) Sie übermittelt der Zentralen Behörde des Aufnahmestaats ihren Bericht über das Kind, den Nachweis über das Vorliegen der notwendigen Zustimmungen sowie die Gründe für ihre Entscheidung über die Unterbringung, wobei sie dafür sorgt, dass die Identität der Mutter und des Vaters nicht preisgegeben wird, wenn diese im Heimatstaat nicht offengelegt werden darf.

Artikel 17

Eine Entscheidung, ein Kind künftigen Adoptiveltern anzuvertrauen, kann im Heimatstaat nur getroffen werden, wenn
a) die Zentrale Behörde dieses Staates sich vergewissert hat, dass die künftigen Adoptiveltern einverstanden sind;
b) die Zentrale Behörde des Aufnahmestaats diese Entscheidung gebilligt hat, sofern das Recht dieses Staates oder die Zentrale Behörde des Heimatstaats dies verlangt;
c) die Zentralen Behörden beider Staaten der Fortsetzung des Adoptionsverfahrens zugestimmt haben und
d) nach Artikel 5 entschieden wurde, dass die künftigen Adoptiveltern für eine Adoption in Betracht kommen und dazu geeignet sind und dem Kind die Einreise in den Aufnahmestaat und der ständige Aufenthalt dort bewilligt worden sind oder werden.

Artikel 18

Die Zentralen Behörden beider Staaten treffen alle erforderlichen Maßnahmen, um die Bewilligung der Ausreise des Kindes aus dem Heimatstaat sowie der Einreise in den Aufnahmestaat und des ständigen Aufenthalts dort zu erwirken.

Artikel 19

(1) Das Kind kann nur in den Aufnahmestaat gebracht werden, wenn die Voraussetzungen des Artikels 17 erfüllt sind.
(2) Die Zentralen Behörden beider Staaten sorgen dafür, dass das Kind sicher und unter angemessenen Umständen in den Aufnahmestaat gebracht wird und dass die Adoptiveltern oder die künftigen Adoptiveltern das Kind wenn möglich begleiten.
(3) Wird das Kind nicht in den Aufnahmestaat gebracht, so werden die in den Artikeln 15 und 16 vorgesehenen Berichte an die absendenden Behörden zurückgesandt.

Artikel 20

Die Zentralen Behörden halten einander über das Adoptionsverfahren und die zu seiner Beendigung getroffenen Maßnahmen sowie über den Verlauf der Probezeit, falls eine solche verlangt wird, auf dem laufenden.

Artikel 21

(1) Soll die Adoption erst durchgeführt werden, nachdem das Kind in den Aufnahmestaat gebracht worden ist, und dient es nach Auffassung der Zentralen Behörde dieses Staates nicht mehr dem Wohl des Kindes, wenn es in der Aufnahmefamilie bleibt, so trifft diese Zentrale Behörde die zum Schutz des Kindes erforderlichen Maßnahmen, indem sie insbesondere

a) veranlasst, dass das Kind aus der Aufnahmefamilie entfernt und vorläufig betreut wird;

b) in Absprache mit der Zentralen Behörde des Heimatstaats unverzüglich die Unterbringung des Kindes in einer neuen Familie mit dem Ziel der Adoption veranlasst oder, falls dies nicht angebracht ist, für eine andere dauerhafte Betreuung sorgt; eine Adoption kann erst durchgeführt werden, wenn die Zentrale Behörde des Heimatstaats gebührend über die neuen Adoptiveltern unterrichtet worden ist;

c) als letzte Möglichkeit die Rückkehr des Kindes veranlasst, wenn sein Wohl dies erfordert.

(2) Unter Berücksichtigung insbesondere des Alters und der Reife des Kindes ist es zu den nach diesem Artikel zu treffenden Maßnahmen zu befragen und gegebenenfalls seine Zustimmung dazu einzuholen.

Artikel 22

(1) Die Aufgaben einer Zentralen Behörde nach diesem Kapitel können von staatlichen Stellen oder nach Kapitel III zugelassenen Organisationen wahrgenommen werden, soweit das Recht des Staates der Zentralen Behörde dies zulässt.

(2) Ein Vertragsstaat kann gegenüber dem Verwahrer des Übereinkommens erklären, dass die Aufgaben der Zentralen Behörde nach den Artikeln 15 bis 21 in diesem Staat in dem nach seinem Recht zulässigen Umfang und unter Aufsicht seiner zuständigen Behörden auch von Organisationen oder Personen wahrgenommen werden können, welche

a) die von diesem Staat verlangten Voraussetzungen der Integrität, fachlichen Kompetenz, Erfahrung und Verantwortlichkeit erfüllen und

b) nach ihren ethischen Grundsätzen und durch Ausbildung oder Erfahrung für die Arbeit auf dem Gebiet der internationalen Adoption qualifiziert sind.

(3) Ein Vertragsstaat, der die in Absatz 2 vorgesehene Erklärung abgibt, teilt dem Ständigen Büro der Haager Konferenz für Internationales Privatrecht regelmäßig die Namen und Anschriften dieser Organisationen und Personen mit.

(4) Ein Vertragsstaat kann gegenüber dem Verwahrer des Übereinkommens erklären, dass Adoptionen von Kindern, die ihren gewöhnlichen Aufenthalt in seinem Hoheitsgebiet haben, nur durchgeführt werden können, wenn die Aufgaben der Zentralen Behörden in Übereinstimmung mit Absatz 1 wahrgenommen werden.

(5) Ungeachtet jeder nach Absatz 2 abgegebenen Erklärung werden die in den Artikeln 15 und 16 vorgesehenen Berichte in jedem Fall unter der Verantwortung der Zentralen Behörde oder anderer Behörden oder Organisationen in Übereinstimmung mit Absatz 1 verfasst

Kapitel V
Anerkennung und Wirkungen der Adoption

Artikel 23
(1) Eine Adoption wird in den anderen Vertragsstaaten kraft Gesetzes anerkannt, wenn die zuständige Behörde des Staates, in dem sie durchgeführt worden ist, bescheinigt, dass sie gemäß dem Übereinkommen zustande gekommen ist. Die Bescheinigung gibt an, wann und von wem die Zustimmungen nach Artikel 17 Buchstabe c erteilt worden sind.
(2) Jeder Vertragsstaat notifiziert dem Verwahrer des Übereinkommens bei der Unterzeichnung, der Ratifikation, der Annahme, der Genehmigung oder dem Beitritt Identität und Aufgaben der Behörde oder Behörden, die in diesem Staat für die Ausstellung der Bescheinigung zuständig sind. Er notifiziert ihm ferner jede Änderung in der Bezeichnung dieser Behörden.

Artikel 24
Die Anerkennung einer Adoption kann in einem Vertragsstaat nur versagt werden, wenn die Adoption seiner öffentlichen Ordnung offensichtlich widerspricht, wobei das Wohl des Kindes zu berücksichtigen ist.

Artikel 25
Jeder Vertragsstaat kann gegenüber dem Verwahrer des Übereinkommens erklären, dass er nicht verpflichtet ist, aufgrund des Übereinkommens Adoptionen anzuerkennen, die in Übereinstimmung mit einer nach Artikel 39 Absatz 2 geschlossenen Vereinbarung zustande gekommen sind.

Artikel 26
(1) Die Anerkennung einer Adoption umfasst die Anerkennung
- a) des Eltern-Kind-Verhältnisses zwischen dem Kind und seinen Adoptiveltern;
- b) der elterlichen Verantwortlichkeit der Adoptiveltern für das Kind;
- c) der Beendigung des früheren Rechtsverhältnisses zwischen dem Kind und seiner Mutter und seinem Vater, wenn die Adoption dies in dem Vertragsstaat bewirkt, in dem sie durchgeführt worden ist.

(2) Bewirkt die Adoption die Beendigung des früheren Eltern-Kind-Verhältnisses, so genießt das Kind im Aufnahmestaat und in jedem anderen Vertragsstaat, in dem die Adoption anerkannt wird, Rechte entsprechend denen, die sich aus Adoptionen mit dieser Wirkung in jedem dieser Staaten ergeben.
(3) Die Absätze 1 und 2 lassen die Anwendung für das Kind günstigerer Bestimmungen unberührt, die in einem Vertragsstaat gelten, der die Adoption anerkennt.

Artikel 27
(1) Bewirkt eine im Heimatstaat durchgeführte Adoption nicht die Beendigung des früheren Eltern-Kind-Verhältnisses, so kann sie im Aufnahmestaat, der die Adoption nach dem Übereinkommen anerkennt, in eine Adoption mit einer derartigen Wirkung umgewandelt werden, wenn

a) das Recht des Aufnahmestaats dies gestattet und
b) die in Artikel 4 Buchstabe c und d vorgesehenen Zustimmungen zum Zweck einer solchen Adoption erteilt worden sind oder werden.

(2) Artikel 23 ist auf die Umwandlungsentscheidung anzuwenden.

Kapitel VI
Allgemeine Bestimmungen

Artikel 28

Das Übereinkommen steht Rechtsvorschriften des Heimatstaats nicht entgegen, nach denen die Adoption eines Kindes mit gewöhnlichem Aufenthalt in diesem Staat auch dort durchgeführt werden muss oder nach denen es untersagt ist, vor einer Adoption das Kind in einer Familie im Aufnahmestaat unterzubringen oder es in diesen Staat zu bringen.

Artikel 29

Zwischen den künftigen Adoptiveltern und den Eltern des Kindes oder jeder anderen Person, welche die Sorge für das Kind hat, darf kein Kontakt stattfinden, solange die Erfordernisse des Artikels 4 Buchstaben a bis c und des Artikels 5 Buchstabe a nicht erfüllt sind, es sei denn, die Adoption finde innerhalb einer Familie statt oder der Kontakt entspreche den von der zuständigen Behörde des Heimatstaats aufgestellten Bedingungen.

Artikel 30

(1) Die zuständigen Behörden eines Vertragsstaats sorgen dafür, dass die ihnen vorliegenden Angaben über die Herkunft des Kindes, insbesondere über die Identität seiner Eltern, sowie über die Krankheitsgeschichte des Kindes und seiner Familie aufbewahrt werden.

(2) Sie gewährleisten, dass das Kind oder sein Vertreter unter angemessener Anleitung Zugang zu diesen Angaben hat, soweit das Recht des betreffenden Staates dies zulässt.

Artikel 31

Unbeschadet des Artikels 30 werden die aufgrund des Übereinkommens gesammelten oder übermittelten personenbezogenen Daten, insbesondere die in den Artikeln 15 und 16 bezeichneten, nur für die Zwecke verwendet, für die sie gesammelt oder übermittelt worden sind.

Artikel 32

(1) Niemand darf aus einer Tätigkeit im Zusammenhang mit einer internationalen Adoption unstatthafte Vermögens- oder sonstige Vorteile erlangen.

(2) Nur Kosten und Auslagen, einschließlich angemessener Honorare an der Adoption beteiligter Personen, dürfen in Rechnung gestellt und gezahlt werden.

(3) Die Leiter, Verwaltungsmitglieder und Angestellten von Organisationen, die an einer

Adoption beteiligt sind, dürfen keine im Verhältnis zu den geleisteten Diensten unangemessen hohe Vergütung erhalten.

Artikel 33
Eine zuständige Behörde, die feststellt, dass eine der Bestimmungen des Übereinkommens nicht beachtet worden ist oder missachtet zu werden droht, unterrichtet sofort die Zentrale Behörde ihres Staates. Diese Zentrale Behörde ist dafür verantwortlich, dass geeignete Maßnahmen getroffen werden.

Artikel 34
Wenn die zuständige Behörde des Bestimmungsstaats eines Schriftstücks darum ersucht, ist eine beglaubigte Übersetzung beizubringen. Sofern nichts anderes bestimmt ist, werden die Kosten der Übersetzung von den künftigen Adoptiveltern getragen.

Artikel 35
Die zuständigen Behörden der Vertragsstaaten handeln in Adoptionsverfahren mit der gebotenen Eile.

Artikel 36
Bestehen in einem Staat auf dem Gebiet der Adoption zwei oder mehr Rechtssysteme, die in verschiedenen Gebietseinheiten gelten, so ist

a) eine Verweisung auf den gewöhnlichen Aufenthalt in diesem Staat als Verweisung auf den gewöhnlichen Aufenthalt in einer Gebietseinheit dieses Staates zu verstehen;
b) eine Verweisung auf das Recht dieses Staates als Verweisung auf das in der betreffenden Gebietseinheit geltende Recht zu verstehen;
c) eine Verweisung auf die zuständigen Behörden oder die staatlichen Stellen dieses Staates als Verweisung auf solche zu verstehen, die befugt sind, in der betreffenden Gebietseinheit zu handeln;
d) eine Verweisung auf die zugelassenen Organisationen dieses Staates als Verweisung auf die in der betreffenden Gebietseinheit zugelassenen Organisationen zu verstehen.

Artikel 37
Bestehen in einem Staat auf dem Gebiet der Adoption zwei oder mehr Rechtssysteme, die für verschiedene Personengruppen gelten, so ist eine Verweisung auf das Recht dieses Staates als Verweisung auf das Rechtssystem zu verstehen, das sich aus dem Recht dieses Staates ergibt.

Artikel 38
Ein Staat, in dem verschiedene Gebietseinheiten ihre eigenen Rechtsvorschriften auf dem Gebiet der Adoption haben, ist nicht verpflichtet, das Übereinkommen anzuwenden, wenn ein Staat mit einheitlichem Rechtssystem dazu nicht verpflichtet wäre.

Artikel 39

(1) Das Übereinkommen lässt internationale Übereinkünfte unberührt, denen Vertragsstaaten als Vertragsparteien angehören und die Bestimmungen über die in dem Übereinkommen geregelten Angelegenheiten enthalten, sofern die durch eine solche Übereinkunft gebundenen Staaten keine gegenteilige Erklärung abgeben.

(2) Jeder Vertragsstaat kann mit einem oder mehreren anderen Vertragsstaaten Vereinbarungen zur erleichterten Anwendung des Übereinkommens in ihren gegenseitigen Beziehungen schließen. Diese Vereinbarungen können nur von den Bestimmungen der Artikel 14 bis 16 und 18 bis 21 abweichen. Die Staaten, die eine solche Vereinbarung geschlossen haben, übermitteln dem Verwahrer des Übereinkommens eine Abschrift.

Artikel 40

Vorbehalte zu dem Übereinkommen sind nicht zulässig.

Artikel 41

Das Übereinkommen ist in jedem Fall anzuwenden, in dem ein Antrag nach Artikel 14 eingegangen ist, nachdem das Übereinkommen im Aufnahmestaat und im Heimatstaat in Kraft getreten ist.

Artikel 42

Der Generalsekretär der Haager Konferenz für Internationales Privatrecht beruft in regelmäßigen Abständen eine Spezialkommission zur Prüfung der praktischen Durchführung des Übereinkommens ein.

Kapitel VII
Schlussbestimmungen

Artikel 43

(1) Das Übereinkommen liegt für die Staaten, die zur Zeit der Siebzehnten Tagung der Haager Konferenz für Internationales Privatrecht Mitglied der Konferenz waren, sowie für die anderen Staaten, die an dieser Tagung teilgenommen haben, zur Unterzeichnung auf.

(2) Es bedarf der Ratifikation, Annahme oder Genehmigung; die Ratifikations-, Annahme- oder Genehmigungsurkunden werden beim Ministerium für Auswärtige Angelegenheiten des Königreichs der Niederlande, dem Verwahrer des Übereinkommens, hinterlegt.

Artikel 44

(1) Jeder andere Staat kann dem Übereinkommen beitreten, nachdem es gemäß Artikel 46 Absatz 1 in Kraft getreten ist.

(2) Die Beitrittsurkunde wird beim Verwahrer hinterlegt.

(3) Der Beitritt wirkt nur in den Beziehungen zwischen dem beitretenden Staat und den Vertragsstaaten, die innerhalb von sechs Monaten nach Eingang der in Artikel 48

Buchstabe b vorgesehenen Notifikation keinen Einspruch gegen den Beitritt erhoben haben. Nach dem Beitritt kann ein solcher Einspruch auch von jedem Staat in dem Zeitpunkt erhoben werden, in dem er das Übereinkommen ratifiziert, annimmt oder genehmigt. Die Einsprüche werden dem Verwahrer notifiziert.

Artikel 45

(1) Ein Staat, der aus zwei oder mehr Gebietseinheiten besteht, in denen für die in dem Übereinkommen behandelten Angelegenheiten unterschiedliche Rechtssysteme gelten, kann bei der Unterzeichnung, der Ratifikation, der Annahme, der Genehmigung oder dem Beitritt erklären, dass das Übereinkommen auf alle seine Gebietseinheiten oder nur auf eine oder mehrere davon erstreckt wird; er kann diese Erklärung durch Abgabe einer neuen Erklärung jederzeit ändern.

(2) Jeder derartige Erklärung wird dem Verwahrer unter ausdrücklicher Bezeichnung der Gebietseinheiten notifiziert, auf die das Übereinkommen angewendet wird.

(3) Gibt ein Staat keine Erklärung nach diesem Artikel ab, so ist das Übereinkommen auf sein gesamtes Hoheitsgebiet anzuwenden.

Artikel 46

(1) Das Übereinkommen tritt am ersten Tag des Monats in Kraft, der auf einen Zeitabschnitt von drei Monaten nach der in Artikel 43 vorgesehenen Hinterlegung der dritten Ratifikations-, Annahme- oder Genehmigungsurkunde folgt.

(2) Danach tritt das Übereinkommen in Kraft.

a) für jeden Staat, der es später ratifiziert, annimmt oder genehmigt oder der ihm beitritt, am ersten Tag des Monats, der auf einen Zeitabschnitt von drei Monaten nach Hinterlegung seiner Ratifikations-, Annahme-, Genehmigungs- oder Beitrittsurkunde folgt;

b) für jede Gebietseinheit, auf die es nach Artikel 45 erstreckt worden ist, am ersten Tag des Monats, der auf einen Zeitabschnitt von drei Monaten nach der in jenem Artikel vorgesehenen Notifikation folgt.

Artikel 47

(1) Jeder Vertragsstaat kann das Übereinkommen durch eine an den Verwahrer gerichtete schriftliche Notifikation kündigen.

(2) Die Kündigung wird am ersten Tag des Monats wirksam, der auf einen Zeitabschnitt von zwölf Monaten nach Eingang der Notifikation beim Verwahrer folgt. Ist in der Notifikation für das Wirksamwerden der Kündigung ein längerer Zeitabschnitt angegeben, so wird die Kündigung nach Ablauf des entsprechenden Zeitabschnitts nach Eingang der Notifikation wirksam.

Artikel 48

Der Verwahrer notifiziert den Mitgliedstaaten der Haager Konferenz für Internationales Privatrecht, den anderen Staaten, die an der Siebzehnten Tagung teilgenommen haben, sowie den Staaten, die nach Artikel 44 beigetreten sind,

a) jede Unterzeichnung, Ratifikation, Annahme und Genehmigung nach Artikel 43;
b) jeden Beitritt und jeden Einspruch gegen einen Beitritt nach Artikel 44;
c) den Tag, an dem das Übereinkommen nach Artikel 46 in Kraft tritt;
d) jede Erklärung und jede Bezeichnung nach den Artikeln 22, 23, 25 und 45;
e) jede Vereinbarung nach Artikel 39;
f) jede Kündigung nach Artikel 47.

Zu Urkunde dessen haben die hierzu gehörig befugten Unterzeichneten dieses Übereinkommen unterschrieben.
Geschehen in Den Haag am 29. Mai 1993 in englischer und französischer Sprache, wobei jeder Wortlaut gleichermaßen verbindlich ist, in einer Urschrift, die im Archiv der Regierung des Königreichs der Niederlande hinterlegt und von der jedem Staat, der zur Zeit der Siebzehnten Tagung der Haager Konferenz f ür Internationales Privatrecht Mitglied der Konferenz war, sowie jedem anderen Staat, der an dieser Tagung teilgenommen hat, auf diplomatischem Weg eine beglaubigte Abschrift übermittelt wird.

Stichwortverzeichnis

Quellenangaben

1 Grundsatzprogramm des Goethe Instituts

2 Haager Übereinkommen über den Schutz von Kindern vom 29.5.199

2 74 /2001

4 Howe in: Journal of Child Psychologie and Psychiatrie 38/1997, S. 401 - 411

5 GrozaV, Ryan SD. Pre-adoption stress and ist association with child behavior in domestic spezial needs and international adoptions, Psychoneuroendocrinology 2002; 27: 181–97

6 Deutscher Bundestag, Drucksache 15/4240 vom 19.11.2005, Antwort der Bundesregierung auf eine Anfrage der FDP - Fraktion

7 § 1741 Abs. 2 BGB

8 European Court of Human Rights, E.B. v. France, 22.1.2008

9 Pediatrics, Vol- 109 No. 2, 2002 p. 341

10 Stacey und Biblarz 2001 (How) Does the Sexual Orientation of Parents Matter?", American Sociological Review 66, n.2 (April 2001):159-83

11 Rupp, M. (Hrsg.) (2009). Die Lebenssituation von Kindern in gleichgeschlechtlichen Lebensgemeinschaften. Köln: Bundesanzeiger-Verl.-Gesellschaft

12 Fthenakis, Wassiios E.: Gleichgeschlechtliche Lebensgemeinschaften und kindliche Entwicklung – In: Basedow, Jürgen; Dopffel, Klaus; Kötz, Hein (Hrsg.): Die Rechtsstellung gleichgeschlechtlicher Lebensgemeinschaften - Tübingen: Mohr Siebeck, 2000, S. 351, 388.

13 Anzeige bei adoption.de/Kontaktbörse vom 15.8.09

14 Süddeutsche Zeitung vom 20.7.2004

15 Koran 33:4

16 Beschluss auf der Arbeitstagung der Landesjugendämter in Halle v. 15.10.-17.10.2007 European Court of Human Rights, E.B. v. France, 22.1.2008

17 2 Abs. 2 Satz 3 AdÜbAG

18 § 4 Abs. 1 AdÜbAG

19 http://www.adoptionsinfo.de/2210.pdf; VG Düsseldorf 19. Kammer vom 07.05.2007, Aktenzeichen: 19 K 900/06 European Court of Human Rights, E.B. v. France, 22.1.2008

20 §7 Abs. 3 AdVermiG

21 Empfehlungen zur Adoptionsvermittlung, Nr. 11.4.2.2

22 Die Berechtigung folgt aus §2a Abs. 3

23 OLG Schleswig-Holstein, Beschluss vom 13.09.2007, Az. 2 W 227/06

24 VG Berlin vom 12.09.2006, Az. 7 V 45.05

25 Oberverwaltungsgericht, Berlin-Brandenburg 21.04.2009, Az: 3 B 8.07

26 Oberverwaltungsgericht, Berlin-Brandenburg 21.04.2009, Az: 3 B 8.07

27 Oberverwaltungsgericht, Berlin-Brandenburg 21.04.2009, Az: 3 B 8.07

28 Art. 6 EGBGB, OLG Karlsruhe, FamRZ 1998, 56

29 § 2a I AdVermiG

30 Art. 22, Art 14 EGBGB

31 Art. 23 Abs. 1 S. 2 EGBGB

32 1750 BGB

33 Ein Kind um jeden Preis, Studie zum Adoptionskinderhandel S.5

34 Palandt v. § 854 Rnr.1

35 Nr. 2c Allgemeiner Teil der Begründung zum Regierungsentwurf eines Gesetzes zur Regelung von Rechtsfragen auf dem Gebiet der internationalen Adoption und zur Weiterentwicklung des Adoptionsvermittlungsrechts (Bundestags-Drucks. 14/6011, S. 15-33)

36 Tröndle/ Fischer Strafgesetzbuch § 236 Rnr. 7

37 §14 b AdVermiG

38 Artikel 19 Haager Übereinkommen

39 VG München, Urteil vom 27.04.2005 - M 18 K 04.3915, VG Freiburg, Urteil vom 08.12.2003 - 8 K 1625/02

40 Art. 264 a ZGB

41 kleine Anfrage der FDP – Fraktion an die Bundesregierung, BT - Drucksache 15/3994

42 Textor in Sozial Arbeit 1992,41 S. 116 ff

43 White, Barbara J. The Effect of Perceptions of Social Support and Perceptions of Entitlement on Family Functioning in Deaf-Parented Adoptive Families. Ph.D. dissertation, Catholic University of America, 1999

44 Nachweise bei Klaus A. Schneewind in Oerter Montada Entwicklungspsychologie S. 159

45 Rutter, M. Psychosocial resilience and protective mechanisms. American Journal of Orthopsychiatry, 57, 316 – 331

46 Dorsch Psychologisches Wörterbuch

47 Wiltrud Ott in Internationale Adoptionen Schulz Kirchner Verlag S.9

48 Napp – Peters 1978 Adoption. Das alleinstehende Kind und seine Familien

49 Astrid Doukkani-Bördner und Christoph Malter, Hindernisse und Chancen bei der Vermittlung traumatisierter, behinderter und älterer Kinder in Adoptionspflege, in Familie Partnerschaft Recht Heft 5 – 2001

50 §1741 Abs. 2 S. 1 BGB

51 Napp – Peters 1978 Adoption. Das alleinstehende Kind und seine Familien), gaben 1992 immerhin 38% der Befragten an, dass sie grundsätzlich auch an Alleinstehende vermitteln würden (Textor in Sozial Arbeit 1992,41 S. 116 ff

52 Oberverwaltungsgericht Berlin-Brandenburg 21.04.2009, Az: 3 B 8.07VG

53 Art. 23 Satz 2 EGBGB

54 VG Sigmaringen vom 25.09.2008, Az: 8 K 159/07

55 §7 Abs. 3 AdVermiG

56 vgl. BVerwG, ZfJ 2000, 31, 35

57 §30 Abs. 5 S.1 BZRG

58 Sokoloff Clinical Pediatrics 23, S. 565 – 570

59 Hoksbergen 1987 The Integration After Eight Years of 116 Thai Children in the Dutch Society

60 Kühl W. 1985 Wenn fremdländische Adoptivkinder erwachsen werden. Adoptionserfolg und psychosoziale Integration im Jugendalter. Osnabrück. terre des hommes

61 Suicide, psychiatric illness, ans social Maladjustment in intercountry adoptees in Sweden: a cohort study, Lancet 2002; 360; 443–48

62 SZ v. 20. August 2002, S. 12

63 Rushton A, Minnis H. Transracial family placements. J. Child Psychol Psychiatry 1997; 38: 147 – 59
BrooksD. Barth RP. Adult transracial and inracial adoptees; effects of race, gender, adoptive family structure, and placement history on adjustment outcomes. American Journal of Orthopsychiatry 1999, 69; 87 – 99

64 Psychological Bulletin. 2007 Nov Vol 133(6) 1067-1083

65 Helmut Remscheid, Kinder – und Jugendpsychiatrie S. 251

66 Casler 1961, zitiert nach Gesine Lange Auslandsadoption S. 98

67 W. Kühl Wenn fremdländische Adoptivkinder erwachsen werden 1985

68 Proceedings of The National Academy of Science, Bd. 96

69 4 / 2002, S. 135

70 http://www.boston.com/news/world/europe/articles/2006/11/11/study_on_orphans_sees_benefit_in_family_care/

71 Gesine Lange Auslandsadoption S. 101

72 Weinwurm Eva Maria Mutter Kind Aktion bei asiatischen Kindern in deutschen Adoptivfamilien Frankfurt Main 1976

73 Hoksbergen R.A.C. and the Dutch research group on Romanian adopted children (1999). Adoptie van Roemeense kinderen. Utrecht: Utrecht University

74 Moore, Janette, and Fombonne, Eric. "Psychopathology in Adopted and Nonadopted Children: A Clinical Sample." American Journal of Orthopsychiatry v 69, n 3 (July 1999): 403-9

75 Thomas Armstrong in Phi Delta Kappan February 1996

[76] Angold, Erkanli, Egger, Costello: Stimulant treatment for Children: A community perspective. J. Am. Acad. Child Adolesc. Psychiatry 2000 Aug; 39 (8): 975-984
[77] Joan Lovett Kleine Wunder S. 27
[78] dpa Meldung von Dezember '97
[79] Der SPIEGEL vom 7.9.2009
[80] 'Wie exzessives Trinken Russland zersetzt' in: 'Die Welt' vom 1.Juli 2009
[81] Pressemitteilung der Weltgesundheitsorganisation vom 7.8.2009.
[82] Hygienedatenblatt Stand 11/1999
[83] Volume 101, Number 3, March 1998, pp 481 - 485
[84] http://visalawcanada.blogspot.com/2007/09/tuberculosis-rising-amongst.html
[85] BVerfGE 68, 176
[86] VG Berlin vom 16.03.2009, Az: 2 V 45.08
[87] VG Berlin vom 16.03.2009, Az. 2 V 45.08
[88] AG Köln vom 14.1.2008. Az: 60 XVI 205/06
[89] AG Hamm vom 26.02.2007, Az: XVI 123/06
[90] FamRBint 2007, 42-48
[91] OLG Köln vom 29.05.2009, Az. 16 Wx 16/09
[92] OLG Frankfurt/Main, Beschluss vom 06.05.2009, Az. 20 W 472/08
[93] OLG Köln, Beschluss vom 29.05.2009, Az. 16 Wx 16/09
[94] LG Stuttgart vom 26.09.2007, Az: 2 T 516/06
[95] KG, Beschluss vom 04.04.2006, Az. 1 W 369/05
[96] Klaus A. Schneewind in Oerter Montada Entwicklungspsychologie S. 156
[97] Artikel vom 26.4.2001
[98] Shapiro Skinulis Das SOS Elternbuch S. 16
[9] Shapiro / Skinulis S. 15
[100] http://www.aifs.gov.au/afrc/pubs/newsletter/n5pdf/n5b.pdf
[101] Textor in: Die unbekannten Eltern Zentralblatt für Jugendrecht 1990, 77 S. 10 - 14
[102] Beschluss vom 6. Mai 1997 - 1 BvR 409/90
[103] Brodzinsky / Schechter / Brodzinsky 1986, Children's knowledge of adoption: Developmental changes and implications for adjustment. In R.D. Ashmore/ D.M. Brodzinsky (Hrsg.) Thinking about family. Views of parents and children (S. 205 - 232) Hilldale: Erlbaum
[104] Ausgabe vom 27.3.2000
[105] Mitsch JuS 1992, 289
[106] Mitsch JuS 1992, 289
[107] Verhulst, F.C. Journal of the American Academy of Child and Adolescent Psychiatry 29; S. 94 - 103
[108] Kühl, W. 1985 Wenn fremdländische Adoptivkinder erwachsen werden, Osnabrück
[109] Textor Integration und Entwicklung von ausländischen Adoptivkindern in Adoption von Arm nach Reich, Wien 1993
[110] Anderson G. 1986 The Adopting and Adopted Swedes and Their contemporary Society) und amerikanischen (Sokoloff, B. Five Year Follow-up of Vietnamese Refugee Children in the United states, Clinical Pediatrics 23. S. 565 - 570
[111] Textor Inlandsadoption: Herkunft, Familienverhältnisse und Entwicklung der Adoptivkinder
[112] FG Berlin v. 3.1.1980 IV 323/79 EFG 1980, 237
[113] BFHE 149, 245 = BStBl 87, 495, BFH, NV 96/39
[114] BFHE 149, 539 = BStBl II 87, 596
[115] BFH NV 87, 710
[116] Subdiv Endocrinology, PO box 2060, 3000 CB ROTTERDAM, Niederlande
[117] Hormone Research 2002;57:1-9 (DOI: 10.1159/000057939
[118] http://www.med.umn.edu/peds/iac/research/eustudy/eupreliminary/home.html
[119] Bert Hellinger, Haltet mich, dass ich am Leben bleibe S.6

TiVan Verlag
256 Seiten
ISBN:978-3-9808660-4-0
Preis: 29,50 Euro

Die Autoren

Dipl.- Sozialpädagogin
Katrin Ferber-Bauer

Dipl.-Psychologin
Barbara Gillig-Riedle

und Rechtsanwalt
Herbert Riedle

Das Ehepaar Riedle hat drei Kinder aus dem Ausland adoptiert.

Endlich ein zuverlässiger Ratgeber für Pflegeeltern, Jugendämter, Therapeuten und Herkunftsfamilien, der den Erkenntnissen der modernen Pflegekinderforschung Rechnung trägt und die wichtigsten Fragen von der ersten Beschäftigung mit dem Thema bis zum Leben als Pflegefamilie beantwortet:
Was ist bei der Erziehung eines Pflegekindes zu beachten? Wie bewerbe ich mich um ein Pflegekind? Können Kinder zwei Mütter und zwei Väter lieben? Was muss ich über Datenschutz und Akteneinsicht wissen? Welche rechtlichen Bestimmungen sind zu beachten?

Zahlreiche Adressen, Literaturhinweise und Internetlinks für weiterführende Informationen runden das umfassende Angebot ab. Der Ratgeber gibt einen umfassenden Überblick über die psychologischen, rechtlichen und pädagogischen Fragestellungen und ist damit unverzichtbar für alle, die sich mit dem Thema Pflegekind beschäftigen.

TiVan Verlag
256 Seiten
ISBN: 978-3-9808660-1-9
Preis: 29,50 Euro

Die Autoren

Brigitte Riedle
(Dipl-Pädagogin, Fachkraft in der Adoptionsvermittlung)

Barbara Gillig-Riedle
(Diplom-Psychologin)

Herbert Riedle
(Rechtsanwalt)

Wer ist für eine Adoption geeignet? Brauchen Adoptivkinder eine besondere Erziehung? Ist Blut dicker als Wasser? Kann man ohne Wurzeln leben? Welche rechtl. Bestimmungen sind zu beachten?

EKZ Bibliotheksservice
"'Kompetenz hoch drei beschied ich den Autoren von «Ratgeber Auslandsadoption»'. Das trifft hier noch mehr zu. Nicht gerade billig, aber unbedingt seinen Preis wert, denn dies ist in 30 Jahren privater und beruflicher Beschäftigung mit dem Thema der beste Titel, der mir vorgekommen ist."

Pfad – Fachzeitschrift für Pflege und Adoptionswesen
"Absolute Pflichtlektüre für alle zukünftigen Adoptiveltern."

AGSP
"Das Buch ist leicht lesbar und allen, die sich mit dem Thema Adoption beschäftigen, zur Lektüre wärmstens zu empfehlen."

Impressum

Nachbemerkung

Wir bedanken uns bei allen, die uns mit Rat und Tat bei der Adoption unserer drei Kinder zur Seite gestanden haben und hoffen, durch diesen Ratgeber Erfahrungen und Wissen an andere weitergeben zu können.
Viele Anregungen entstanden aus den Rückmeldungen von Adoptivbewerbern und Adoptiveltern. Wir freuen uns, wenn Sie uns per Brief, Fax oder E-Mail Ihre Gedanken zu diesem Ratgeber mitteilen und uns an Ihren Erfahrungen teilnehmen lassen, die Sie vor, während und nach der Adoption Ihres Kindes gemacht haben.

Unsere Adresse:
Barbara Gillig-Riedle und Herbert Riedle
Armin - Knab Straße 1
97074 Würzburg
Fax: (0931) 4676509
E-Mail: info@adoptionsinfo.de

Verlag:
Tivan Verlag
Armin Knab Straße 1
97074 Würzburg
www.tivan.de

Erscheinungsdatum: Januar 2010

Satz und Layout: www.mercatura.com
Druck: Stürtz AG, Würzburg
Printed in Germany
ISBN: 978-3-9808660-6-4